《中国图书馆学报》分类目录

1957～2012

蒋弘◎主编

國家圖書館出版社

图书在版编目(CIP)数据

《中国图书馆学报》分类目录(1957~2012)/蒋弘主编. —北京:国家图书馆出版社,2012.8

ISBN 978-7-5013-4867-1

Ⅰ.①中… Ⅱ.①蒋… Ⅲ.①图书馆学—学报—分类目录—中国—1957~2012 Ⅳ.①G254.335

中国版本图书馆CIP数据核字(2012)第201355号

责任编辑:王涛

书名 《中国图书馆学报》分类目录(1957~2012)
著者 蒋弘 主编

出版 国家图书馆出版社(原北京图书馆出版社)
(100034 北京市西城区文津街7号)
发行 010-66114536 66126153 66151313 66175620
66121706(传真) 66126156(门市部)
E-mail btsfxb@nlc.gov.cn(邮购)
Website www.nlcpress.com→投稿中心
经销 新华书店
印刷 北京科信印刷有限公司

开本 787×1092(毫米) 1/16
印张 21
版次 2012年8月第1版 2012年8月第1次印刷
字数 320(千字)

书号 ISBN 978-7-5013-4867-1
定价 100.00元

主　　编：蒋　弘

分类整理：蒋　弘　吴澍时　袁　浩

序

今年是《中国图书馆学报》创刊 55 周年,编辑部总想做一些实在而有意义的纪念活动,最终确定编一部 55 年的期刊分类目录。常务副主编蒋弘与我商量,我表示赞许。

做这样的工作,一则可以全面反映学报半个世纪以来办刊的理念和成绩,二则因为学报在图书馆界的特殊地位,通过学报的分类目录,也可以考察学科的发展轨迹。当然,有了这样一部学报分类目录,对于研究图书馆史和学报史的人以及后学者,亦为其查找论文提供了方便。

做期刊分类目录,看起来容易,实则不易。翻检查找之劳还在其次,关键需要编者有较好的学术史的意识,类别的划分,不仅要响应当下的图书馆观,还要反映 55 年来的图书馆学科及事业的发展。所以在我看来,此书的 19 类划分,就颇费考量,是下了功夫的。

蒋弘做事风格是特为认真,甚至有些严厉和较真。这也是她主持《国家图书馆学刊》和《中国图书馆学报》以后,使两个刊物先后都得以发展提高的主要原因。相信读者从这部书中也会感受到她的认真。

感谢蒋弘和她的同事为图书馆界做的一件好事。

詹福瑞

2012 年 8 月 28 日于北京

编辑体例

《〈中国图书馆学报〉分类目录（1957～2012）》收录了《中国图书馆学报》自1957年创刊以来，直到2012年发表的所有文章篇目。

本书分为两大部分，主体为题名的分类目录，附录是作者索引和本刊发文中累计被引20次以上的论文篇目。

一、分类目录

分类目录列出的信息是篇名、作者、刊载的年份和期次。

分类目录不仅包括论文篇目，也包括各类信息动态。为方便读者分类查阅，我们将这些信息按不同领域分成了17个类目：理论研究、事业发展、组织与管理、工作研究、资源建设、信息组织、信息检索、用户服务、技术应用与数字化建设、建筑与设备、文献保护、文献研究、人物与历史、信息计量研究与应用、学科教育、书评与译介及编辑出版。此外，设立了“其他”和“信息动态”2个类目，用以容纳上述17个类目不宜收录的信息。

二、索引

作者索引中包含了本刊所有署名作者，包括个人作者和团体作者。为了避免信息重复，索引只是针对作者发文篇目在本书页码位置的指引。

作者索引列出的信息是作者、文章所在页码及同一页码包含的篇数。

作者索引总体框架按英文字母、俄文字母、汉语拼音等顺序排列。

同一作者在同一页码有2篇及以上数量文章时，在页码后用圆括弧标注出同一页文章的数量，如：陈传夫96（2）、曹之165（3）。

同一作者连续在多个页码出现时，用起止页码加短横线表示，如：陈传夫54－57；如同一作者连续在多页出现，但每页出现的次数不同，则分别标注，如：侯汉清113，114（2），115（3）。

三、《中国图书馆学报》被引 20 次以上论文一览

“《中国图书馆学报》被引 20 次以上论文一览”按被引频次降序排列。被引次数相同时,按论文发表时间先后顺序排列。

数据来源:中国知网(http://epub.cnki.net)。

查询日期:2012-07-26。

为方便读者对原始文献查阅,本书在整理的过程中,基本保持了信息原貌,只是对原始信息中的错别字予以更正,用圆括弧将正确的字标注其后,如“干(敢)想干(敢)说”。对个别无法反映主题的领导讲话,在题目后用圆括弧加以注明。英文、俄文作者姓名字母后的中圆点和下圆点亦按原文照录。原来就缺失作者信息的篇目,本书亦未做任何添加。

1965~1978 年学报停刊,故该年段没有数据。

由于几方面的原因,对于同名作者没能加以区分,这是本书最大的遗憾。本书还会存在其他我们没有发现的问题,敬请读者不吝指正。

编者

2012 年 8 月

目　　次

序 …………………………………………………………………………（Ⅰ）

编辑体例…………………………………………………………………（Ⅱ）

分类目录

理论研究 ……………………………………………………………（1）
事业发展 ……………………………………………………………（25）
组织与管理 …………………………………………………………（59）
工作研究 ……………………………………………………………（72）
资源建设 ……………………………………………………………（86）
信息组织 ……………………………………………………………（98）
信息检索 ……………………………………………………………（118）
用户服务 ……………………………………………………………（123）
技术应用与数字化建设 ……………………………………………（143）
建筑与设备 …………………………………………………………（155）
文献保护 ……………………………………………………………（158）
文献研究 ……………………………………………………………（160）
人物与历史 …………………………………………………………（167）
信息计量研究与应用 ………………………………………………（176）
学科教育 ……………………………………………………………（183）
书评与译介 …………………………………………………………（190）

编辑出版 ……………………………………………………………（202）
其他 …………………………………………………………………（209）
信息动态 ……………………………………………………………（232）

附录
作者索引 ……………………………………………………………（250）
《中国图书馆学报》被引20次以上论文一览…………………（296）

编后……………………………………………………………………（324）

理论研究

图书馆工作者的百家争鸣 ——记南京图书馆科学论文讨论会	丘耳 1957(1)
批判杜定友先生图书馆学资产阶级学术思想	北京大学图书馆学系 1955 年级资产阶级学术思想批判小组 1958(5)
批判刘国钧先生的“什么是图书馆学”	北京大学图书馆学系 1956 年级“什么是图书馆学”批判小组 1958(5)
略谈“人民公社图书馆”	黄宗忠 1959(1)
对“略谈人民公社图书馆”一文的意见	柏森 1959(4)
就“新图书馆手册”一书批判杜定友先生资产阶级学术思想	武宁生 1959(4)
对“略谈人民公社图书馆”一文的商榷	喻子兵 1959(4)
关于“社会主义图书馆学概论”(初稿) 的一些不成熟意见(附学习总结)	四川省图书馆 1959(7)
关于图书馆学的对象和任务	黄宗忠,郭玉湘,陈冠忠 1960(5)
为了学术工作的繁荣	白寿彝 1961(3)
1963 年国内图书馆学讨论问题的一斑 ——广东图书馆学学会一九六二年年会学术讨论点综述	广东图书馆学学会 1963(4)
科学技术文献的级别	袁翰青 1964(1)
图书馆学目录学名词解释(一)	齐力典 1964(2)
现代文献工作基本概念	袁翰青 1964(2)
图书馆学目录学名词解释(二)	齐力典 1964(4)

论读书与书目　郑伟章 1979(2)

解放思想　勇于探索　积极开展图书馆学研究
——第一次全国科学讨论会述评　1979(2)

图书馆情报工作产生的背景和沿革　丁福让 1980(1)

图书情报纵横谈　华勋基,夏国峥 1980(2)

图书情报纵横谈
——试论科技情报学的对象、内容及任务　华勋基 1980(3)

试就人材成长谈图书馆的社会职能　黄炳祥 1981(1)

1965 年以来美欧图书馆学论文简介　刘国钧 1981(1)

图书馆系统工程初探　刘新华 1981(3)

关于开展“知识学”的研究的建议　彭修义 1981(3)

论我国新时期的图书馆学研究　邱昶,黄昕 1982(1)

关于图书馆学理论研究与图书情报工作　彭修义 1982(1)

图书馆职业道德浅议　惠元正 1982(4)

关于当前图书馆学研究之我见　赵世良 1982(4)

研究社会主义精神财富创造事业的学问
——文化学(摘录)　钱学森 1983(1)

论图书馆职业道德　华勋基 1983(1)

试论图书馆学研究中的方法论问题　乔好勤 1983(1)

马克思　恩格斯　列宁　斯大林
——论社会主义文明　1983(2)

也谈我国新时期图书馆学研究　潘铉 1983(3)

马克思　恩格斯　列宁　斯大林
——论社会主义文明(续完)
中共中央党校科学社会主义教研室 1983(3)

试论“连续性出版物”　江乃武 1983(4)

科技情报工作的科学技术　钱学森 1983(4)

关于图书馆学基础理论研究的几个问题　陈誉 1984(1)

译述国外图书馆的文义不可似是而非
——阎立中同志给本刊的一封信　阎立中 1984(2)

从图书资源蕴藏的能量转化看图书馆
在两个文明建设中的地位和作用
——兼谈新时期图书馆具有的社会职能　郑启垓 1984(2)

“一切为了读者”不是社会主义图书馆的指导思想　朱永礼 1984(2)

图书馆的演化及其根据　赵世良 1984(4)

中国图书馆学思想的发展及其影响初探　况能富 1985(1)

建国富民和知识投资　夏衍 1985(1)

图书馆学基础理论讨论摘记　1985(1)

公共图书馆的情报研究职能　姜继 1985(2)

图书馆学研究也应讲究信息　翔 1985(2)

改革、岗位责任制和个体主体积极性的哲学思维　徐人英 1985(3)

应该转变图书馆研究的方向　张晓林 1985(3)

学术论评
——关于讨论图书馆学研究方向的一封信　彭修义 1985(4)

加强图书馆学思想史的研究　况能富 1985(4)

评图书馆研究方向的历史性进展　徐人英 1986(1)

图书馆学理论建设又一春
——纪念“双百”方针发表30周年,《图书馆学通讯》
召开“图书馆学研究方向”问题研讨会　林津 1986(2)

关于图书馆学研究的一点思考　宓浩 1986(2)

图书馆学基础理论与知识学研究　彭修义 1986(2)

图书馆劳动的属性及其社会效益　于安义 1986(2)

关于当代建设式图书馆学的思考　范并思 1986(3)

关于“情报”定义的一封来信　周长林 1986(3)

图书馆是没有本质规定的现象形式吗?　朱永礼 1986(3)

望之切　责之严
——许丽霞教授在武大图书馆学情报学研讨会上的书面发言　1986(3)

也谈图书馆学的研究方向
　——兼评几种现时流行的图书馆学理论　卿家康 1986(4)

关于“连续出版物”定义的争鸣　杨秀君 1986(4)

试论科学图书馆学及其理论模式　郑挺 1986(4)

社科情报学理论建设的问题和思路　范并思 1987(1)

图书馆学的新观念群　姜继 1987(1)

图书馆学研究方法的哲学思辩　许培玲 1987(1)

建议开展图书馆学的理论评价和基础工作建设　冰丘 1987(2)

论工具书的模糊性　王世伟 1987(2)

关于“图书馆学研究方向”问题通信(一)　1987(2)

新的探索　新的思考
　——《图书馆学通讯》第二次召开
　　关于“转变图书馆学研究方向”问题研讨会　并思 1987(3)

春光关不住
　——全国中青年图书馆学情报
　　学新思想新观点新方法研讨会讨论随感　宓浩 1987(3)

审视—困惑—蓦地回首
　——再评图书馆学研究方向的历史性进展　徐人英 1987(4)

图书馆学基础理论建设与宏观现实问题研究　凌建平 1988(1)

图书馆学理论研究中的发展趋势　许培玲,卿家康 1988(2)

新时期的三种图书馆学理论形态　范并思 1988(2)

小议图书馆社会价值的自我改善　张木早,苏品红 1988(3)

文献价值论纲　钟晨发 1988(3)

关于图书馆学基础理论研究的历史回顾
　及其对应用开发性研究的展望
　——为《图书馆学通讯》刊行十周年而作　彭修义 1988(4)

物化:科技情报的一个现代性特征　王淑娟 1988(4)

心血的凝聚,学术的反思　张德芳,金恩晖 1989(1)

图书馆耗散结构初探　何荣利 1989(1)

比较图书馆学综述　佟富 1989(2)

关于 80/20 律的质疑　王崇德 1989(4)

图书馆由封闭型向开放型转变的理论与实践　刘经宇，鞠占屏 1990(1)

四十年图书馆学情报学研究成果的检阅　丘峰 1990(2)

图书馆学研究的困境与出路　陈丹平 1990(3)

论信息智能　葛民 1990(3)

论图书馆的教育职能　司步林 1990(3)

改革十年的图书馆学:“理论与实践脱节”解决方法研究述评　柴纯清 1991(1)

论图书馆学研究权威
——关于图书馆学研究发展的思考　景红卫 1991(1)

图书馆学研究方法的拓展　李锡初 1991(1)

知识组织与知识社会化过程　刘洪波 1991(1)

文献情报理论新探　万良春 1991(1)

图书馆学基础理论研究概述　吴慰慈 1991(1)

图书馆与大文化　陈素 1991(2)

公关学与图书馆科学研究　李广德 1991(2)

图书馆智力资源开发的运行机理　杨挺 1991(2)

我国近十年图书馆学情报学方法论研究述评　刘军 1991(3)

我国图书馆学研究方法上的误区　滕毅 1991(3)

论图书情报学中的相似原理　王崇德 1991(3)

新中国图书馆学的研究对象争鸣综述(1949～1989)　马恒通 1991(4)

国外图书馆学基础理论研究述评　石宝军 1991(4)

论最小努力原则及其应用　王姿砚 1991(4)

图书馆工作谐振律
——纪念阮氏五定律发表 60 周年　于鸣镝 1991(4)

关于建立大情报学的思考　陈大辉 1992(1)

图书馆功能相对增减论　姜继 1992(1)

立体思维与图书馆学研究　李贵勇 1992(1)

图书馆学基础理论研讨会述要 吴慰慈 1992(1)

权威与图书馆学向常规科学的转化
——读《论图书馆学研究权威》的联想 肖燕 1992(1)

剖析情报学理论体系流派的用户观 靖继鹏,李勇先,刘凤琴 1992(2)

图书馆人与图书馆精神 程焕文 1992(2)

语言层次论 贺广明 1992(2)

图书馆学的理论与实践 任继愈 1992(2)

论情报意识 董光荣 1992(3)

国际文化关系中的图书馆 林海青 1992(3)

图书馆的人文传统与情报科学的技术传统 卢泰宏 1992(3)

理清比较图书馆学研究的脉络 文南生 1992(3)

关于图书馆学研究方法的思考 吴慰慈 1992(3)

县(市)公共图书馆社会价值初探 王景发 1992(4)

图书馆进化初论 邬锦雯 1992(4)

中国图书馆学史论 吴仲强 1992(4)

文献资源论纲 葛民 1993(1)

文献信息传播理论初探 黄宗忠 1993(1)

在"低谷"表象的背后
——图书馆学学科规律与思维规律探讨 刘迅 1993(1)

关于图书馆学理论基础及其研究的几点思考 卿家康 1993(1)

注重技术进步　促进理论发展
——从人工科学看图书馆学研究 张立公 1993(1)

论图书馆学和文献信息学的研究对象 朱建亮 1993(1)

图书馆的生产性质 于鸣镝,那春光 1993(2)

从经验图书馆学到新型图书馆学 范并思 1993(2)

图书馆科学与图书情报技术 张炎烈 1993(2)

文献情报替代利用的理论与方法 何佳讯 1993(3)

信息推导方法浅论 胡继武 1993(3)

图书馆学理论重心的演变及其走向 蒋永福 1993(3)

论高次文献 康军 1993(3)

务实求进,继往开来
——全国图书馆学术研究工作会议小结 彭斐章 1993(3)

书目情报负效应及其反馈机制 张治江,王永胜 1993(4)

价值论与需要论的联系和区别 贺巷超 1993(4)

建立公共图书馆的数学模型和指标体系 马金墀 1993(4)

印度文献学发展概况及与中国的比较 汪冰 1993(4)

文献学新论 周文骏,杨晓骏 1994(1)

文献情报工作的激励机制与劳动供给行为 李仲光 1994(2)

文献利用及其发展趋势 石宝军 1994(2)

传统文化与图书馆关系辨析 张钦恩 1994(2)

文献的品质分析与价值测量 张炎烈 1994(2)

对新形势下学术活动的思考 王启宇 1994(3)

试论图书馆的自我发展能力 初景利 1994(4)

连续出版物概念逻辑理论与方法探析 黄惠山 1994(4)

新时期图书情报领域若干问题探微 黄绍杞 1994(4)

试论文献的社会功能及其价值 李日禾 1994(4)

理论价值观
——考察新时期图书馆学研究历程的一种方式 沙勇忠 1994(4)

简析图书馆学发展趋势的动因 杨挺 1994(4)

图书馆学中的定量方法 俞培果 1994(4)

学术争鸣与社科情报的真善美 马海群 1994(5)

论图书馆学与社会指标理论 俞培果 1994(5)

新时期文化与图书馆
——兼论图书馆文化学 袁昱明 1994(5)

中国图书情报学理论与实践建设述评 陈俊民 1995(1)

馆藏文献价值浅论 申凤巧 1995(1)

书目情报系统适应社会发展的未来展望　柯平 1995(2)

“情报”改名新论　石维彩 1995(2)

论图书馆产品　杨明华 1995(2)

关于儿童阅读学　何红 1995(3)

论图书馆的软科学　刘德城 1995(3)

广义图书馆教育职能论　张钦恩 1995(3)

论社区图书馆　霍国庆,金高尚 1995(4)

论世纪之交的情报学整合　陈文勇,杨永生 1995(4)

论优秀著作　倪波 1995(4)

对“市场经济与图书馆”研究中几个争议问题的剖析　王学熙 1995(5)

越境数据流:问题·影响·对策　岳剑波 1995(5)

中国图书馆学的跨学科研究　姜继 1995(6)

馆际合作评价模型初探　阚洁,李洪喜 1995(6)

图书馆学交流说及其在中国的发展　赵成山 1995(6)

论信息犯罪及其控制　马海群 1996(1)

我国宏观图书馆学研究的发展趋势　袁昱明 1996(1)

论图书馆学研究中的假设　邓小昭 1996(2)

科技文献配置水平评价方法初探　孙学范 1996(2)

论文献发展的基本规律　杨晓骏 1996(2)

译著对我国图书馆学情报学研究的影响　宋安利 1996(3)

新世纪社科情报理论研究的走向　彭斐章,娄策群,赵涛 1996(4)

论超文本信息系统　王崇德,李美 1996(4)

图书馆服务理论的研究进展　张怀涛,刘广普 1996(4)

现代信息技术对文献情报学科群的影响　陈光祚 1996(4)

论欧美的信息意识　陈曙 1996(4)

建构以读者为核心的图书馆学　赵成山 1996(4)

全球信息高速公路对人类社会负面影响分析
高原,张洪珍,宋金耀 1996(5)

信息商品的盈余定价理论 林平忠,张建松 1996(5)

中国索引史的新发现及索引本质的表述 高成鸢 1996(5)

信息资源管理的三个层次 霍国庆 1996(5)

信息管理中的不确定性研究 贾同兴 1996(5)

中国图书馆学正向信息规范转移
——评1995年图书馆学研究进展 吕斌 1996(5)

图书馆社会教育功能论 夏侯炳,吴乔生 1996(6)

论中国图书馆学的形成与发展 戴煜滨 1996(6)

图书馆学研究对象新探 茅振芳 1996(6)

综合集成
——信息时代图书馆学 彭俊玲 1996(6)

关于"吸引更多的读者利用图书馆"的经济学思考 王邗华 1996(6)

信息组织论纲 宋彩萍,霍国庆 1997(1)

图书馆法的三个主要问题 李衍翎 1997(1)

96年信息资源与社会发展国际学术研讨会纪要 邱均平 1997(1)

关于加强我国图情学科建设和专业建设若干问题的探讨 谢阳群 1997(1)

比较图书馆学≠图书馆事业+比较方法 钟守真 1997(1)

论图书馆学研究的机遇、重点和成果转化 杨挺,索慧 1997(2)

论信息素质教育 马海群 1997(2)

信息资源对社会发展的影响和作用 邱均平 1997(2)

图书馆职业道德论 谭祥金 1997(2)

文本阐释原理与文献传播研究 周庆山 1997(2)

试论信息管理 陈耀盛 1997(3)

对1994年《公共图书馆宣言》的认识和理解 张树华 1997(3)

图书馆文献体系的三大构建要素 朱同同 1997(3)

"图书馆信息化"理论探讨 钱刚,毕强 1997(4)

关于中国文献信息网络化建设的文化学思考 贾宝琦 1997(4)

图书馆学研究对象新论 李惠珍 1997(4)

影响我国文献信息服务现代化的因素分析 杨帆 1997(4)

文献老化现象研究的历史评说 俞培果 1997(4)

中国文献资源建设理论研究述评 刘省泉,曹臻 1997(5)

连续出版物的本质属性及其派生属性 高家望 1997(5)

论信息市场、信息差与信息管理 缪园 1997(5)

信息产业发展机理研究 朱婕,靖继鹏 1997(6)

俄罗斯图书馆学理论研究热点评析 林曦 1997(6)

论文献的科学评价功能 娄策群 1997(6)

论信息产业管理的内涵与外延 高洁 1998(1)

新世纪我国图书馆学研究的展望 林海青 1998(1)

80 年代以来中国图书馆学方法论研究之进展 田方斌 1998(1)

信息管理活动的规律原理论纲 陈耀盛 1998(2)

第 63 届国际图联大会部分论题概析 顾犇 1998(2)

论信息资源开发 霍国庆 1998(2)

图书馆学研究对象的认识过程
——兼论资源说 徐引篪,霍国庆 1998(3)

我国图书馆应重视藏书发展政策研究 肖希明 1998(3)

图书馆学基础理论的抽象建构 叶鹰 1998(3)

论信息管理学的进化 岳剑波 1998(3)

情报检索研究的理性主义传统与认知观点 邹永利 1998(3)

论图书馆学情报学定性研究方法 匡文波 1998(4)

谈图书馆学交叉学科的结构与功能 陈文勇 1998(5)

FID 第 48 届大会及学术研讨会述评 冷伏海 1998(5)

网络化对图书情报学理论与方法的影响 王崇德 1998(6)

发展中国图书馆学需要着力解决的三个问题 杨元生 1998(6)

关于图书馆学几个问题的再认识 于鸣镝 1999(1)

论我国信息立法的几个基本问题 吴宏亮,颜小云 1999(2)

论信息产业管理的经济学基础 高洁 1999(2)

人文导引下的信息系统研究 李景峰 1999(2)

大众图书馆哲学初探 李明华 1999(2)

第三次文献转型给图书馆带来的挑战和机遇 刘茂生 1999(2)

我国图书馆立法刍议 张廷川 1999(2)

图书馆学研究中的泛化 赵春旻 1999(2)

论知识管理与知识创新 邱均平,段宇锋 1999(3)

西方图书馆评价理论评介 初景利 1999(3)

信息犯罪析要 方军 1999(3)

抽象图书馆学的研究方法 叶鹰 1999(3)

20 年来的中国图书馆学研究生机盎然 吴慰慈 1999(4)

论我国网络化信息服务跨世纪发展的目标选择与定位
胡昌平,杨成明 1999(5)

中国文献分类学研究 50 年(1949～1999) 白国应 1999(5)

图书馆与知识组织
——从知识组织的角度理解图书馆学 蒋永福 1999(5)

知识空间:知识组织的概念基础 王知津 1999(5)

论知识管理与信息管理 邱均平,段宇锋,岳亚 1999(6)

图书馆政治文化功能的历史考察 刘惠平 1999(6)

试论邓小平理论对图书馆事业的指导意义 许平 1999(6)

“信息资源管理”含义探析 钟守真,李月琳 2000(1)

论“图书情报学虚拟图书馆”的建设 陈光祚 2000(1)

信息资源类型研究 代根兴,周晓燕 2000(2)

图书馆与人类的记忆
——从知识记忆角度理解的图书馆学 蒋永福 2000(2)

扩张与虚化
——图书馆学理论研究 50 年反思 邱五芳 2000(2)

传统图书馆学的当代转换 叶鹰 2000(2)

科技文献老化过程的数学辨识模型 李洪喜,于光,荣毅虹 2000(3)

现代交叉科学的发展对图书分类方法的影响 孙素娟,徐光 2000(3)

国内外虚拟图书馆研究综述 刘兹恒,张久珍 2000(3)

著作权法保护图书馆的理论研究 黄先蓉 2000(3)

网络信息资源管理研究论纲 靖继鹏 2000(3)

基于拥塞理论的中国互联网定价分析 晏凌,王应解 2000(4)

论信息市场失灵与政府干预 查先进 2000(4)

论文献资源开发与著作权的限制 冯锦生 2000(4)

图书馆知识管理管见 刘茂生 2000(4)

知识集合初论
——对图书馆学研究对象的探索 王子舟 2000(4)

科学信息离散分布的机理分析 马费成,陈锐 2000(5)

信息过载问题及其研究 顾犇 2000(5)

论影响书目 胡立耘 2000(5)

客观知识与图书馆
——从客观知识角度理解的图书馆学 蒋永福 2000(5)

我国图书消费的影响因素和发展对策 寇钧锋 2000(5)

从知识地图到数字地球
——谈人类信息基础环境的演变 刘春茂 2000(5)

中国图书馆学会基础理论专业委员会和文献资源建设专业委员会 2000 年工作会议暨学术研讨会纪要 2000(5)

现代信息技术环境中的信息安全问题及其对策 娄策群,范昊,王菲 2000(6)

信息服务产业化与信息资源共享 张燕飞,李晓鹏 2000(6)

面向 21 世纪图书馆学研究的新趋向 吴慰慈,罗志勇 2000(6)

网络环境下信息资源的获取策略研究 毕强,温平 2000(6)

应当重视对俄罗斯、东欧图书馆学的研究 林曦 2000(6)

论信息管理的层次结构体系
——基于对象和内容的阐述 许晶华 2000(6)

论知识组织方法 蒋永福,李景正 2001(1)

论我国信息法学的研究基础与学科建设	马海群，乔立春 2001(1)
论我国图书情报网络化的机制选择	罗志勇 2001(1)
论图书馆的经济学属性 ——公共物品	沈小玲 2001(1)
21 世纪图书馆事业与图书馆学研究的几个问题	杨文祥 2001(1)
论国家网络信息政策	付立宏 2001(2)
信息产业和图书情报业职业道德准则问题初探	顾犇 2001(2)
图书馆原理论略 ——从阮冈纳赞五定律及戈曼新五定律说起	黄俊贵 2001(2)
知识管理理论的情报学视角分析	刘春茂 2001(2)
论文献的选择性传播	王心裁，王友富 2001(3)
数字图书馆建设中的版权问题	党跃臣，王韫华 2001(3)
复合图书馆的概念及发展构想	初景利 2001(3)
对公共借阅权制度的理性思考	江向东 2001(3)
图书馆学的基本概念与核心概念	王子舟 2001(3)
文献信息资源共建共享运行机制研究的综合探析	顾潇华，李洪建 2001(4)
网络信息问题的归类、根源与控制	颜祥林，倪波 2001(4)
关于图书馆学方法论的哲学思考	包和平 2001(4)
深化对信息社会主流文化的研究 ——信息文化与信息文化学初探	董焱 2001(4)
培育和弘扬图书馆精神 ——21 世纪我国图书馆事业发展的思想基础	林汉城 2001(4)
信息与信息安全的冷思考	金中仁，陈振宇，张杰 2001(5)
知识组织的三种视角	李宏轩，马海群 2001(5)
信息技术革命影响下图书馆学情报学分支学科的建构	吴慰慈，张久珍 2001(5)
情报科学思想发展脉络的走向分析	刘春茂 2001(5)
中美网络信息资源的知识产权保护比较研究	邱均平，马海群 2001(6)

图书馆学的理性回归之路
——关于21世纪图书馆学发展的思考 李明杰,肖秋惠 2001(6)
图书馆事业发展的学科理念和文化机制 胡明超 2001(6)
论图书馆的公众性 邱五芳 2001(6)
图书馆经济现象、经济活动研究 王东波 2001(6)
信息生产和服务的外部性问题 王玮 2001(6)
数字图书馆机制的范式演变及其挑战 张晓林 2001(6)
合理使用原则的系统思考 牛继舜,吴慰慈 2002(1)
理论图书馆学视野中的数字图书馆研究 范并思 2002(1)
论国家网络信息伦理 付立宏 2002(1)
图书馆服务中著作权合理使用问题刍议 李莉,赵熊 2002(2)
社会信息化过程中若干利益冲突研究 陈传夫 2002(2)
图书馆制度资源体系构建及配置研究 雷云 2002(2)
美国图书馆协会信息素质研究进展报告简介
黄郴,金燕,徐仕敏,况能富 2002(3)
论网络信息生产 陈雅,郑建明 2002(3)
论信息素质与人才培养 郭太敏 2002(3)
我国网络信息服务监督机制研究 李晓红 2002(3)
观察国际图书馆学术前沿及其发展:内容分析 缪其浩 2002(3)
国内知识管理研究综述 盛小平 2002(3)
开放数字信息服务体系:概念、结构与技术 张晓林 2002(3)
“信息空间构建”初探 李箐,赖茂生 2002(4)
20世纪中国图书馆学的现代性与学科建制 李刚,倪波 2002(4)
论政府信息资源管理及其发展动向 查先进 2002(4)
论纸型载体角色与地位的调整 方卿 2002(4)
人文图书馆学论纲 蒋永福 2002(4)
浅论我国信息网络环境的政策体系 刘冬青 2002(4)
公共图书馆管理体制改革与嬗变 王冰 2002(4)

以人为本:现代图书馆发展的新理念 王海泉 2002(4)

论社区图书馆的功能、模式及管理机制 刘兹恒,薛旻 2002(5)

客观知识的基本性质 王子舟,张洲英 2002(5)

网站评价指标体系研究 陈雅,郑建明 2002(5)

21 世纪图书馆先进理念探索 李锋 2002(5)

知识传播功能论 倪延年 2002(5)

信息资源有效配置中帕累托最优理论的适用性问题 吴永臻 2002(5)

信息资源管理与知识管理的概念探讨
丁大可,李树青,徐侠,刘玉山 2002(6)

抽象图书馆学的分析化 叶鹰 2002(6)

浅论信息服务中的人文精神体现 吕玉芝,李冬梅 2003(1)

图书情报学理论基础中的知识论研究 李后卿,柳晓春 2003(1)

论信息管理:情报学特色与管理学视野 何佳讯,楼天阳 2003(1)

知识的基本组分
——文献单元和知识单元 王子舟,王碧滢 2003(1)

现代信息技术标准化与质量管理 何绍华 2003(1)

信息扶贫浅谈 雷香花 2003(1)

论知识管理与图书情报学的变革 邱均平,段宇锋 2003(2)

略论图书馆与生产力的关系 王晶,王霞 2003(2)

市场环境中网络信息资源配置的影响因素 贾君枝 2003(2)

社会信息能力的作用机制研究 徐仕敏 2003(2)

21 世纪理论图书馆学的理论起点、历史任务和研究思路
杨文祥 2003(2)

论竞争情报的研究内容 张长安,陈峰 2003(3)

论图书馆国际化 胡俊荣 2003(3)

论知识仓库的架构 严亚兰 2003(3)

我国图书馆哲学研究述评 翟秀云 2003(3)

开放元数据机制:理念与原则 张晓林 2003(3)

超文本范式
——关于公共信息资源及其认知机制的哲学思考 张欣毅 2003(3)

知识产业在新经济增长价值链中的地位与作用 陈大辉 2003(4)

论网络信息控制的系统性 陈益君 2003(4)

论政府信息公开与信息控制 赵冬生 2003(4)

客观知识·图书馆·人
——兼论图书馆学的研究对象 蒋永福 2003(5)

未来图书馆学发展的理性走向 王子舟 2003(5)

信息决策的政治社会学原理思考 朱红 2003(5)

网络环境下市场信息行为理论体系初探 冷伏海,王宏义,冯璐,安新颖 2003(6)

公共知识中心与公共知识管理
——再论图书馆的本质和定义 龚蛟腾,侯经川,文庭孝 2003(6)

论信息资源的经济学研究 王芳,赖茂生 2003(6)

世贸组织规则条件下的政府信息公开 郝静,查先进 2004(1)

“馆员第一”的辩识与实现 黄俊贵,林汉城 2004(1)

图书馆治理:概念及其涵义 黄颖,徐引篪 2004(1)

图书馆组织文化论 贺子岳 2004(1)

图书馆用户权益论 张根彬,陈益君 2004(2)

发展与创新:
全国第四次图书馆学基础理论学术研讨会综述 杨文祥,刘兹恒 2004(2)

知识管理中的知识生态环境 吴鹏,苏新宁 2004(2)

关于内容分析法的研究 邱均平,邹菲 2004(2)

公共图书馆精神的时代辩护 范并思 2004(2)

数字图书馆信息发布法律关系研究 陈传夫,冉从敬,邓星晟 2004(3)

公共信息服务的社会选择
——政府与第三部门公共信息服务的相互关系分析 夏义堃 2004(3)

国内图书馆知识管理研究述评 盛小平,徐引篪,张峰 2004(4)

知识秩序·知识共享·知识自由
——关于图书馆精神的制度维度思考 蒋永福 2004(4)

图书馆职业伦理研究	沙勇忠 2004(4)
网络时代的哲学与人文关怀	李振纲 2004(5)
主观知识客观化论纲	马恒通 2004(5)
基于两种模式的知识管理系统研究	邱均平,张荣 2004(5)
图书馆为主体的法律关系研究	王玉林 2004(5)
“公共图书馆精神”的科学解读	王宗义 2004(5)
信息的经济效益及测定	唐毅,陈能华 2004(6)
论信息构建的三个基本问题	荣毅虹,梁战平 2004(6)
公共化知识管理:电子政府未来发展的取向	刘辉,周慧文 2005(1)
谈公共图书馆的公益性	杜云 2005(1)
知识权利与图书馆制度 ——制度图书馆学研究	蒋永福 2005(1)
图书馆核心能力之构建:基于管理学观点的整合	徐贵军 2005(1)
知识管理的重要维度:人性化模式	徐红 2005(1)
决策过程的知识价值链	吴鹏,苏新宁,邓三鸿 2005(2)
论知识管理与情报学的互动创新及其发展动向	康琳,马海群 2005(2)
信息资源配置方式的理论模式分析	刘辉 2005(2)
图书馆学基础理论研究述评(1995 ~2004 年)	吴慰慈 2005(2)
论知识管理学的构建	邱均平,文庭孝,张蕊,张洋 2005(3)
学科馆员制度范式演变及其挑战	李春旺,李广建 2005(3)
再问图书馆学的科学性与研究方向问题 ——写在张晓林《应该转变图书馆研究的方向》 发表 20 周年之际	蒋永福 2005(3)
客观知识主观化论纲	马恒通 2005(3)
图书馆应该享有法定许可使用权	王玉林 2005(3)
国内外复合图书馆研究述评	李麟,初景利 2005(4)
图书馆与人文精神	何少红 2005(4)
学科信息门户:概念、结构与关键技术	孔敬,李广建 2005(5)

智力资源管理与信息管理、知识管理 顾潇华,吴现杰 2005(5)
现代图书馆"虚""实"论 原宏盛 2005(5)
论图书馆制度
——制度图书馆学若干概念辨析 蒋永福,王株梅 2005(6)
信息伦理学:从西方到中国及其全球性整合 吕耀怀 2005(6)
政府信息开放与开发的社会化和商业化:趋势、领域与问题 周毅 2005(6)
信息社会测度:信息社会研究的新焦点 吕斌,李国秋 2006(1)
信息的生产关系特性研究 刘昆雄,李慧玲 2006(1)
图书馆精神产品生产及消费初探 罗欣,郑章飞 2006(1)
零次信息价值及其价值理论探索 洪丽 2006(1)
中国图书馆学学术原创缺失归因及对策 王关锁 2006(1)
论数字信息交流 吴志荣 2006(1)
组织知识变革管理 吴鹏,强韶华,苏新宁 2006(2)
图书馆在构建和谐社会中的作用 王锦贵,王京山 2006(2)
基于知识资源论的图书馆学基础理论体系研究 柯平,王平 2006(2)
观察与思考
——图书馆学研究现状分析 李超平 2006(2)
为公共图书馆辩护
——"21世纪新图书馆运动论坛"之我见 谭祥金 2006(2)
图书馆、情报和档案学数字信息群的
知识集成研究进展与关键问题 王兰成 2006(2)
科学化图书馆学及其问题建构 叶鹰 2006(2)
内容分析法在企业竞争情报研究中的应用 黄晓斌,成波 2006(3)
概念地图在知识表示和知识评价中的应用(Ⅰ)
——概念地图的基本内涵 马费成,郝金星 2006(3)
新图书馆学五原理 周九常 2006(3)
论全社会信息资源共享 杨思洛,陈能华 2006(4)
概念地图在知识表示与知识评价中的应用(Ⅱ)
——概念地图作为知识评价的工具及其研究框架
马费成,郝金星 2006(4)

信息资源公共获取的社会价值与国际研究动向　陈传夫 2006(4)

关于文本概念语义规范的思考　胡昌斗 2006(4)

基于道德和法制规范的图书馆精神培育　施强 2006(4)

关于“要素说”及图书馆学的研究对象
——纪念刘国钧先生逝世 25 周年　陈源蒸 2006(4)

概念地图及其结构分析在知识评价中的应用(Ⅲ):实证研究　马费成,郝金星 2006(5)

图书馆哲学辨析　陈维军 2006(5)

知识管理学:图书馆学之上位学科　龚蛟腾 2006(5)

基于协同理论的企业信息系统集成框架　李纲,魏泉 2006(6)

图书馆学研究原创机制探析　匀学海 2006(6)

社会的城市化进程与现代图书馆活动
——兼论“公共图书馆理念”　王宗义 2006(6)

图书馆的功能、价值与构建和谐社会的关系　陈希,彭一中 2007(1)

及之而后知　履之而后艰
——纪念周文骏先生《文献交流引论》出版 20 周年　刘兹恒,潘梅 2007(1)

图书馆学话语的谱系学分析
——图书馆学话语三大族系概述　蒋永福 2007(1)

面向知识的图书馆学发展新趋势　王子舟 2007(1)

竞争情报价值及其析取模型研究　陈远,成全,彭哲 2007(2)

知识管理的层次与层次结构系统　杨文祥,贝弗莉 P·林奇 2007(2)

Web 挖掘的伦理问题研究　沙勇忠,黄丽珺 2007(2)

知识资本理论框架下的图书馆知识管理系统　王建雄,毛赣鸣 2007(2)

周文骏“文献交流学”的学术特色及影响　金明生,周红 2007(2)

网络信息资源质量配置效率与 DES 模型研究　孙瑞英,马海群 2007(3)

社会信息化测度指标体系的结构理性　郑建明,万里鹏 2007(3)

知识管理活动创新性研究之协同知识管理　胡昌平,晏浩 2007(3)

公共图书馆平民化研究　张正 2007(3)

内容重于传递:图书馆不应回避的社会责任 邱五芳 2007(4)
关于图书馆学的解释学研究 王宏鑫 2007(4)
数字鸿沟的危害性及其跨越策略 袁勤俭 2007(4)
隐性知识交流中的透视变换 员巧云,程刚 2007(5)
当代中国语境下的图书馆核心价值 王知津,樊振佳 2007(5)
信息资源管理研究的多重视角及其共同体的形成(Ⅰ)
——政府 IRM 研究图景 宋恩梅 2007(5)
图书馆和谐要素探析 郭向东,陈军 2007(6)
信息社会统计
——一门正在形成的新学科 李国秋,吕斌 2007(6)
论信息共享空间 戴维民,孙瑾 2007(6)
网络信息资源共享的哲学思考 廖播 2007(6)
图书馆知识传播论纲 马恒通 2007(6)
信息资源管理研究的多重视角及其共同体的形成(Ⅱ)
——企业领域及情报学视野下的研究 宋恩梅 2007(6)
管辖权争议:数字图书馆侵权案件辩诉的适用法律思考 王小会 2007(6)
中国图书馆学应进一步弘扬实证研究 邱五芳 2008(1)
信息资源管理研究的多重视角及其共同体的形成(Ⅲ)
——学科互涉特征与 IRM 共同体的形成 宋恩梅 2008(1)
书理学论纲 叶鹰 2008(1)
内容管理:信息资源管理的前沿课题 刘玉照,岳修志 2008(2)
迈出研究与建立图书馆核心价值的重要一步 范并思 2008(2)
图书馆学上位学科再探究:知识管理学还是公共管理学 龚蛟腾 2008(2)
基础理论研究中两个新的生长点:知识自由和信息公平 蒋永福 2008(2)
构建面向职业的图书馆学理论体系
——第五次全国图书馆学基础理论研讨会综述 刘兹恒,高丹 2008(3)
论知识共享的价值观 金胜勇,刘雁 2008(3)
关于改变图书馆学研究立场的思考
——从"用户永远都是正确的"说起 程焕文 2008(3)

数字信息资源共享动力机制研究 高波 2008(3)

网络竞合中的图书馆学理论研究 张久珍 2008(3)

图书馆伦理与法律研究进展 周庆山 2008(3)

理性与我国科学图书馆学的构建 李林华,金明生 2008(4)

信息共享空间理论模型建构与动力机制研究 任树怀,盛兴军 2008(4)

古籍文献数字化中的图书馆人文精神 涂湘波 2008(4)

公共信息资源公益性开发利用的内涵、依据及优势 夏义堃 2008(4)

图书情报学前沿研究领域选评 叶鹰 2008(4)

改革开放30年图书馆学基础理论研究回顾与思考

柯平,赵益民,高爽 2008(5)

作为图书馆核心价值的知识自由研究 王宏义,蒋永福 2008(5)

从边缘到中心:信息管理研究的学科范型嬗变 李刚,孙建军 2008(5)

企业反竞争情报活动中的知识流转换及其控制策略

张翠英,杨之霞 2008(5)

国内外图书馆知识管理研究综述 龚蛟腾 2008(5)

图书馆核心价值及其实现 黄俊贵 2008(5)

国外基于投资回报的图书馆价值研究:述评与启示 钱佳平,刘兹恒 2008(6)

“Intellectual Freedom”的中文翻译 范并思 2008(6)

中国公共图书馆核心价值观的形成与演变 李超平 2008(6)

对图书馆学研究中两个基本范式的反思 傅荣贤 2009(1)

关于图书馆学基础研究的若干思考 王宗义 2009(1)

信息资源管理流程中公众的信息权利探析 周毅 2009(1)

不对称信息经济学在我国图书馆学研究中的应用 高红阳,张侠 2009(2)

创新型国家建设中的公共信息服务发展战略分析 胡潜 2009(2)

图书馆的文化本质和图书馆学研究的文化选择 李满花 2009(2)

在新的信息与技术环境中感受图书馆的律动

——2008年的中外图书馆事业和理论研究

范并思,李超平,俞传正,于良芝,肖希明,郭凌辉,

初景利,刘炜,黄晨,Lian Ruan 2009(3)

公共图书馆与民主政治　蒋永福 2009(3)

信息环境共享的信息社会学论析　谢俊贵 2009(3)

实证缺失的中国图书馆学研究　刘宇,叶继元,袁曦临 2009(4)

非相关文献知识发现的理论基础研究　张云秋,冷伏海 2009(4)

后现代主义思潮对情报学基础理论的影响　王建冬 2009(4)

公共图书馆服务的意义建构与认识盲点
——对公共图书馆评估总结材料的话语分析　于良芝 2009(4)

国外信息资源管理研究进展及热点分析
——基于 IRMJ 和 JASIS 的分析　毕强,滕广青 2009(5)

实然的超越和应然的解说:图书馆学如何提高学科地位　傅荣贤 2009(5)

信息生命周期研究范式及理论缺失　万里鹏 2009(5)

图书馆信息扶贫的驱动因素、路径选择及其引申　金明生,金璐 2009(6)

社会包容:现代公共图书馆的使命　蒋永福 2009(6)

中国图书馆学的发展与新一代图书馆学人的使命
——在中国图书馆学会第八届学术研究委员会成立大会暨工作会议上的报告　吴慰慈 2009(6)

从知识运动的角度认识图书馆　周慧 2009(6)

结构与主体能动性:
信息不平等研究的理论分野及整体性研究的必要　于良芝,刘亚 2010(1)

论我国图书馆学方法论中的专门研究方法　徐跃权,杨玉麟 2010(1)

中国古代图书馆学的知识论取向
——从文献学路径获得的认知　李明杰 2010(1)

图书馆组织对象及其层次研究　王松林 2010(1)

《公共图书馆法》立法基础与必要性研究
杨玉麟,李国新,赵洗尘,刘慧娟,裴成发,张颖杰,束漫 2010(2)

图书馆权利的界定　程焕文 2010(2)

论图书馆评价的主体　黄如花,宋琳琳 2010(3)

关于图书馆学和档案学理论分歧与融通的对话　章燕华,叶鹰 2010(4)

文化视角的图书馆学研究:层次及内容分析　傅荣贤 2010(4)

基于知识网络的动态知识构建:空间透视与机理分析 姜永常 2010(4)

Web 2.0 环境下网络社群理论研究综述 邓胜利,胡吉明 2010(5)

知识管理的理论基础 盛小平,曾翠 2010(5)

论图书馆本质的哲学解构与建构 徐跃权 2010(5)

论网络信息存档权及其生成 周毅 2011(1)

网络服务环境下用户关系演化规律研究 胡昌平,胡吉明 2011(2)

西方信息行为认知方法研究 迪莉娅 2011(2)

图书馆组织气候评价初论 郑德俊 2011(2)

信息类型和信息交流情境视角下
电子口碑交流有效性要素研究 张玥,朱庆华 2011(4)

数字鸿沟研究的未来:境外数字不平等研究进展 闫慧 2011(4)

图书馆学情报学档案学:研究对象与学科关系
金胜勇,李雪叶,王剑宏 2011(6)

信息行为集成化研究框架初探 王知津,韩正彪 2012(1)

国内外数字图书馆可用性评价研究历史与流派
马翠嫦,邱明辉,曹树金 2012(2)

国外互联网信息可信性研究发展历程及特征分析 胡磊 2012(2)

促进社会包容
——美国社群信息学研究述评 李刚,孙建军,傅丽萍 2012(3)

学术博客知识交流与共享心理诱因研究 甘春梅,王伟军,田鹏 2012(3)

国外图书馆、档案馆和博物馆数字资源整合研究进展 肖希明,郑燕 2012(3)

图书馆学理论的使命与担当
——第六次全国图书馆学基础理论研讨会综述 黄红华,周佳贵 2012(3)

论图书馆社会责任的研究内容 白君礼 2012(3)

可适用于我国图书馆的著作权例外立法框架研究 黄国彬 2012(3)

机构知识库内容保存与传播权利管理
张晓林,张冬荣,李麟,曾燕,王丽,祝忠明 2012(4)

基于计量分析的馆藏资源语义化理论研究 邱均平,余凡 2012(4)

基于语义的馆藏资源深度聚合研究 贺德方,曾建勋 2012(4)

将青少年纳入信息贫困研究视野：
来自青少年信息行为研究的证据　刘亚 2012(4)

1989 年以来国内外数字鸿沟研究回顾：
内涵、表现维度及影响因素的综述　闫慧，孙立立 2012(5)

图书馆学研究中问题意识摭拾　白君礼 2012(5)

图书馆服务中的儿童权利原则研究　范并思 2012(6)

论智慧图书馆的三大特点　王世伟 2012(6)

数字化语境下信息科学多元研究范式探析　王琳 2012(6)

事业发展

沈阳地区高等院校、科学研究机关图书馆调查报告	何厥祥 1957(1)
中国图书馆学会积极进行筹备工作	李钟履 1957(1)
联合国文教组织在社会科学图书方面的工作	刘伯谦 1957(1)
日本高等学校图书馆概况	陈霖生 1957(3)
首都图书馆介绍	刘德元 1957(3)
印度尼西亚的公共图书馆	玉权 1957(3)
"危机"从何说起? ——驳光明日报"图书馆事业存在着危机"谬论	郝瑶甫,李钟履 1957(4,5)
谁说"今不如昔"? ——我国图书馆事业概述	韩承铎,王宏钧 1957(4,5)
全国各大图书馆调查概况	王树伟 1957(6)
国务院科学规划委员会图书组第一次(扩大)会议记录	1957(6)
匈牙利科学图书馆与大众图书馆之间的合作	韩维 1958(1)
苏联高等教育部科技图书馆简介	胡耀辉 1958(1)
民主德国科学文献中心概述	胡耀辉 1958(1)
发展中的南京大学图书馆	南京大学图书馆 1958(1)
文化部夏衍副部长总结报告 (全国省、市、自治区公共图书馆跃进大会)	夏衍 1958(2)
从北京图书馆的跃进情况谈到几点初步体会	丁志刚 1958(2)

上海市文化局方行同志的发言 方行 1958(2)

南京图书馆汪长炳同志的发言 汪长炳 1958(2)

郑州市图书馆张杜荣同志的发言 张杜荣 1958(2)

参观苏联和民主德国图书馆事业报告 汪长炳,杜定友,胡耀辉,左恭 1958(2)

打破常规、鼓足干劲、实现图书馆事业大跃进!
——中央文化部钱俊瑞副部长在全国省、市、自治区
公共图书馆工作跃进大会开幕时的报告 钱俊瑞 1958(3)

多快好省要抓六条纲
——中央文化部钱俊瑞副部长
在全国文化局(厅)长会议上作了总结发言 钱俊瑞 1958(3)

思想要循着共产主义方向跃进
——中共中央宣传部周杨副部长
在全国文化局(厅)长会议上作了重要指示 周扬 1958(3)

全国第一中心图书馆委员会组织简则 1958(3)

全国第一中心图书馆委员会初步工作计划 1958(3)

在图书馆事业中坚决贯彻党的社会主义总路线和为总路线服务
胡耀辉 1958(4)

北京七院校图书馆互助协作组第一次会议记要 于声 1958(4)

北京市高等院校、技术学校图书馆工作的跃进
——记北京市高校中校勤俭办学展览会中的
"图书馆"馆 展览会办公室 1958(4)

聚少成多,互通有无,草原图书馆竞相创建 海浪 1958(5)

莫斯科国立公共历史图书馆访问记 鲍振西 1958(6)

西安地区图书馆开展大协作 金泯 1958(6)

论图书馆事业的共产主义协作 于声 1958(6)

对农村民办图书馆的几点意见 旅大市图书馆 1959(1)

中心图书馆介绍
——北京图书馆 戚志芬 1959(1)

为图书馆工作更好、更全面的跃进,
向国庆十周年献礼的倡议书 四十七省、市、自治区图书馆 1959(1)

上海市科技图书馆网是怎样建立的　上海图书馆 1959(2)

全苏国立外文图书馆概况　赵琦 1959(3)

中心图书馆介绍
——中国科学院图书馆简介　中国科学院图书馆 1959(3)

中心图书馆介绍
——中国人民大学图书馆概况　于声 1959(4)

地质部地质图书馆介绍　地质部地质图书馆 1959(5)

广东省中山图书馆　广东省中山图书馆 1959(5)

辽宁省图书馆　辽宁省图书馆 1959(6)

中国农业科学院图书馆介绍　中国农业科学院图书馆 1959(6)

湖北省图书馆(中心图书馆介绍)　湖北省图书馆参考辅导部 1959(7)

西北民族学院图书馆　西北民族学院图书馆 1959(7)

中国医学科学院图书馆　中国医学科学院图书馆 1959(7)

苏联著名的古比雪夫省图书馆特写　赵琦,鲍振西 1959(8)

北京师范大学图书馆简介　北京师范大学图书馆 1959(8)

甘肃省图书馆　甘肃省图书馆 1959(8)

大跃进以来的西北大学图书馆　西北大学图书馆 1959(8)

西北工业大学图书馆在发展中　西北工业大学图书馆 1959(8)

陕西省文化局鱼讯局长在会议上的讲话摘要　1959(8)

天津市人民图书馆　天津市人民图书馆 1959(9)

十年来的图书馆事业
北京大学图书馆学系“图书馆事业史”研究小组 1959(10)

今日的北京图书馆　北京图书馆 1959(10)

广西僮族自治区第一图书馆概况　广西僮族自治区第一图书馆 1959(10)

飞跃发展的图书馆事业　李芳馥 1959(10)

在这光辉十年的日子里　明世焕 1959(10)

欣欣向荣的内蒙古图书馆事业　内蒙古图书馆 1959(10)

宁夏回族自治区图书馆事业在发展　宁夏回族自治区图书馆筹备处 1959(10)

从无到有、三年起家
——中国科学院武汉分院图书馆的成长 汪天异 1959(10)
反右倾,鼓干劲,用实际行动来庆祝建国十周年
文化学院图书馆研究班 1959(10)
我们的图书馆事业 叶君健 1959(10)
我所体会的两种社会制度下的图书馆事业 舟丁 1959(10)
黑龙江省图书馆事业十年 黑龙江省图书馆研究辅导部 1959(11)
我馆的过去和现在 军事科学院图书馆 1959(11)
上海图书馆的十年 上海图书馆 1959(11)
中国科学院系统图书馆十年来的成就 中国科学院图书馆 1959(11)
略谈十年来的高等学校图书馆 中国人民大学图书馆 1959(11)
十年来的成都市图书馆 成都市图书馆 1959(12)
江西省图书馆十年工作概述 江西省图书馆 1959(12)
南京图书馆的成长 南京图书馆 1959(12)
跃进中的中山大学图书馆 何多源 1960(1)
文化必须大力支援农业
——文化部副部长钱俊瑞在第二届全国人民代表大会
第二次会议上的发言 钱俊瑞 1960(5)
为实现文化艺术工作的更大更好的跃进而奋斗
——文化部部长沈雁冰在第二届全国人民代表大会
第二次会议上的发言 沈雁冰 1960(5)
把农村图书馆工作推向新阶段 1960(5)
试评"中华图书馆协会"
北京大学图书馆学系 1956 年级中国图书馆事业史研究小组 1961(1)
图书馆所面临的新形势与新任务 耀辉 1961(3)
探讨新形势下如何进一步发挥图书馆的作用问题
广东省中心图书馆委员会召开扩大会议
广东省中心图书馆委员会 1961(4)
苏联国立列宁图书馆 1960 年概况 建明 1961(4)
整顿和提高是省(市)自治区公共图书馆的当前任务 胡耀辉 1962(1)

飞跃发展中的苏联国立列宁图书馆 鲍振西 1962(2)

朝鲜国立中央图书馆简介 卢调文 1962(3)

北京大学图书馆六十年 许世华 1962(3)

科学图书馆工作发展问题 顾家杰 1963(3)

新建的学习场所
——朝鲜国立中央图书馆以全新的面貌
迎接建馆十五周年 李奉弼,金昊喆 1963(4)

武汉大学图书馆五十年 黄宗忠,谢灼华 1963(4)

在迅速发展中的阿尔巴尼亚图书馆事业 林敏 1963(4)

古巴图书馆事业的发展和国立何塞·马蒂图书馆 崔永林 1964(1)

肩负起一九六四年的光荣任务,投入新的战斗!(社论) 1964(1)

大比大学,促进图书馆队伍不断革命化! 《图书馆》评论员 1964(2)

认清革命职责发扬革命精神(短评) 1964(2)

进一步发挥中心图书馆委员会的协作与协调作用 鲍振西 1964(3)

安徽省图书馆在前进 胡家柱 1964(3)

湖南省中山图书馆十五年 湖南省中山图书馆 1964(3)

馆小志大干劲足(黑龙江拜泉县图书馆) 鞠占屏,沙振宇,马天驹 1964(3)

文化战线上的一支新军
——记上海街道里弄图书馆 黎文,石铭,佩华 1964(3)

五年来我国图书馆事业的发展和成就 刘国钧,张树华,纪国祥 1964(3)

在发展中的新疆维吾尔自治区图书馆 新疆维吾尔自治区图书馆 1964(3)

欣欣向荣的十五年
——介绍延边大学图书馆的发展概况
延边大学图书馆通讯小组 1964(3)

十五年来我国文献工作的蓬勃发展 袁翰青 1964(3)

云南省图书馆的今昔 云南省图书馆通讯小组 1964(3)

高度的革命热情、刻苦的钻研精神(短评) 1964(3)

日月换新天
——高等学校图书馆工作四十年 施廷镛 1964(4)

国外图书馆事业现状与发展浅谈 鲍振西,李哲民 1979(1)

我国图书馆网建设初探 杜克 1979(1)

对大城市公共图书馆建设问题的探讨 付扬 1979(1)

加强为科学研究服务的一项重大措施
——谈中国科学院图书情报工作体制统一问题 辛希孟 1979(1)

图书馆战线上的历史使命 周培源 1979(1)

开幕词(中国图书馆学会成立大会) 顾廷龙 1979(2)

闭幕词(中国图书馆学会成立大会) 丁志刚 1979(2)

中国图书馆学会筹备工作报告 谭祥金 1979(2)

继承革命传统　办好社会主义大学图书馆 郭松年 1979(2)

喜迎图书馆事业的春天 来新夏 1979(2)

可喜的开端　美好的事业 杨威理 1979(2)

于光远同志报告(摘要)(中国图书馆学会成立大会) 1979(2)

刘季平同志发言(中国图书馆学会成立大会) 1979(2)

中国图书馆学会章程 1979(2)

关于亚大地区图书资源共享问题的
国家图书馆馆长国际会议上的建议 1979(2)

建设现代化图书馆 陈世民 1980(1)

采取多种方式促进出版物的共享与交流
——北京图书馆副馆长丁志刚在堪培拉亚大地区
国家图书馆长会议上的发言 丁志刚 1980(1)

省、市图书馆工作着重点转移初探
——谈谈天津馆的想法和作法 董长旭 1980(1)

六律正五音　规矩成方园
——试谈也要用立法来保证我国图书馆事业的发展 李克西 1980(1)

图书情报是科研生产的第一需要(一)
——记中国科学院图书馆邀请京区各所部分科学家座谈 辛希孟 1980(1)

周总理关于图书资料工作的论述 1980(1)

八十年代是情报专业人员大有作为的时代 刘钦智,姜炳炘 1980(2)

书林学海话沧桑
——访庐山图书馆 王宪章 1980(2)

北美洲的亚洲图书馆 叶嘉莹 1980(2)

对我国文献工作标准化的展望 朱南 1980(2)

泰国的图书情报工作 柳眉 1980(3)

瑞士通讯之二
——瑞士图书馆巡礼 杨威理 1980(3)

适应四化需要　发展图书馆事业
——中央书记处讨论图书馆工作,建议设立图书馆事业管理局 1980(3)

刘季平同志在全国文物工作会议上的第二次发言 1980(3)

中国图书馆学会及各省、市、自治区图书馆
学会简介(1979.7～1980.7) 1980(3)

美国图书馆概况 陈柱麟 1980(4)

中华人民共和国大学图书馆代表团
赴美国参观访问报告〔附专题报告〕 1980(4)

试谈把图书馆办成一个社会事业 高树榆 1981(1)

文化战线上的基本建设
——在北京史学术讨论会上的讲话摘要 廖沫沙 1981(1)

一九七九年世界图书馆趋向 周永大 1981(1)

一所综合性理工科大学图书馆
——介绍清华大学图书馆 1981(1)

我国首创的儿童图书馆上海儿童图书馆 应永玉 1981(2)

图书馆学情报学领域中国家专业组织的发展特征 林瑟芬,李林 1981(4)

取长补短　共同协作　在发展图书馆事业中多作贡献
——丁志刚同志在全国高等学校图书馆
工作会议上的发言提要 丁志刚 1981(4)

中国出席国际图联第47届大会代表团
团长的发言(汉英对照) 丁志刚 1981(4)

大学图书馆在高等教育中的任务和作用 韩荣宇 1981(4)

提高认识　加强领导　努力办好高等学校图书馆 周林 1981(4)

周林副部长在全国高等学校图书馆工作会议上的总结讲话 周林 1981(4)

中华人民共和国高等学校图书馆工作条例 1981(4)

国际图联(IFLA)历次全体大会概况 1981(4)

公共图书馆法制定的原则 乔新秋 1982(1)

振奋革命精神　学习先进经验更好地为八亿农民服务
——周巍峙在全国农村文化艺术工作先进集体
先进工作者表彰大会上的讲话(节录) 1982(1)

把工作重点放在农村 1982(1)

回顾过去　规划未来
——中国图书馆学会召开第一届理事会第二次(扩大)会议 1982(1)

公共图书馆法的发展及现状 文新秋 1982(2)

论知识载体的变更和图书馆事业的发展 朱永礼 1982(2)

发扬优良传统　为建设社会主义
的现代化的北京大学图书馆而努力
——谢道渊在建馆八十周年纪念会上的讲话 谢道渊 1982(3)

在中国图书馆学会第三次全国科学讨论会
开幕式上的讲话 黄钰生 1982(4)

首都市区馆座谈《公约》 辉 1982(4)

农村建立图书馆网的一条新路 李刚 1982(4)

"集中管理图书馆事业"
——学习列宁关于图书馆立法的思想 张厚生 1982(4)

邓力群同志在北京图书馆开馆七十周年纪念会上讲话 1982(4)

朱穆之同志在北京图书馆开馆七十周年纪念会上的讲话 1982(4)

黄钰生呼吁迅速恢复和建(健)全中心图书馆委员会 1982(4)

中国图书馆学会常务理事(扩大)会议
关于制订《图书馆工作者公约》的倡议书 1982(4)

吕叔湘教授在北京图书馆开馆七十周年
纪念会上的讲话(摘要) 1982(4)

参加国际图联第48届大会和访问美、加的一些观感 鲍振西 1983(1)

高校图书情报工作一体化研究中值得注意的几个问题 刘渝生 1983(1)

新疆地区图书馆事业调查访问侧记 一之 1983(1)

湖北省沔阳县科委负责同志谈
——如何开创县馆建设新局面—为科研生产服务问题 胡铁树 1983(2)

对发展长汀县图书馆事业的一点设想 吴光福 1983(2)

个人兴办农村图书室十例 姚行地 1983(2)

漫谈科技情报工作 袁翰青 1983(2)

谈谈特区县馆的特点 张家羌 1983(2)

辽宁省文化局关于加强和改进
少年儿童图书馆(室)工作的几点意见 1983(2)

有关图书馆改革的若干设想 何之光,曾卓 1983(3)

上海市高校图书馆探求改革 彩 1983(3)

絮谈图书馆改革 梁知 1983(3)

滇西边境民族地区图书馆见闻 吴棠 1983(3)

文化部关于发展县图书馆的答复 1983(3)

一项开创性的事业
——丁峤、杜克同志在全国少数民族地区
图书馆(室)座谈会上的讲话 丁峤,杜克 1983(4)

献给中国图书馆学会第二次会员代表大会
——鹭江,兴会 刘岐云 1983(4)

开拓前进又一村
——全国少数民族地区图书馆工作座谈辑要 1983(4)

中国图书馆学会第二次会员代表大会:
总结提高,继续前进
——谈谈学会第二次会员代表大会以后的工作 鲍振西 1984(1)

中国图书馆学会第二次会员代表大会:
第一届理事会工作报告 丁志刚 1984(1)

中国图书馆学会第二次会员代表大会:开幕词 丁志刚 1984(1)

中国图书馆学会第二次会员代表大会:
闭幕式上的总结讲话 杜克 1984(1)

西德、挪威、瑞典、丹麦四国图书馆事业考察记 胡耀辉 1984(1)

中国图书馆学会第二次会员代表大会:筹备工作报告 谭祥金 1984(1)

中国图书馆学会第二次会员代表大会:
　中国图书馆学会章程(1983) 1984(1)

参观法兰克福书展简记 熊道光 1984(2)

新技术革命与图书馆事业
　——在中国图书馆学会迎春座谈会上的发言 杨沛霆 1984(2)

散记发展中的朝鲜图书馆事业 1984(2)

全国地质图书馆的六十年 邓戈明,武宁生 1984(3)

中国科学院地区图书馆的服务与建设 桂治馨 1984(3)

上海图书馆的三十年 上海图书馆办公室 1984(3)

中国医科院首都医科大学图书馆简介 吴子钧 1984(3)

中国农业科学院图书馆 赵华英 1984(3)

建国三十五年图书馆事业发展概况(统计资料) 1984(3)

向现代化迈进
　——谈北京图书馆新馆 谢道渊,谭祥金 1984(4)

民族地区图书馆事业新篇 黄润华 1984(4)

发展中的民族图书馆 齐真锋 1984(4)

国际图联的“金年”从高论回到现实中来
　——出席国际图联第50届全体大会综述 乔凌 1984(4)

美国、日本大学图书馆的几个特点
　——赴美、日大学图书馆考察、实习报告
上海交通大学图书馆考察、实习组 1984(4)

新中国图书馆事业建设的主要成就 吴慰慈 1984(4)

蓬勃发展的湖南图书馆 张建国 1984(4)

1982～1983世界图书馆趋向 王培章,韩荣宇 1985(1)

总结过去,展望未来
　——纪念首都图书馆建馆七十周年 冯秉文 1985(1)

老马曝献 李芳馥 1985(1)

关于英国图书馆员、情报专家的培训问题
　——赴国外进修、实习专题报告之六 汤兆魁,向明 1985(2)

英国图书馆事业 鲍振西 1985(2)

美国中文图书馆简介 弘明 1985(2)

对图书馆现代化的若干观念的看法 张晓林 1985(2)

伦敦的公共图书馆概况 张祖圻 1985(2)

读《老马曝献》之后(来函照登) 友石 1985(2)

二十九年来图书馆界想的和做的
——全国图书馆工作会议内外 林之 1985(3)

美洲东亚图书馆的沿革和发展 钱存训 1985(4)

加强馆际协作实现资源共享 安江平 1986(1)

论信息社会中传统图书馆的应变 刘超英 1986(1)

包兆龙图书馆与现代化设施 杨宗英,史树民 1986(2)

谈图书馆的社会效益 陈石铭 1986(2)

图书馆改革的思考 程亚男 1986(2)

第四讲　关于新馆规划与五年发展纲要的设想 谭祥金 1986(2)

发展高校图书情报事业,更好地为高等教育服务
——为纪念交通大学九十周年校庆而作 吴善勤 1986(2)

关于我国图书馆网络的建设 远征 1986(2)

加快步伐,发展我国图书馆事业
——李希泌委员在全国政协第四次会议上的大会发言 1986(2)

发挥科协的“纽带”“助手”作用
为实现“七五”计划贡献才智 佟曾功,肖自力 1986(3)

我国图书馆事业发展战略的若干思考 黄纯元 1986(3)

需要发展地方图书馆 吕叔湘 1986(3)

UAP 及我国的现状 邵文杰 1986(3)

公共图书馆的未来 粟慧 1986(3)

在我国推行与实施国际连续出版物数据系统(ISDS)
与国际标准连续出版物编号(ISSN)工作 李镇铭 1986(4)

在《中国古籍善本书目》〈经部〉发行仪式上的书面发言
刘季平 1986(4)

图书情报体制改革的一种趋势
——中国科学院图书馆改名有感 孟连生 1986(4)
就有关推行国际连续出版物数据系统
中国国家中心的工作答本刊记者问 谈金铠 1986(4)
图书馆和时代
——在国际图联(IFLA)第五十二次大会上的发言 于光远 1986(4)
用图书馆新思想推动图书馆改革使读者
服务工作更上一层楼 陈誉 1987(1)
新信息媒介与图书馆 李常庆 1987(1)
科学地制订图书馆的发展计划 林钧跃 1987(1)
重托与责任
——万里副总理视察北京图书馆新馆的感想 谭祥金 1987(1)
我国图书馆事业发展的战略思考 倪学寨 1987(2)
我国高校图书馆发展战略的构想 郑挺 1987(2)
浅论公共图书馆的建设与改革 高占祥 1987(3)
适应时代要求　明确发展方向
加强高校图书馆的教育职能和情报职能
——在全国高等学校图书馆工作会议上的报告 彭珮云 1987(3)
为繁荣中华民族的文化做出贡献
——纪念北京图书馆建馆75周年 任继愈 1987(3)
试析"三个如何"之如何 袁丁 1987(3)
全国高等学校图书情报事业"七·五"规划要点(草案) 1987(3)
论我国图书馆事业的基础结构 黄纯元 1987(4)
一座现代化"书城"的诞生 刘惠平 1987(4)
王济夫同志在传达贯彻
《关于加强和改进图书馆工作》文件会议上的讲话 王济夫 1987(4)
中国20世纪在文化事业上的一重大成就 王冀 1987(4)
在北京图书馆新馆开馆典礼上的讲话 王蒙 1987(4)
赞赏与希望 杨仁娟 1987(4)
贯彻落实四部委院文件　促进图书馆改革与发展 周小璞 1987(4)

苏联图书馆事业
——见闻与观感 鲍振西 1988(1)

试论我国图书馆网络建设的发展道路 梁鳣如 1988(1)

《北京图书馆同人文选》序言 钱存训 1988(1)

实施 UAP 计划设想 杨拴成 1988(1)

积极发展公共图书馆事业
努力适应“两个文明”建设的需要 1988(1)

中国图书馆事业发展迅速
——记香港《经济与法律》社长与沈已尧教授一席谈 1988(1)

中国图书馆变革中的十大新观念 朱家桢,梁溪清 1988(2)

图书馆学理论的现状与发展 刘炜 1988(2)

思虑与欣慰
——记黄钰生先生为之呼吁的图书馆界协作事竟成 文佳 1988(2)

四部院委　国防科工委印发
关于部际图书情报工作协调委员会成立会议纪要 1988(2)

长沙县图书馆农村科技图书示范户效益好 1988(2)

北京图书馆馆长任继愈谈解放生产力和馆际协作等问题 1988(2)

苏联图书馆事业七十年(1917～1987) 董光荣 1988(3)

开展以文补文活动　促进文化事业发展
——在全国文化事业单位以文补文经验
交流会上的报告(摘要) 高占祥 1988(3)

缠绕公共图书馆的“异化”云雾
——法国公共图书馆印象联想 梁可 1988(3)

沈阳市公共图书馆的分馆建设 罗也平,文燕 1988(4)

十年改革与图书馆:长入物化观念和参与意识
让图书情报转化为最活跃的生产力 韩南鹏 1988(4)

淄博市图书馆的一封来信(摘登) 滕义勇 1988(4)

一九八七年世界图书馆趋向 王培章 1988(4)

中国图书馆改革 10 年(1978～1988) 白国应 1989(1)

新西兰图书馆事业见闻与观感 鲍振西 1989(1)

深化改革,搞活事业 金沛霖 1989(1)

中科院文献情报中心的发展历程 孟广均 1989(1)

高校图书馆事业发展战略设想 鄢德海,林素仁 1989(2)

计划单列市图书馆的特征与任务 罗也平 1989(2)

图书馆网络化发展战略的系统思考 石宝芳 1989(2)

新中国图书馆事业 40 年 鲍振西,许婉玉,李哲民 1989(3)

我国的少数民族图书馆事业 李久琦 1989(3)

美国的乡镇图书馆研究 林钧跃 1989(3)

建设具有中国特色的乡镇图书馆事业 许培基 1989(3)

论图书馆的竞争环境 周志华 1989(3)

总结经验 表彰先进 继续深入开展创建文明图书馆活动
——在全国创建文明图书馆活动经验交流会上的发言 鲍振西 1989(4)

危机·原因·思考
——图书馆现状的断层透视 程亚男 1989(4)

在全国创建文明图书馆活动经验交流会
闭幕颁奖仪式上的讲话 高占祥 1989(4)

在全国创建文明图书馆活动经验交流会上的讲话 刘德有 1989(4)

动态观念、动态原理、动态管理与现代图书馆 张钦恩 1989(4)

1989 年中国图书馆事业纪事 白国庆,姜亚沙 1990(1)

愿交流与合作之花常开不败
——回忆第一届亚大地区国家图书馆馆长国际会议 丁志刚 1990(1)

文化部图书馆司 1990 年工作要点 1990(1)

部际图书情报工作协调委员会第 2 次会议纪要 1990(1)

我国图书情报事业的组织与管理 李宗春,徐澍地,易缚平 1990(2)

图书馆评估理论、实践及其反思 王孝龙,李东来 1990(2)

我国图书情报事业发展战略研究的回顾 白国应,史学智 1990(2)

公共图书馆:繁荣与危机 刘喜申 1990(2)

民主德国的图书馆事业 齐玉霞 1990(2)

团结协作　共同前进　全国学会秘书处 1990(3)

英国国家图书馆的改革动向　姜振儒 1990(4)

我国图书情报事业建设史上的一件大事　1990(4)

我们的初探　1990(4)

我国图书馆事业发展政策刍议　黄俊贵 1991(1)

学会工作 10 年回顾　曲红 1991(1)

增强改革意识　拓宽服务领域　杨挺 1991(1)

我国农村图书馆事业的兴起和前景　单敬兰,赵建华,赵保华 1991(2)

前进中的中国社会科学院图书馆系统　沈仪琳,张悦校,朱希淦 1991(2)

振奋精神　努力工作　为社会主义精神文明建设做出更大贡献
——在全国公共图书馆为社会主义精神文明建设服务经验交流会上的讲话　刘德有 1991(2)

当代图书馆事业的发展趋势　邵翘祥 1991(2)

对图书馆界的建议　吴万钧 1991(2)

图书馆事业必须与国民经济的发展相适应　袁培国 1991(3)

中国图书馆代表团对苏联的访问　中国图书馆代表团 1991(3)

中等职业技术学校图书馆状况
——对《新中国图书馆事业 40 年》一文的补充　周未隼 1991(3)

国务院批转文化部报告　制定有关文化经济政策　白国庆 1992(1)

江苏省召开首届中学图书馆经验交流暨研讨会　陈愈美 1992(1)

吉林省学会召开少年儿童图书馆学术研讨会　国治 1992(1)

论公共图书馆规模的小型化　周志华 1992(1)

黑龙江省图书馆为经济建设服务的新探索　杨学梅,王爱娟,刘玲芝 1992(2)

发展乡镇图书馆事业的依据及调控　雁南 1992(2)

首届部分省市中学图书馆经验交流暨学术研讨会会议纪要　1992(2)

当代图书馆事业所面临的问题　邵翘祥 1992(3)

中国文化发展与图书馆　谢灼华 1992(3)

90年代我国省级图书馆建设 夏洪川,夏国栋 1992(4)

我国省级图书馆应属综合性研究图书馆 黄丽华 1992(4)

走向21世纪的OCLC 姜振儒 1992(4)

方兴未艾的图书馆公共关系事业 李后卿 1992(4)

现代图书馆网络类型 王知津 1992(4)

北京图书馆80年 张季华 1992(4)

希望社会各界关心支持图书馆工作　李瑞环同志在北京图书馆建馆80周年纪念大会上发表重要讲话 1992(4)

不是“低谷”,图书馆事业仍然在发展;
有阻力,但愿“婆婆”当好图书馆的“保护神”!
——图书馆目前形势及其问题分析 林庆云 1993(1)

机遇和挑战 刘喜申 1993(1)

湖北洪湖建立天下名人馆 饶立新 1993(1)

十四大代表谈图书馆发展取向 1993(1)

国际经济法对国际信息交流的影响 毕九江,杨列勋 1993(2)

改革　开拓　创新 张德芳,钟昌式 1993(2)

努力寻找图书馆工作与经济建设的结合点 黄志荣 1993(2)

在服务中经营,在经营中发展 卢鸿筠 1993(2)

情报是乡镇企业发展的生命线 汪冰 1993(2)

边远地区的图书情报工作一样大有可为 王雅玲 1993(2)

90年代的中国图书情报事业向何处去? 夏旭 1993(2)

论县级市图书馆的特点、任务及发展趋向 张昕 1993(2)

建立专业性图书馆群体的可行性研究 陆娴武 1993(3)

解放思想　实事求是　大力开展图书馆学研究活动 唐绍明 1993(3)

市场经济体制中的图书馆事业 陈大辉 1993(4)

匈牙利的科学院图书馆 陈健 1993(4)

转换脑筋　走向市场
——图书馆与市场经济接轨论 刘学丰,陈瑞玲,张国治 1994(1)

新信息产业中的图书馆 姜继，伍新生 1994(1)

图书馆思变求新的契机 于晓峰，章海萍 1994(1)

澳大利亚的图书馆自动化网络、数据库和情报服务 何洋 1994(1)

东北三省图书馆在环日本海经济协作中的作用 李晓菲 1994(1)

引入市场机制　增强造血功能 刘学芝 1994(1)

图书馆与市场经济 谭祥金 1994(1)

提高质量，促进标准化，迎接国际图联大会在我国召开！ 唐绍明 1994(1)

图书馆市场浅论 周海旭 1994(1)

图书馆法应符合市场经济要求 陈大辉 1994(2)

公共图书馆要搞经营创收 刘翠兰 1994(2)

适应市场经济的新形势深化图书馆事业的改革
——在全国"市场经济与图书馆建设"馆长研讨班
开幕式上的讲话 刘德有 1994(2)

深化改革　抓紧机遇开拓图书信息工作的新格局
——在全国"市场经济与图书馆建设"馆长研讨班
开幕式上的讲话 邢贲思 1994(2)

在全国"市场经济与图书馆建设"馆长研讨班
开幕式上的讲话（摘要） 于光远 1994(2)

市场经济对图书馆工作的影响
——关于强化图书馆生存和发展能力的思考 周声浩 1994(2)

适应与变革：社会主义市场经济条件下的图书馆 周世辟 1994(2)

图书馆面向市场经济的几点思考 于安义，贾世诚 1994(3)

信息产业和图书馆 周志华，毛洪智 1994(3)

响堂镇兴建图书馆促进经济发展 王宝宏，唐世琨 1994(3)

论图书馆改革方案的设计与实施 郭向东 1994(3)

狠抓宏观管理　引入竞争机制推动全省
公共图书馆事业的发展 康尔平 1994(3)

从读者的图书馆到社会的图书馆 李明华 1994(3)

科技成果开发与图书馆走向市场 石宝芳 1994(3)

论传统图书馆向网络图书馆的发展　朱永礼 1994(3)

我国信息市场的管理及政策法律保障　郭连声,靖继鹏 1994(4)

图书馆改革的再思考　程亚男 1994(4)

试论我国图书馆界信息产业发展沉寂的原因与对策　黄仁浩 1994(4)

租书馆能提高图书馆的社会效益吗?　李保忠 1994(4)

图书馆坚持无偿服务,注重社会效益　陆贻春 1994(4)

海峡两岸图书馆界互访、交流意义浅析　罗益群 1994(4)

从苏南乡镇图书馆的崛起看中国农村图书馆事业的发展道路　王邗华 1994(4)

树立信息观念开创文献情报工作新局面　白国应 1994(5)

立法是我国图书馆事业繁荣的根本保证　李开胜 1994(5)

发展中的广东省公共图书馆事业　林梓宗 1994(5)

图书馆与信息产业　罗也平 1994(5)

把文献信息物化成物质文明是图书馆的崇高使命　于鸣镝 1994(5)

解放军医学图书馆面向全社会开放　张桂云 1994(5)

公共图书馆界的特区
——中小型图书馆特色化漫谈　何蔚 1994(6)

香港的公共图书馆事业　华勋基 1994(6)

情报科学技术的新发展　谢新洲 1994(6)

为经济建设服务是我国图书馆的永恒主题　赵成山 1994(6)

服务当代　有益后世
——新中国的地方志事业　周迅 1994(6)

图书馆界的国际组织
——国际图联　1994(6)

中国是国际图联活动的积极参与国　1994(6)

佛山图书馆发展启示录　邓顺国,王惠君,何军 1995(1)

适应与服务　困境与出路
——论图书馆与市场经济　王科正,赵桂香,杨学梅 1995(1)

“复关”后经济情报的保密工作和对策　滕代弟,靖继鹏 1995(1)

图书馆在社会主义市场经济下如何深化改革
——(上海)全国高校图书馆馆长研讨班综述　陈识金 1995(1)

图书馆的生存挑战与变革　初景利 1995(1)

出版物缴送制度立法　邵文杰 1995(1)

图书情报业在信息产业中的地位与竞争能力　相丽玲 1995(1)

论信息经济环境下图书馆运营对策　杨沛超 1995(1)

县图书馆在经济转轨过程中的发展趋向　殷红坚 1995(1)

学术交流方式的新发展及其对图书馆工作的影响　袁培国 1995(1)

市场经济对图书馆的负面效应及对策　赵友,郭恩金 1995(2)

市场经济条件下对图书馆工作的思考　石亚民,张杰 1995(2)

论图书馆改革的评价　郭向东 1995(2)

乘评估东风,迈上新台阶　刘德有 1995(2)

进一步深化改革,加快图书馆事业发展　刘德有 1995(2)

探讨“图书馆与市场经济”若干问题　茅振芳 1995(2)

改革开放时期的中国图书馆事业　田国良 1995(2)

“砍”字背景下的图书馆应招　章继华 1995(2)

略论图书馆与市场经济　董绍杰,王盛茂 1995(3)

香港经济信息服务考察录　华勋基 1995(3)

我国近年来信息产业研究综述　刘志敏 1995(3)

现代图书情报机构发展模式　张晓林 1995(3)

我国公共图书馆经济政策初探　郑一仙 1995(3)

市场经济大潮中图书馆工作抉择论　刘学丰,郭文霞 1995(4)

冲击　适应　发展
——论面对市场经济的图书馆　陈瑞玲 1995(4)

中国农村发展乡镇图书馆之路
——苏南地区发展乡镇图书馆事业探讨　王学熙 1995(4)

时代的变革:浦东的经济发展和图情事业　陈曙 1995(5)

图书馆在科技进步中的作用　何善祥 1995(5)

图书馆变革的出路在于形成知识信息产业 贺定安 1995(5)

知识扶贫是图书馆的一项重要任务 李刚 1995(5)

信息产业中图书馆定位问题的思考 王宗义 1995(5)

关于评估工作对促进图书馆事业建设的思考 战春光 1995(5)

罗干在'96北京国际图联大会第二次组委会全体会议上的讲话 1995(5)

刘忠德在'96北京国际图联大会第二次组委会全体会议上的讲话 1995(5)

特色公共图书馆建设 常林 1995(6)

论长江流域高校图书馆的协作服务 樊松林 1995(6)

改革·抓钱·冲击 黄恩祝 1995(6)

韩国图书馆事业见闻 孙启彦,刘慧娟,李松子 1996(1)

试论深港接轨中的深圳图书馆事业 程亚男 1996(1)

县级图书馆与小康建设 李兰芹 1996(1)

走向辉煌而不是消亡——对图书馆未来的探讨 李明华 1996(1)

关于图书馆观念更新 刘经宇 1996(1)

在第61届国际图联大会闭幕式上的邀请讲话 罗干 1996(1)

知识产权与图书馆 张国海 1996(1)

图书馆事业对市场经济的支撑、推进与牵引 董光荣 1996(2)

农业图书馆信息工作的战略重点 何荣利 1996(2)

科教兴国与图书馆发展对策 麦群忠 1996(2)

日本的图书馆事业 王颖 1996(2)

中国科学院文献信息网络建设的回顾与展望 白国应 1996(3)

中国文献著录国家标准体系的形成和发展 罗健雄 1996(3)

我国公共图书馆网络化的根本出路 沙益辉 1996(3)

发展中国家图书馆的任务和位置 帅兵 1996(3)

上海图书馆和上海科技情报研究所合并引发的思考 王世伟 1996(3)

求索·新型的地区馆网模式	刘勤久,王科正,赵桂香 1996(4)
欢迎词(1996 年北京国际图联大会)	李鹏 1996(4)
信息高速公路与未来图书馆	万齐鸣 1996(4)
图书馆服务中的知识产权问题	吴永臻 1996(4)
广东省图书馆网络建设的现状分析	许晶华,乔好勤 1996(5)
特色的公共图书馆与公共图书馆的特色服务	黄恩祝 1996(5)
"知识工程"是发展图书馆事业的重要举措	麦群忠 1996(5)
论图书馆在信息社会中的地位和作用	郭彦新 1996(6)
改革开放时期的中国图书馆事业与经济发展	郭毅 1996(6)
第 62 届国际图联大会及其引发的思考	刘喜申 1996(6)
加强理论研究,重视实际应用 ——在全国分类法、叙词表发展学术研讨与成果展示会上的讲话	徐文伯 1996(6)
论西部开发中的公共图书馆建设	吴秋鸾 1997(1)
特色图书馆简论	汤旭岩,李波 1997(2)
油田上的文化绿洲 ——大庆市图书馆事业 30 年	刘勤久 1997(2)
中国城市化与图书馆发展	罗军 1997(2)
金字塔谋略与图书馆发展	张晓源 1997(2)
版权保护与文献资源共享	柳励和,罗素蓉 1997(3)
县级图书馆走出困境的探索	高光艳 1997(3)
试论图书馆的两个转变	龚怡萱 1997(3)
现代观念与现代图书馆 ——深圳图书馆 10 年改革实践及其引发的思考	刘楚材 1997(3)
中、美、日信息产业比较研究	张安珍 1997(3)
大陆、台湾信息产业交流、合作现状论析	郑建明 1997(3)
香港公共图书馆掠影	黄润华 1997(4)
市场信息行为的法律约束及其机制探讨	冷伏海 1997(4)

澳门图书馆应是中西文化交流的重要中介 王锦贵 1997(4)
传统模式的转化与图书馆的发展 李希明,李广德,郑子侠 1997(5)
大学档案馆与大学图书馆的比较研究 吴建华,胡国权 1997(5)
中国图书馆事业发展战略研究 吴慰慈,罗志勇 1997(5)
香港地区书文化事业散记 谭华军 1997(5)
论未来的图书馆及其信息服务 王崇德 1997(5)
关于图书馆未来发展的探讨 徐彦玲 1997(5)
中国民族图书馆事业的发展概况 包音 1997(6)
试论图书馆事业的保护 丁大可 1997(6)
跨世纪时期中国图书馆界面临的五大竞争 王世伟 1997(6)
在中国图书馆学会第五次会员代表大会上的讲话 徐文伯 1997(6)
我国图书馆事业发展现状与今后工作的思路
——在中国图书馆学会第五次会员代表大会上的报告 周小璞 1997(6)
图书馆的转型与发展散论 黄俊贵 1998(1)
对美国图书馆的考察与思考 罗也平 1998(2)
对中国图书馆事业发展战略的建议 项弋平 1998(2)
实施“知识工程”,推动农村图书馆事业发展 徐英明 1998(2)
论中国特色的信息产业发展道路 张安珍 1998(2)
论中国图书馆事业发展的艰难性、缘由及对策 张洪顺 1998(2)
图书馆与文化扶贫 姜汉卿 1998(3)
信息时代的图书馆与文化传播 朱伟华 1998(3)
网络化趋势与图书馆发展观 程亚男 1998(4)
产业化:21 世纪中国图书馆事业的发展点 林汉城 1998(4)
我国图书信息业改革分析 吕建辉 1998(4)
推进知识工程　发展图书馆事业 王保生 1998(4)
国际大都市建设中的广州图书馆事业 张白影 1998(4)
美国电子信息时代的版权法、知识产权和图书馆 张沙丽 1998(4)
我国公共图书馆面临的挑战与对策 赵达雄 1998(4)

澳门信息产业发展战略研究 邓顺国 1998(5)

信息资源共享与粤港台资讯服务合作 肖静华,谢康 1998(6)

中国数据库产业的现状与发展 关飞霞 1998(6)

“知识工程”启动与图书馆立法 刘其新 1998(6)

图书馆事业管理信息论纲 刘喜申 1998(6)

面向21世纪的专门图书馆事业发展战略构想 彭俊玲 1998(6)

关于发展中国内地图书情报事业的几点建议 孟广均,霍国庆 1999(1)

知识经济与图书馆产业化 丁大可 1999(1)

中国社科情报事业产业化管理研究 刘磊 1999(1)

论图书馆的开拓信息市场发展战略 曹树金 1999(2)

面向高速信息网络的国家信息政策 查先进 1999(2)

在全国文献信息资源共建共享协作会议上的讲话 孙家正 1999(3)

影响当前中国图书馆事业发展的四个问题 谭祥金 1999(3)

建立适合我国国情的图书馆管理体系
——在“改革开放20年中国图书馆事业高层论坛”的发言 周和平 1999(4)

加强学会管理,推动民族图书馆事业发展 李久琦,何丽 1999(4)

继往开来,为繁荣我国图书馆学研究做出新的贡献
——祝贺中国图书馆学会成立20周年 鲍振西 1999(4)

西藏图书馆事业发展的现状及展望 胡京波 1999(4)

加强学会凝聚力,开创学会工作新局面
——中国图书馆学会成立20周年感论 黄俊贵 1999(4)

一幅跨世纪事业发展的蓝图
——学习《中国图书馆学会第五届理事会工作规划》 孔令乾 1999(4)

90年代俄罗斯图书馆事业述评 平保兴 1999(4)

对事业有利对会员有益
——纪念中国图书馆学会成立20周年 谭祥金 1999(4)

在“改革开放20年中国图书馆事业高层论坛”的讲话 徐文伯 1999(4)

论高校图书馆信息业的开发 易丹柯 1999(4)

我国公共图书馆评估刍议 郑一仙 1999(4)

图书馆改革发展态势分析 程亚男 1999(5)

图书馆事业国际化刍议 刘全根 1999(5)

建设中国数字图书馆工程　开创中华文化光辉的未来 徐文伯 1999(5)

总结经验　迎接挑战　开创我国图书馆学会工作新局面
——在中国图书馆学会1999年年会
暨成立20周年纪念大会上的报告 周和平 1999(6)

网络环境下我国图书馆的发展方向 董焱,刘兹恒 1999(6)

大力弘扬图书馆的社科信息价值
——论新环境下图书馆事业的发展策略 李景正,马海群 1999(6)

在中国图书馆学会1999年年会暨成立
20周年纪念大会上的讲话 艾青春 1999(6)

21世纪军队院校图书馆发展浅议 祁长松 1999(6)

中国图书馆学会1999年年会暨成立
20周年纪念大会开幕词 徐文伯 1999(6)

关于中国地(市)级图书馆建设与发展诸多问题的思考 张洪顺 1999(6)

在第六届全国省、自治区、直辖市、较大城市图书馆
馆长联席会议开幕式上的讲话 周和平 2000(1)

支撑中小企业的信息管理论纲 冷伏海,张学福,王巍 2000(1)

继往开来　再铸辉煌
——中国科学院文献情报系统发展概述与展望 许儒敬,陶宗宝 2000(1)

世纪之交部委二级文献信息机构面对的挑战和机遇
梁凯利,赵小倩 2000(1)

信息服务产业化的法律保障 黄如花 2000(1)

新型文献载体对图书馆的冲击与影响 朱宁 2000(1)

第六届全国省、自治区、直辖市、较大城市图书馆
馆长联席会议纪要(1999年10月18日) 2000(1)

基于因特网的电子商务中知识产权的法律保护 查先进,严亚兰 2000(2)

我国少年儿童图书馆建设的回顾与前瞻 赖嘉梅,曾海燕 2000(2)

论信息服务业产权重组与机制转换 李纲 2000(2)

图书馆的机制重组
——在自动化环境下的第二次变革 刘荣 2000(2)

我国信息资源共享的战略分析 黄长著,霍国庆 2000(3)

近10年来我国图书馆法制建设研究之进展 裴红艳,赖湘蓉 2000(3)

论图书馆的法治环境 李国新 2000(3)

21世纪中文文献信息资源共建共享的思考 周和平 2000(4)

信息资源网络化与社会主义精神文明建设(上)
——机遇和挑战分析 付立宏,邱均平,王伟军 2000(4)

论网上隐私权的法律保护问题 谢新洲,李娜 2000(4)

关于美国政府信息政策的思考 黄奇,王玲 2000(4)

关于图书馆学会生存与发展问题的几点思考 龚永年 2000(4)

上海图书馆近年来的改革实践与思考 王世伟 2000(4)

21世纪图书馆的展望、预测与现实 张沙丽 2000(4)

信息资源网络化与社会主义精神文明建设(下)
——对策构想 付立宏,邱均平,王伟军 2000(5)

论建立中国的文献信息传递中心 毛一波,粟慧 2000(5)

21世纪少儿图书馆的发展趋势 贾秀丽 2000(5)

竞争情报在我国
——与倪波教授的对话录 沈丽容 2000(5)

西部大开发中图书馆的使命与机遇 张纶 2000(5)

关于中小企业信息管理与咨询服务体系的思考 冷伏海 2000(6)

全球信息化对我国信息服务业的影响探析 张金鸾 2001(1)

建设国图文化 促进事业发展 周和平 2001(2)

农业信息产业化的要素分析及其思考 金中仁,章云兰,成建权 2001(2)

对西部开发中图书馆支持的思考 陈蜀园 2001(2)

信息传播
——高校科技档案管理的新思维 李敬一 2001(2)

美国《1998数字千年版权法》有关版权保护的新规定 刘华 2001(2)

对知识工程实施中几个问题的思考 谢水顺,方允璋 2001(3)

"入世"对我国图书馆可持续发展的影响及对策分析 章云兰,金中仁 2001(3)

信息服务中的权益保护与监督 胡昌平,杨曼 2001(3)

香港图书馆事业发展研究 周庆山 2001(3)

再论信息市场失灵与政府干预 查先进,严亚兰 2001(4)

联合办馆
——公共图书馆的希望之路 黄丽华 2001(4)

信息服务技术创新与产业化问题研究 卢小宾 2001(4)

网络环境与图书馆的教育功能 袁昱明 2001(4)

试论乡村图书馆的"1+X"建设模式 雷香花 2001(5)

国外支撑中小企业信息网络的现状及启示 冷伏海 2001(5)

图书馆立法刍议
——以《深圳经济特区公共图书馆条例》为例 王冰 2001(5)

论中小企业信息系统战略 孟雪梅 2001(6)

以"三个代表"重要思想为指导,大力推进
我国图书馆现代化建设
——在中国图书馆学会第六次全国会员代表大会
暨2001年学术年会上的讲话 周和平 2002(1)

遵循"三个代表"的重要思想,开拓创新,
推进我国图书馆事业发展
——在中国图书馆学会第六次会员代表大会上的工作报告 孙蓓欣 2002(1)

中西基层图书馆建设比较 刘茂生,孙革令 2002(1)

关于沿海地区乡镇图书馆发展的几个问题 吴林,王学熙 2002(1)

关于中国图书馆立法的若干问题 李国新 2002(1)

传统图书馆与虚拟图书馆比较研究 张玉霞,王元忠 2002(2)

国际版权争论与国际图联立场 刘可静 2002(2)

关于中国图书馆事业未来发展走向的几个问题 卢子博 2002(2)

中国图书馆发展中的十个热点问题 吴建中 2002(2)

在中国图书馆学会第六次会员代表大会闭幕式上的讲话 周和平 2002(2)

论我国21世纪图书馆"两极"发展　刘昆雄 2002(3)

从信息政治经济学视角看公共图书馆发展的社会环境
于良芝，陆行素，郝玉峰 2002(4)

中美多媒体知识产权管理的比较研究　邱均平，陈敬全 2002(4)

近年来国家图书馆的数字图书馆研究与实践　刘刚 2002(4)

开拓创新　再铸辉煌
——在中国图书馆学会第六届学术研究委员会成立暨工作会议上的讲话　吴慰慈 2002(4)

在中国图书馆学会第六届学术研究委员会成立暨工作会议上的讲话　杨炳延 2002(4)

公共图书馆转型与定位的探索　黄俊贵，林汉城 2002(5)

农业高等院校图书馆信息产业浅论　周青云 2002(5)

网络环境下我国社科信息事业发展的区域协调问题　刘磊 2002(6)

数字图书馆版权保护的博弈分析　李纲，邢晶晶 2003(1)

社会环境与我国图书馆立法　韩淑举 2003(1)

WTO与图书情报业及国际图联的立场　刘可静 2003(1)

浅论办馆观念的创新　周敬治 2003(1)

图书馆学会职能探新　李广德，石建，吴奇才 2003(2)

理解IFLA认识英国图书馆事业　卢海燕，孙利平 2003(2)

面向国际化大都市的城市社区图书馆建设对策　常林 2003(2)

网络环境下图书馆联盟建设的思考　林嘉 2003(2)

我国图书馆、档案馆与博物馆资源整合初探　刘家真 2003(3)

英国社区图书馆见闻与中国的社区图书馆建设　秦淑贞 2003(3)

农业信息化与精确农业　金中仁，成建权，沈健 2003(4)

广西社区图书馆建设设想　苏瑞竹，韦美珠，吴英姿 2003(4)

WTO与我国版权贸易体制改革　商晓帆，孙萌萌 2003(4)

影响中国图书馆事业未来发展的三个决定性因素　金明生 2003(4)

中国图书馆员职业道德准则(试行)　2003(4)

著作权适度保护与数字图书馆行为的适度扩张　庄琦,马海群 2003(5)

美国大学图书馆联盟研究　周明华,谢春枝 2003(5)

信息化浪潮下国家信息法的部门法地位　查先进 2003(5)

2003 年春天的启示
——学习《中国图书馆员职业道德准则》　程亚男 2003(5)

馆藏文献是人类文明的共同记忆
——《中国图书馆员职业道德准则》试行有感　王世伟 2003(5)

大温哥华图书馆系统　王英 2003(5)

美国图书馆的今天:实践、趋势与挑战
柯素善,顾小明,徐克谦,Angela Lew 2003(6)

公共图书馆社会化发展的实践与探索　王志民,赵庆禹 2003(6)

城市图书馆通借通还项目管理与体制创新研究　张晓源 2003(6)

论公共图书馆事业与城市文化战略的互动关系　李超平,刘兹恒 2004(1)

在第八届全国省、自治区、直辖市、较大城市图书馆馆长联席会议开幕式上的讲话　杨炳延 2004(1)

关于全国文化信息资源共享工程数字资源建设的思考和对策　王芬林 2004(2)

未来图书馆事业发展的两条主线:信息增值服务与人本服务　徐达 2004(3)

凸现人文:I = S + B + V
——论图书馆形象优化　金明生 2004(4)

内蒙古大学图书馆　2004(4)

陕西师范大学图书馆　2004(4)

论数字图书馆的多元化资源建设　陈力 2004(5)

如梦亦如电:美国近代图书馆业如是观　卢国邦 2004(5)

图书馆 VS 机构库
——图书馆战略发展的再思考　吴建中 2004(5)

MTCP 项目及马来西亚图书馆印象　张曙光 2004(5)

书籍存在的理由
——关于书籍是否消亡的讨论　王子舟,陈玉顺,郭卫宁,蒋业政,
郜向荣,徐军华,马刘凤 2004(6)

WTO 原则对我国信息产业立法的影响及思考　相丽玲,董小燕 2004(6)

建立网络媒体国际监管体系的设想　张春艳,孔繁玲 2004(6)

图书情报事业的社会化发展战略
——国家可持续发展中的图书情报事业战略分析(1)　胡昌平 2005(1)

美国图书馆政策体系及其带来的思考　罗曼 2005(1)

四川省高职院校图书馆调查分析及对策
时雪峰,陈萍秀,刘艳磊,刘槐,聂卫东 2005(2)

动摇根基的变革:准市场、竞争与图书馆　郑建明,万里鹏,陈雅 2005(2)

我国信息立法的法律预测　相丽玲,屈宝强 2005(2)

面向用户的资源整合与服务平台建设战略
——国家可持续发展中的图书情报事业战略分析(2)　胡昌平 2005(2)

构建粤港澳图书馆联盟联合体之我见　胡俊荣 2005(2)

西部地区中小学图书馆现代化建设路向　雷淑霞 2005(2)

国家图书馆:定位与制度选择　李超平,孙静 2005(3)

20 世纪 90 年代以后欧盟公共借阅权制度的新进展　江向东 2005(3)

美国数据库立法保护议案述评　阮延生 2005(3)

我国信息法的法律预测研究　相丽玲,屈宝强 2005(4)

特色化建设
——民族地区高校图书馆事业发展的战略选择　阿拉坦仓 2005(4)

基于知识信息组织与服务的信息管理技术推进战略
——国家可持续发展中的图书情报事业战略分析(3)　胡昌平 2005(4)

图书馆联盟的构建模式和发展机制研究　燕今伟 2005(4)

图书情报单位在现代信息服务业中的定位研究　何绍华,方清华 2005(5)

文化立市战略下公共图书馆事业发展思考　王冰 2005(5)

与时俱进,开拓创新,全面促进图书馆事业和谐发展
——中国图书馆学会第六届理事会工作报告　詹福瑞 2005(5)

中国图书馆学会第七次全国会员代表大会闭幕词　詹福瑞 2005(5)

政府信息开放的标准研究　周毅 2005(5)

组织管理创新战略
——国家可持续发展中的图书情报事业战略分析(5)
胡昌平,谷斌,贾君枝 2005(6)

关于图书馆争取信息网络传播权力的思考 金胜勇,白献阳 2005(6)

图书馆、文化和商业:从公共图书馆建设的位置说起 侯宽其 2005(6)

《著作权集体管理条例》对图书馆的影响和启示 秦珂 2005(6)

国际图联关于“世界知识产权组织未来发展日内瓦宣言”的立场(2004 年 9 月 28 日)
卢海燕,白云峰,孙利平 2006(1)

中、美及欧盟信息政策法规建设比较研究 杜佳,马费成 2006(1)

城市发展推动公共图书馆的平民化进程 张正 2006(1)

关于《信息网络传播权保护条例(草案)》的修改建议
詹福瑞,陈传夫,肖燕 2006(2)

电子政务的立法状况、法律框架及核心问题 马海群,宗诚 2006(2)

国际图联为世界知识产权组织国际发展计划提出的有关图书馆的几项原则 卢海燕,白云峰,孙利平 2006(3)

中国图书馆学会第七届学术研究委员会的组建与工作思路 李国新 2006(3)

政府与公共图书馆
——关于图书馆制度的一种规范分析 蒋永福 2006(4)

公共图书馆事业与国民经济协调发展量化分析 王林 2006(4)

公共知识空间与图书馆 王子舟 2006(4)

版权的争取、让渡与公众信息权利保障 肖冬梅 2006(4)

关于校地共建共享图书馆的探索与思考
——以聊城大学与聊城市共建共享图书馆为例 王云,许磊 2006(5)

我国数字资源保存状况调查 刘家真 2006(5)

我国高校数字化图书馆建设宏观模式取向研究
陆宝益,陈雅,郑建明 2006(6)

民间读书社的兴衰与新生 王子舟,马艳霞 2006(6)

信息资源产业及其在我国的发展策略 韩芸 2006(6)

高校图书馆参与社区图书馆建设研究 张凌 2006(6)

论市场调节下的全社会信息资源共享主体权益 陈能华，阳艳 2007(1)

中美高职高专图书馆的比较分析 顾健 2007(1)

凝聚群体智慧　推动事业发展
——2007 年中国图书馆学会新年峰会综述 许欢 2007(1)

论出版物样本缴送制度改革
——围绕图书馆立法的制度设计研究 李国新 2007(2)

我国数字图书馆应当由谁来管 田国良 2007(2)

图书馆业态的变化与发展趋势 陈传夫，吴钢 2007(3)

区域图书馆联合体及其构建 曹志梅 2007(3)

岭南模式：崛起的广东公共图书馆事业 程焕文 2007(3)

Google 解读及图书馆的应对思考 刘晨 2007(4)

信息法之实质：平衡信息控制与获取的法律制度 刘青 2007(4)

公共信息资源市场配置的实践与问题 夏义堃 2007(4)

论国家数字信息资源战略体系的构建 孙建军，柯青 2007(5)

我国数据库产业的现状、问题及对策 谢琳惠 2007(5)

以需求为导向的数字信息资源开发 肖希明，黄连庆 2007(6)

公共数字信息资源的建设与开发利用对策 裴雷，马费成 2007(6)

公共图书馆事业发展中的政府责任 席涛 2007(6)

图书馆馆际间的合作：全球性的进展 马迪娜，曾程双修 2008(1)

当代全球图书馆事业面临的难题与挑战 王世伟 2008(1)

图书馆联盟共建共享机制研究 张学福 2008(1)

图书馆职业的发展前景 王子舟，吴汉华 2008(2)

图书馆法治：宏观微观并举，理论实践同进 李国新 2008(2)

在第三次全国数字图书馆建设与服务联席会议上的讲话 周和平 2008(2)

图书馆联盟知识转移障碍及其消除 周九常 2008(2)

信息共享空间国内外研究进展及相关实践 郝群，朱莉，成俊颖 2008(3)

公共图书馆与政府信息公开 李国新，于良芝，徐珊 2008(3)

走进普遍均等服务时代:近年来
我国公共图书馆服务体系构建研究　于良芝,邱冠华,许晓霞 2008(3)

关于建立基层图书馆培训志愿者行动
长效机制的思考　杨玉麟,赵冰 2008(3)

稳步发展的开放获取事业　李麟 2008(3)

澳大利亚公共图书馆在政府信息公开制度中的作用　周吉,李丹 2008(4)

学科信息门户及其优化途径　蔡箐 2008(4)

文化权利的春天　图书馆事业的春天
——近期中国文化政策解读　付雅慧 2008(4)

生态化:21 世纪图书馆发展的基本路向　夏有根,黄晓英,陈高潮 2008(5)

公共部门信息再利用制度研究　冉从敬 2008(6)

美国公共图书馆建设标准核心要素分析　张广钦,刘璇,张丽,吴悦 2009(1)

英国、澳大利亚、日本的公共图书馆建设指标　王萱,徐珊 2009(1)

公共图书馆“用地”与“建设”主要指标解析　冯守仁 2009(1)

公共图书馆“用地”与“建设”标准的性质、作用和特点　李国新 2009(1)

1978~2007 年我国农村图书馆研究状况述评
黄体杨,甘友庆,杨勇 2009(2)

海峡两岸图书馆界交流合作卅年述略　张正 2009(3)

在我国利用私人慈善资本合办图书馆分馆的探讨　张秀梅 2009(4)

党和政府的关怀　时代的重托　图书馆人的责任
——感受李长春同志讲话精神
詹福瑞,吴建中,朱强,张晓林,吴慰慈,陈传夫 2009(5)

在国家图书馆建馆 100 周年庆祝大会上的讲话　蔡武 2009(5)

在国家图书馆建馆 100 周年庆祝大会上的讲话　李长春 2009(5)

传承文明　服务社会　铸造辉煌
——在国家图书馆百年庆祝大会上的讲话　詹福瑞 2009(5)

公共图书馆辐射力评价研究　豆洪青 2009(5)

中国公共图书馆服务体系“嘉兴模式”研究　李超平 2009(6)

我国公共图书馆服务体系建设:治理模式研究　梁欣 2009(6)

从文化传承说开去　吴晞 2010(1)

图书馆口述历史工作著作权保护初探　郑松辉 2010(1)

以信息权利保护为中心的信息立法价值导向探讨
——对我国信息立法若干文本的初步解读　周毅 2010(1)

公共图书馆的设置与体系建设研究
邱冠华，于良芝，李超平，高文华，屈义华 2010(2)

我国当代图书馆事业政策建设及研究述评　范兴坤，郑建明 2010(2)

关于公共图书馆立法及其支撑研究　李国新 2010(2)

伟大的力量来自于哪里
——解读社会力量办馆助馆　王子舟 2010(3)

社会力量参与图书馆建设制度保障研究
王素芳，于良芝，邱冠华，李超平，高文华，屈义华 2010(4)

论公共图书馆的制度设计　易向军，李蔚蔚 2010(5)

民间私人图书馆的现状与前景　王子舟，吴汉华 2010(5)

美国图书馆基金会资助图书馆发展的
经验及对我国的借鉴　刘兹恒，朱荀 2010(5)

适用于图书馆的著作权例外的世界立法现状及特点剖析
黄国彬 2010(5)

《公共图书馆法》呈缴本制度的立法研究
冯守仁，肖维平，董海，姜建城，吴洪珺 2010(6)

我国图书馆联盟风险的实证调查与分析　袁静，焦玉英 2010(6)

我国城市化进程中的图书馆建设　周和平 2010(6)

图书馆员去职业化问题、原因及对策研究
陈传夫，王云娣，盛钊，丁宁 2011(1)

发达地区农村社区信息化现状　黄水清，沈洁洁，茆意宏 2011(1)

美国联邦公共图书馆立法　孙冰，张丽 2011(2)

英国公共图书馆法律规范体系　曹磊 2011(2)

日本公共图书馆立法　李国新 2011(2)

以免费开放为契机
全面提升我国图书馆公益性服务水平　周和平 2011(3)

免费开放:理论追寻、历史回顾与现实思考 余胜,吴晞 2011(3)

朝向公共信息文化共同体的公共图书馆发展观重构
——基于“公共图书馆免费开放”的超文本思考 张欣毅 2011(3)

颠覆数字图书馆的大趋势 张晓林 2011(5)

从若干权威国际测评体系调整
看信息社会测度发展方向 李国秋,吕斌 2011(6)

抓住机遇　开拓创新　加快推进我国数字图书馆建设
——在 2011 年中国图书馆年会暨中国图书馆
学会年会上的主旨报告 周和平 2012(1)

对我国本土图书馆基金会的探索
——杭州市图书馆基金会调查报告 刘兹恒,严越君 2012(1)

研究图书馆 2020:嵌入式协作化知识实验室? 张晓林 2012(1)

美国州公共图书馆员职业认证制度比较研究 冯佳 2012(2)

嘉兴模式的延伸与深化:从总分馆体系到图书馆服务体系
李超平 2012(3)

示范区(项目)创建与公共图书馆发展 李国新 2012(3)

示范区创建中深化“苏州模式”的制度设计研究 邱冠华 2012(3)

关于“十二五”时期我国公共图书馆事业发展的战略思考
——《全国公共图书馆事业发展“十二五”规划》解读
申晓娟,胡洁,李丹 2012(4)

发达国家图书档案事业结盟与合作战略规划综述 马海群 2012(4)

我国农村地区公共图书馆建设的诸城模式研究
臧运平,宋桂娟,郑满生,牟肖光,姜仁珍,于良芝 2012(5)

中国与欧盟、澳大利亚知识管理标准比较研究 徐少同 2012(5)

在图书馆设立典籍博物馆的思考 张志清 2012(6)

中国图书馆学会年会创新发展路径探讨 霍瑞娟 2012(6)

组织与管理

天津市文化局召开“全国图书馆工作会议”天津市传达会议
——附:天津市人民图书馆三项建议 1957(1)

天津市人民图书馆关于本市各系统各方面
图书馆分工合作的三项建议 1957(1)

湖北省文化艺术干部学校图书馆干部训练班总结报告摘要 1957(1)

对湖南省图书馆 1957 年业务学习计划的几点建议 刘伯谦 1957(2)

我对举办县图书馆干部实习班的几点体会 王洊 1957(2)

广东省中山图书馆组织正规业务学习 金敏甫 1957(3)

省市图书馆工作人员进修班纪事 张遵俭 1957(3)

为什么图书馆必须有专业人才 顾家杰 1957(4,5)

东北人民大学图书馆关于提高馆员业务
水平的办法和体会 季树权 1957(4,5)

统计工作在公共图书馆中的重要性 金竟铭 1957(4,5)

北京图书馆业务训练班进行情况 李博达 1957(4,5)

高等教育部图书馆工作人员进修班介绍 于声 1957(4,5)

带徒弟是培养图书馆技术人员的好办法 张有葳 1957(4,5)

江苏省学校图书馆工作人员训练班介绍 南京大学图书馆 1957(6)

长春市图书馆业余进修学校第一期工作总结
长春图书馆干部进修学校 1957(6)

天津市中心图书馆工作方案 1958(3)

天津市中心图书馆工作方案的补充意见 1958(3)

全国图书馆工作跃进大会后我们是怎样贯彻执行的 蔡放 1958(4)

加强协作,使图书馆工作更好地为生产服务 图兵 1958(4)

高等学校图书馆怎样贯彻“三勤”改进工作? 李树权 1958(5)

图书馆工作者怎样贯彻全国文化行政会议精神 1958(6)

政治挂了帅,鲜花朵朵开
——略谈南京图书馆的开门办馆 南京图书馆 1958(6)

南京航空学院图书馆是怎样全面培养在职干部的 王可权 1959(2)

图书馆工作中的政治挂帅问题 李树权 1959(3)

我们是怎样贯彻勤俭办馆方针的(抚顺市图书馆) 郑恩德 1959(4)

图书馆工作中两条道路和两种方法的斗争 程德清 1959(5)

关于改进专业图书管理的意见 范兆常 1959(6)

我们在举办北京市图书馆中等业余学校
工作中的一些体会 首都图书馆 1959(7)

图书馆工作者要认真读书(来论) 殷增筒 1959(9)

我们是怎样培养、扩大积极分子队伍的 中共山东省图书馆支部 1959(10)

长春市图书馆干部业务学习的概况及其体会 刘宗儒 1959(11)

更好地学习苏联图书馆的先进经验
——为庆祝十月社会主义革命四十二周年而作 韦佳 1959(11)

建立一支又红又专的图书馆工作者队伍 胡耀辉 1959(12)

事多人少怎么办
——在图书馆工作中解决人力问题的几个办法 今吾 1960(2)

谈谈厂矿图书馆怎样配合社会主义、共产主义思想教育
武汉大学图书馆学系二年级科学研究小组 1960(2)

采取多种方式大力培养干部 1960(2)

谈谈图书馆干部业余教育中的几个问题 鼎铭,金泯 1960(4)

甘肃省县(市)馆干部训练班教学工作总结 甘肃省图书馆 1960(4)

学习毛主席著作中的一个重要问题
——关于图书馆工作的群众路线问题 黄宗忠 1960(4)

“四抓”、“三字诀”，八年如一日
——略谈南京图书馆的干部业余文化学习　南京图书馆 1960(4)

中国科学院图书馆第一、二期进修班总结　中国科学院图书馆 1960(4)

什么是图书馆员的基本功　纪国祥，史永元 1962(2)

图书馆员基本训练和图书馆基础工作　顾家杰 1962(2)

也谈谈图书馆工作者的基本功　刘国钧 1962(2)

从一束来稿中看图书馆员基本功问题的争论焦点　袁方 1962(3)

整顿和健全规章制度，提高管理水平　管一丁 1963(1)

图书馆工作者应该加强哪些基本的业务修养　《图书馆》评论员 1963(2)

从两个坚持四年的图书馆在职干部学校
来看图书馆在职干部教育问题　《图书馆》评论员 1963(2)

办馆浅见　鄂志文 1963(2)

一所培养图书馆在职干部的“红专大学”在成长中　洪撰达 1963(2)

北京市图书馆干部进修学校四年的回顾　靳秀学 1963(2)

我馆干部业务学习的情况和我们的体会
中国科学院图书馆业务处 1963(2)

试论科学图书馆在职干部培养提高
工作中的若干问题　徐家麟，黄宗忠，陈光祚 1964(1)

试论图书馆的统计工作　丁道谦 1964(2)

十五年来我国图书馆的干部培养工作
徐家麟，黄宗忠，陈光祚 1964(3)

关于图书馆制订岗位责任制的一些看法　项弋平 1964(4)

天津市文化局重视图书馆员培训工作　刘久昌，宁国誉 1979(2)

福建省文化局举办全省县市图书馆工作
人员短训班　刘景镳 1979(2)

略谈藏书统一管理与调度　丁宏宣 1980(1)

文献工作要标准化　戴荷生 1980(2)

要加强研究所图书馆的干部建设　刘延章 1980(2)

关于文献工作标准化的几个问题(摘要)　张征秉 1980(2)

加速培养和提高图书情报工作者的一项战略性措施
——创办吉林省图书馆函授学校的初步体会 金恩晖,董明刚,吴争 1980(3)

图书馆管理 罗杰斯 1980(4)

图书馆员的培养和提高 邱国渭 1980(4)

国务院批转《图书、档案、资料专业干部业务职称暂行规定》的通知 1981(1)

关于评定图书馆专业干部业务职称的几个问题 1981(1)

国务院批准颁布六类业务职称 1981(1)

图书、档案、资料专业干部业务职称暂行规定 1981(1)

文献工作标准化是图书馆工作科学管理的重要环节
——参加国际标准化组织第46技术委员会第十九届会议有感 鲍振西,朱南,李兴辉 1981(2)

评定职称工作要坚持标准,保证质量,从实际出发 郭松年,庄守经 1981(2)

"图书馆科学管理"专题学术讨论会主要论点介绍 徐文绪 1981(2)

在评定图书馆专业干部职称工作中一定要清理"左"的思想影响 周犁 1981(2)

印发《国家人事局关于贯彻执行国务院颁发的七种业务技术职称暂行规定若干问题的说明》的通知 1981(2)

国家人事局关于贯彻执行国务院颁发的七种业务技术职称暂行规定若干问题的说明 1981(2)

评定图书馆业务职称要做好政治思想工作 浩刚 1981(3)

建设我国图书馆精神文明管见 孙步峰 1981(3)

聂荣臻同志写信给国务院科技干部局指出不应片面强调以有何著作为晋级依据 1981(3)

谈谈大连工学院图书馆的科学管理 李涵勤 1981(4)

也谈建设我国图书馆精神文明
——关于图书馆员的职业道德问题 黄冬冬 1982(1)

文化部关于图书馆专业干部业务职称考核测验的几点说明 1982(2)

提得及时　非常重要 峰 1982(4)

论图书馆在社会主义精神文明建设中的地位和作用 曾卓 1982(4)

评定业务技术职称要坚持条件保证质量
——劳动人事部要求分级把关综合平衡，
认真做好职称的评定工作 1982(4)

“一参二编三流通”说异议 孙式礼 1983(2)

请准确使用“馆员”这一称号 杨秀君 1983(2)

把更多职工吸引到读书活动中来 1983(3)

福建建阳地区举办农村文化中心图书管理员训练班
——面向农村的可喜一步 1983(3)

关于图书馆工作文明的建议 孙东升 1983(4)

图书馆精神文明建设探微
——漫谈图书馆员的职业责任 田特平 1984(1)

图书馆的效益问题 张晓林 1984(2)

上海交通大学图书馆岗位责任制 1984(2)

上海交通大学图书馆改革初探 何大镛 1984(3)

开发智力　进行专业干部培训 邱克勤 1984(4)

北京图书馆“提高藏书效益”改革三题 1984(4)

贵州省图书馆工作改革初步 黄英常 1985(1)

狠抓专业干部配备，大力开展科技咨询服务 抚顺市图书馆 1985(2)

北京图书馆第一线工作人员举止和语言规范 1985(2)

实行人事聘用制促进业务工作的发展 黄英常 1985(3)

《北京图书馆业务工作规范》介绍 朱南 1985(3)

北京图书馆的改革与展望
——为建设世界第一流图书馆而奋斗 胡沙 1985(4)

图书馆人员知识结构改革从哪入手 石宝芳 1985(4)

第一讲　科、组长的基本职责与应具备的素质 谢道渊 1986(1)

第二讲　自觉进行职业道德修养，
做一个称职的图书馆工作人员 艾青春 1986(1)

第三讲　实现科学管理的几个认识问题 胡沙 1986(2)

图书馆工作中的集体责任感 王淑娟 1986(3)

干部素质与优质服务 杨丕泰 1986(3)

北京图书馆实行专业职务任命制试点工作 艾青春 1987(1)

北京图书馆对专业技术干部实行限期任命制 艾青春 1987(2)

图书馆界的会议也要精简讲效益 贺永星 1987(2)

文明建设的切实步骤 1987(2)

普通高等学校图书馆规程 1987(3)

坚持改革　加强协作　发展和建设我国的图书馆事业
——学习《关于改进和加强图书馆工作的报告》的体会 鲍振西 1987(4)

“人的现代化是图书馆现代化的关键” 春生 1987(4)

关于改进和加强图书馆工作的报告 1987(4)

《关于改进和加强图书馆工作的报告》会议纪要 1988(1)

也议改革 马亚南 1988(2)

信息,现代管理者的思想库和聪明的“外脑”
——现代管理者最关注哪些信息? 1988(4)

浅谈图书馆学会的科学管理 丘东江 1989(4)

苏联图书馆标准利用规则 赵世良 1989(4)

图书馆的法律机制与管理效应 刘学丰,陈瑞玲 1990(1)

创建文明图书馆竞赛活动的九年回顾 1990(1)

图书馆智力资源开发的主体性 杨挺 1990(2)

图书馆的生命力在于多功能服务 陈素 1990(3)

图书馆管理的经济方法 黄宗忠 1990(3)

略论公共图书馆的投资 李娜 1990(3)

图书馆统计指标探讨 秦健 1990(3)

图书馆改革的原则 雷心田 1991(3)

省级公共图书馆建设管见 潘寅生 1991(3)

我国公共图书馆事业经费及效益分析 张伟,陈锐 1991(4)

试论读者参政权 于鸣镝,那春光 1992(2)

时间管理和图书馆馆长 陈曙 1992(2)

图书馆员的职业道德　李致忠 1992(2)

什么是图书馆管理　赵成山 1992(2)

读者心理与图书馆员素质　王玉芬 1992(3)

中美两国图书馆管理比较　龚雅屏 1992(4)

论强化高校图书馆的社会职能　彭顺德 1992(4)

图书馆的定额管理与目标管理　李致忠 1993(1)

因果鱼骨图在图书馆管理中的应用　刘学丰 1993(1)

新时期怎样当好图书馆馆长　李全林 1993(2)

谋事·敢冒
——谈新时期当好图书馆馆长的要求　欧阳建强 1993(2)

计划单列市图书馆的办馆效益　屈庆瑾,沈兵 1993(3)

图书馆改革的心理研究　郭向东 1993(3)

我国图书馆公共关系的研究与实践　初景利,那春光 1993(4)

图书馆的职能及其强化　郭志高 1993(4)

图书馆管理者与图书馆凝聚力　何荣利 1993(4)

图书馆的导化管理及其有效性　康捷健 1993(4)

变图书馆为租书馆　苏国明 1993(4)

适应市场需求　开拓服务领域　郑重 1994(1)

馆长非权力影响力中的品格因素与馆风建设　李春富 1994(5)

图书馆管理断想二则　刘军 1994(5)

现代图书馆的结构及其经营模式　张治江 1994(5)

新时期图书馆对政府的公关工作　梁平 1995(1)

当务之急是研究和制定图书馆经济政策　张峰 1995(2)

谈图书馆人员的继续教育问题　倪春发 1995(3)

中国女图书馆员的数量、结构及心理状态分析　张树华,董小英 1995(5)

第三世界图书馆员继续教育:2000 年展望
王东方,杨达,胡军,梁泽成,房军 1995(6)

权变管理理论在图书馆应用的意义　邢尤斌,李其圣,李雅 1996(2)

中外图书馆经费来源比较 周小平 1996(2)

她们,擎起图书馆事业的“半边天” 黄昕 1996(3)

图书馆员职业道德实践中的良心观 蔡金钟 1996(4)

图书馆管理学探略 张钦恩 1996(5)

品质管理的理论和实践
——对90年代澳大利亚高校图书馆进行品质管理的评论 谭惠康 1996(6)

21世纪图书馆需要复合型人才 张东,肖洪远 1997(3)

图书馆信息服务活动预控管理模式研究 卢晓宾 1997(3)

论图书馆自动化技术人员队伍建设 郑宏 1997(3)

信息资源管理人才培养模式初探 竺海康,张军 1997(4)

多元一体化格局与图书馆管理 朱伟华 1997(4)

图书馆的激励机制与创造需求 谢康,肖静华 1997(5)

图书馆“班长”自我塑造要旨 常书智 1997(6)

应警惕有偿服务和经营活动对图书馆的误导 何善祥 1997(6)

“业务流程重组(BPR)”与图书馆改革 缪其浩 1998(2)

谈世纪之交的馆员素质 王永桦,汤立峰 1998(4)

集成管理:21世纪图书馆追求卓越管理的新方法 钱刚,毕强 1998(6)

图书馆的美育功能及其开发 邱碧君,黄玉淑 1998(6)

海南省公共图书馆管理的现状、问题及对策 戴开明 1998(6)

国外图书馆全面质量管理的实施与进展 罗曼 1998(6)

图书馆评价中各因素权重确定的一种方法 郑全太 1999(1)

图书情报人员继续教育论 姜汉卿 1999(3)

论高校图书馆干部素质的考核与提高 张峻松 1999(3)

图书馆建设中IE思路和方法的引入 兰琼,卢达溶 1999(4)

论新环境下中国图书馆员的继续教育 胡玉文 1999(4)

山东省高校图书馆馆长队伍现状分析与对策 周敬治 1999(4)

公共图书馆人才现状、需求及对策研究 黄海燕 1999(5)

篇名	作者及年期
图书馆决策简论	刘喜申 1999(6)
办馆效益探微	黄俊贵 2000(1)
图书馆的社会援助	张白影 2000(1)
图书馆软管理发微	张钦恩 2000(1)
论图书馆人力资源开发	谭伟 2000(2)
国家图书馆专业人才的选拔与定位初探	张雅芳,沈飒 2000(3)
书目数据制作企业化与我国图书馆编目工作改革	安鸿书 2000(4)
谈图书馆管理系统的“五化”	李广德 2000(4)
我国省市图书馆管理改革策论	郑一仙 2000(5)
网络环境下的图书馆效益浅探	刘广普,李晓红,张一章 2000(6)
创新教育与高校图书馆	张磊 2000(6)
开发支持知识服务的现代图书情报机构组织管理机制	党跃武,张晓林,李桂华 2001(1)
网络环境下图书馆的变革研究	刘嘉 2001(1)
网络条件下图书馆资源共享的成本核算及补偿原则	晏凌,王应解 2001(2)
公共图书馆服务思想、方式及人事制度变革初探	王海泉,胡玉文 2001(3)
中美高校图书馆运行机制比较研究	薛小棉 2001(3)
面向 21 世纪高校图书馆管理及其发展研究	付先华 2001(4)
数字化网络时代的图书馆管理系统探索	刘明晶 2001(4)
论公共图书馆业务研究工作的组织与管理	彭飞 2001(4)
合理使用政府资金,努力提高办馆效益——哈尔滨市图书馆专项资金使用情况分析	吕玉芝,李冬梅 2001(5)
中小学图书馆员教育培训问题研究	王京山,王锦贵 2001(5)
近五年来我国图书馆管理研究现状分析	徐建华,付娇 2001(6)
论陕西省图书信息人才的培养	牛红亮 2002(2)
图书馆评估中的 AHP 方法研究	魏铁进 2002(4)
“二八”率管理法与现代图书馆人才管理	罗映红 2002(5)

论图书馆民主管理 王景发 2002(6)

图书馆员的职业生涯开发与管理 徐建华,付娇 2003(1)

谈复合式图书馆参考咨询馆员的博与专 张曙光 2003(1)

论图书馆的市场经营 周晓英 2003(1)

图书馆评估指标体系的逻辑构建 金胜勇,刘雁 2003(4)

对开展公共图书馆评估工作的认识 王荣国,王筱雯 2003(4)

图书馆项目管理应用探析 曲晓玮 2003(5)

图书馆构建新型管理模式研究 曹志梅,孙杰 2003(6)

信息系统项目负责人的绩效评估 陈远,钟晓星 2003(6)

论大学图书馆部门组织设计 王进杰,王润良,朱丽华 2004(2)

信息流程重组与业务流程重组 李纲,杨君 2004(2)

论图书馆的科学管理原则 杨玉麟 2004(2)

信息化环境下我国图书馆业务管理模式变革研究 陈能华,刘昆雄 2004(3)

组织文化与文化塑造
——图书馆管理的视角转换 程亚男 2004(3)

数字图书馆评价体系问题研究 王鉴辉 2004(4)

图书馆业务流程重组的动因与意义 陈能华,周淑云 2004(5)

论图书馆伦理建设 付立宏 2004(5)

基于信息营销的图书馆业务流程重组研究 刘昆雄 2004(5)

企业信息化对企业竞争力影响效果的评价 娄策群,刘春年 2004(6)

基于竞争情报的企业危机管理 李纲,王庆 2004(6)

基于案例调查的图书馆知识管理实施研究 任全娥 2005(1)

论现代图书馆管理与服务的人本化 张治理 2005(1)

网络时代的图书馆内部组织结构也需网络化 张淑菁,马云超 2005(2)

论图书馆内部基本制度的建设与创新 李玉梅,王宇,迟伟凡 2005(3)

论图书馆整合 张文德 2005(3)

面向供应链管理的图书馆业务流程重组 邹凯,何岸,陈能华 2005(4)

核心竞争力:人才与管理机制之思考 张杰,张蓓,金中仁 2005(4)

谈高校图书馆与高教信息化 陈兴伟 2005(4)
数字图书馆以人为中心的知识管理系统研究 董颖 2005(4)
对图书馆工作实行结构性改革
——知识组织贯穿图书馆工作全过程的设想 黄俊贵 2005(5)
企业危机管理过程中的信息活动分析 罗贤春,谢阳群 2005(6)
基于知识管理的图书馆管理模式探索 盛小平,徐引篪 2005(6)
基于知识管理的图书馆运行动力机制 付立宏 2005(6)
图书馆自导式管理模式探微 袁红军 2005(6)
企业信息能力评价研究 余彩霞,况能富 2006(1)
建立面向变化和可持续创新的发展管理机制 张晓林 2006(1)
信息技术投资效益实现研究 陈远,彭珍 2006(2)
基于知识管理的图书馆知识整合策略 付立宏 2006(4)
关于图书馆绩效评估的研究与实践 余胜 2006(4)
构建多体制图书馆的设想与可行性研究 唐承秀,吴慰慈 2006(5)
图书馆公共关系的行业管理 范并思 2006(5)
深圳"图书馆之城"建设管理模式研究 胡玉文 2006(5)
图书馆人力资源激励机制的设计及实施 李松妹 2006(5)
何以成为真正的图书馆员 李炳穆,蒋永福 2006(6)
图书馆 BPR 项目风险管理 蒋知义,邹凯 2006(6)
中美高校图书馆员关注的问题及引发的思考 于静 2006(6)
俄罗斯文献呈缴制度研究 贺延辉 2007(1)
图书馆制度伦理探微 施强 2007(1)
图书馆联盟的成本效益分析及决策选择 谢春枝 2007(1)
中日图书馆危机管理比较研究 高波 2007(2)
大学图书馆学科馆员制度建设的实施策略 武三林,颉艳萍,李莉 2007(3)
图书馆危机管理计划 罗贤春,谢阳群,胡昌平 2007(4)
"馆员—资源人"及其培养 刘海萍 2007(4)
"二八定律"在图书馆管理中的应用 徐剑,黄秋月 2007(5)

图书馆志愿服务管理研究 韩芸 2008(2)

图书馆管理思想与模式的变革 刘兹恒 2008(3)

图书馆非正式员工及其管理 王国庄 2008(3)

图书馆职能在文化软实力发展中的创新 刘冬青,葛荣霞,刘渝 2008(4)

图书馆馆长群体现状的实证研究 李超,徐建华,王雪莲 2008(4)

图书馆危机管理二维框架及其实现 罗贤春 2009(2)

当代图书馆管理中的市场化工具 罗军 2009(3)

图书馆定题服务法律问题研究 王玉林 2009(3)

转型时期图书馆知识产权管理战略需求、目标与路径
陈传夫,饶艳,吴钢 2010(2)

公共图书馆管理体制研究
肖容梅,吴晞,汤旭岩,万群华,梁奋东,肖永钐,刘杰民,邱维民 2010(3)

公共图书馆经费保障机制研究
吴洪珺,冯守仁,肖维平,董海,姜建城 2010(3)

我国图书馆行业组织灾难援助实践分析:
以汶川地震为例 张广钦,陈琳 2010(3)

让数字图书馆驱动图书馆服务创新发展
——读《国际图联数字图书馆宣言》有感 张晓林 2010(3)

以制度保障公共图书馆的读者权益
李东来,蔡冰,蒋永福,程亚男,初景利,韩继章,熊剑锐 2010(4)

公共图书馆工作人员保障机制研究
肖维平,冯守仁,董海,姜建城,吴洪珺 2010(4)

数字图书馆信息安全管理依从标准的选择 茆意宏,黄水清 2010(4)

创新型社会中图书馆的责任 吴建中 2010(6)

《数字图书馆资源建设和服务中的知识产权
保护政策指南》解读 张彦博,罗云川,王芬林 2011(1)

《数字图书馆安全管理指南》解读 赵亮,刘炜,徐强 2011(1)

关于《公共图书馆服务规范》编制的若干问题 王世伟 2011(3)

图书馆服务制度建设任务分析:基于关键事件分析法
李桂华,彭文凤,郭桑 2011(4)

高校图书馆员工心理契约三维度模型实证研究
李廷翰，柯平，陆晓红，俞传正 2012(1)

对《数字图书馆安全管理指南》及其“解读”的辨析 黄水清，任妮 2012(1)

基于成本效益分析的公共图书馆经济价值研究 李超平，叶斌 2012(2)

美国公共图书馆经费保障制度研究 刘璇 2012(6)

工作研究

记高等学校图书馆工作会议　高尔柏 1957(1)

武汉图书馆业务资料整编工作的经验　李笄 1957(1)

我对资料室工作的一点体会　林虹 1957(1)

北京图书馆开展业务专题学习和研究工作　仲吕 1957(1)

甘肃省图书馆积极准备开展科学研究工作　郭维祖 1957(2)

我对高等中学校图书馆、分馆、资料室如何分工、配合的意见　郝燕飞 1957(2)

云南大学图书馆几项工作的介绍　尹华中 1957(2)

论高等学校资料室工作与图书馆工作的关系　张天麟 1957(2)

采访部改进工作的初步意见　北京图书馆采访部 1957(2)

我们是怎样解决学生占用阅览室做功课问题的　范家贤 1957(3)

高等学校中的资料工作　毛坤 1957(3)

高等学校图书馆的出纳阅览工作　孙云畴 1957(3)

中国图书馆学会筹备工作进行情况　朱踵武 1957(3)

在“向科学进军”中,我们做了哪些工作　广州医学院图书馆 1957(3)

论图书馆统计的重要性和存在问题　陈碧祖 1957(4,5)

我们必须继续学习苏联的先进经验　李枫 1957(4,5)

我们是怎样筹建小型科技图书资料室的　骆兆平 1957(4,5)

照像复印法
——介绍一种简便的复制方法　王恩光 1957(4,5)

机关图书馆工作中的几个问题 武宁生 1957(4,5)

云南省图书馆是怎样开展图书交换工作的 张淑良 1957(4,5)

南京图书馆保管和使用宣传图片办法 鲍昌明 1957(6)

谈谈联合目录和厂矿图书室问题 张天骧 1957(6)

图书工作和资料工作怎样分工和结合 郑重 1958(1)

我们的工作规划 1958(2)

我们怎样作到新书当天与读者见面 1958(4)

中国科学院图书馆工作概况
——1958 年 9 月 1 日在中国科学院全院
图书馆工作会议上的报告 范新三 1958(5)

安徽医学院图书馆在跃进 罗坚元 1958(5)

中国科学院全院图书馆工作会议的总结 陶孟和 1958(5)

中国科学院金属研究所图书馆文献资料工作简介 王景韫 1958(5)

济南市图书馆关于“百日奋战”的总结 济南市图书馆 1958(5)

图书馆应更好地完成本年计划和全面安排明年的工作 1958(5)

怎样使书标不易脱落? 1958(5)

对于高等学校中资料工作的一些体会 石生 1958(6)

能这样改变吗?
——有关几个图书馆技术问题改进的商榷 武经 1959(1)

安东市图书馆关于建立民办图书室的工作总结 安东市图书馆 1959(2)

青岛市图书馆关于“以钢为纲”开展图书
工作的总结报告 青岛市图书馆 1959(2)

黑龙江省市县图书馆在大跃进中取得的几项
基本经验和存在的主要问题 鞠占屏,王启宇,李志顺 1959(4)

调查研究是改进图书馆工作的重要条件
(北京师范学院图书馆加强调查研究工作的体会) 铁丁 1959(4)

我们试行高等学校图书馆对外开放的体会 吴观国 1959(4)

建议用书袋兼作限期表 信真 1959(4)

“图书样本开架”借阅工作介绍 白学典,陈敞 1959(5)

关于图书固定排架问题的商讨 贺璋 1959(5)

大学图书馆的图书开架问题 李树权 1959(5)

全国图书联合目录编辑组工作进行情况 李钟履 1959(5)

旅大市图书馆实行图书开架借阅的初步体会 旅大市图书馆 1959(5)

无线装订法简介 崔慎之 1959(6)

改制成功的自动盖章打号机 丁尚瑾 1959(6)

"中国冶金史资料"编制工作的介绍 北京钢铁工业学院图书馆资料室 1959(8)

谈谈我馆的宣传工作 北京工业学院图书馆 1959(8)

开架借阅工作的初步总结 北京航空学院图书馆 1959(8)

认真执行高等院校图书馆工作的任务 北京矿业学院图书馆 1959(8)

借阅工作中的几点改进 北京煤炭工业学院图书馆 1959(8)

我们把死书变成活书 北京铁道学院图书馆 1959(8)

交大(西安部分)图书馆一年来的工作情况 交通大学(西安部分)图书馆 1959(8)

政治阅览室和图片展览工作简介 清华大学图书馆阅览科 1959(8)

我校图书馆怎样为政治、为教学医疗、为科学研究服务 西安军医大学图书馆 1959(8)

西安冶金学院图书馆配合政治、教学和科研的工作 西安冶金学院图书馆 1959(8)

对图书开架借阅问题的管见 柳成子,张怀安 1959(9)

怎样做好图书馆宣传布置的一些体会 陈习 1959(9)

清点图书的又一种方法 金雁 1959(9)

关于图书馆工作的定额问题 拉拜,M. 1959(9)

我们怎样辅导厂矿建立图书室 刘景镳 1959(9)

我馆的地方文献工作 广东省中山图书馆参考研究部 1959(10)

我馆的业务辅导工作 湖北省图书馆 1959(10)

在国防前线的图书馆工作 厦门市图书馆 1959(10)

两年来的中心图书馆工作 莹泉 1959(10)
我馆的图书流通工作 北京师范大学图书馆流通保管组 1959(11)
谈谈我馆的书目情报工作 全国地质图书馆书目情报部 1959(11)
做好图书馆的清洁卫生工作的一些经验 张今吾 1959(11)
公共图书馆的业务辅导工作 关懿娴 1959(12)
文化战线要思想工作双跃进 1959(12)
我馆书目咨询工作的初步总结 鞍钢技术图书馆 1960(1)
认真贯彻省科技工作者代表会议精神
——辽宁地区召开图书馆工作经验交流会 刘中 1960(1)
我馆的技术革新工作 华南工学院图书馆 1960(2)
“罚款”不是解决借书逾期不还问题的好办法 殷增筒 1960(2)
介绍两种印制卡片的简易办法 张德生 1960(2)
清除了历年积压,扩大了入藏品种
——北京图书馆先进集体中文采访组的选进事迹介绍
北京图书馆中文采访组 1960(3)
争取今年俄文图书集中编目工作更好更全面的跃进
——先进集体俄文图书卡片编辑组事迹介绍
俄文图书卡片编辑组 1960(3)
在大协作中前进的全国图书联合目录工作
——先进集体全国图书联合目录编辑组事迹介绍
全国图书联合目录编辑组 1960(3)
做人民需要的事就最有出息
——图书管理员郑国卿在平凡工作中成绩出色 1960(3)
介绍我馆参考室的开架式中文图书管理方法 毕嘉秀 1960(4)
图书补充工作的附属机构
——书亭 吉林大学图书馆 1960(4)
建立图书流动站的情况及初步体会 吉林师范大学图书馆 1960(4)
鼓干劲,争上游
——黑龙江省图书馆决心搞科学研究 启宇 1960(4)
“涂糊器” 山东师范学院图书馆 1960(4)

一个热情为读者服务的优秀图书馆员
——记北京市文教战线群英会代表马遐龄同志 众言 1960(4)

一所社会主义图书馆
——记重庆市图书馆 1960(4)

全心全意为教学服务、为读者服务
——记先进集体南京航空学院图书馆流通阅览组 1960(4)

马桥人民公社图书馆 1960(5)

千方百计为大办农业大办钢铁服务 贺璋 1961(1)

谈谈我馆配合学习“毛泽东选集”第四卷的工作 黄景钧 1961(1)

我们是这样配合学习毛主席著作运动的 辽宁省宽甸县图书馆 1961(1)

我们是如何配合全校学习“毛泽东选集”第四卷的
中国人民大学图书馆参考阅览科 1961(1)

继承和发扬“上海通信图书馆”的革命传统 纪国祥 1961(2)

从“拒绝”中找寻降低“拒绝率”的办法 蒋完奎 1961(2)

上海市建立工业系统科技图书馆协作网的经验 上海图书馆 1961(2)

要把图书馆事业搞得更好　还得多做些研究工作 一夫 1961(2)

琐话工具书 管一丁 1962(1)

关于县市图书馆整理古旧图书的几个问题
(协助顺德县图书馆整理古旧图书中的体会)
广东省中山图书馆方法研究部 1962(1)

我对加强图书馆基础工作建设的意见 汪长炳 1962(1)

“基本功”笔谈 刘国钧,顾家杰,史永元,纪国祥 1962(2)

进一步开展馆际图书互借工作 胡耀辉 1962(2)

坚决粉碎蒋匪帮军事冒险
——向图书馆工作者提供一批图书宣传资料 方远 1962(3)

几个“基本功”座谈会辑要 1962(4)

纪念曹雪芹逝世二百周年
——向图书馆工作者提供一批宣传参考资料 方远 1963(1)

农业机械方面文献资料的检查和利用 水新元 1963(1)

国际性统计资料举要 丁克刚，龙顺宜 1963(2)

迅速清理积压的书刊资料 韩承铎 1963(2)

借出图书的种次统计 程萱 1963(3)

更有效地为农业技术改革提供资料
——介绍本馆举办的"农业机械中外文书刊中心陈列" 南京图书馆参考阅览部 1963(3)

我校图书馆如何运用教学参考资料(上海市长阳中学) 沈一得 1963(3)

热爱图书！保护图书！管好图书！ 文毅 1963(3)

大力配合社会主义教育运动充分发挥图书馆作用 张礼 1963(3)

积极地做好地方文献工作，更好地为农业服务 赵平 1963(3)

清理馆藏，更好地为科学研究服务 甘肃省图书馆 1963(4)

怎样做好目录保养工作 黄俊贵 1963(4)

关于"科学技术文摘索引参考室"工作的几点体会 马龙璧 1963(4)

发挥馆藏图书资料潜力，为社会科学研究工作服务 戚志芬 1963(4)

谈谈复制图书资料用的几种方法和设备 曾维祺 1963(4)

高等学校图书馆的书库组织和阅览室的设置问题 卢子博 1964(1)

谈谈建立图书调度片的作用 丁宏宣 1964(1)

采购员的"活字典"
——利用统一书号组织统一书号卡 于安治 1964(1)

八年如一日的业余义务馆员曹松叶 浙江义乌县图书馆 1964(1)

我怎样做图书出纳工作的 毛作渭 1964(1)

访运城县图书馆王缵同志 《图书馆》记者 1964(2)

上海师范学院图书馆展开资料工作的一些经验和体会 陈子彝 1964(2)

我是这样提高印片质量的 关成勋 1964(2)

图书馆应进一步做好宣传学习毛主席著作的工作
——国庆前夕为《毛泽东著作选读》出版而作 《图书馆》评论员 1964(3)

张万钧
——我们的标兵 郑州市图书馆 1964(3)

建立我院图书馆体系的工作情况和体会 中国科学院图书馆 1964(3)

我们是怎样为阶级斗争服务的 首都图书馆 1964(4)

我们的新书验收工作 武汉大学图书馆流通组 1964(4)

意识形态领域中的一场尖锐的阶级斗争
——就关于“一分为二”和“合二而一”的讨论
谈谈如何加强图书资料工作 萧文 1964(4)

用毛泽东思想指导业务学习的体会 张万钧 1964(4)

图书馆学会当前的任务 黄钰生 1979(1)

北京图书馆当前工作中的几个问题 谭祥金 1979(1)

图书馆学会工作顺利进展 徐文绪 1979(1)

弄清图书馆战线是非 解放思想为四化服务
——记北京地区部分图书馆工作者座谈重点转移问题 袁丁 1979(1)

图书馆工作的传递作用、体系和发展 周文骏 1979(1)

“图书—情报”系统的效率 1979(1)

关于巩固农村图书室的几点建议 苏瑛辉 1979(2)

读者谈“书”(图书馆) 唐茂松 1979(2)

英国图书馆协会的图书馆 许琬 1979(2)

法国国立蓬皮杜艺术中心的公共情报图书馆 兹 1979(2)

北京市丰台区召开中学图书馆工作经验交流会 1979(2)

情报工作的特徵 孙云畴 1980(1)

谈谈图书与情报工作关系及其协作问题 谢金水 1980(1)

修志刍议 钟文典 1980(1)

关于西北地方文献的搜集、发掘和利用 陈泰安,牟实库,彭庆怀 1980(2)

六律正五音 规矩成方圆
——也谈图书馆工作的“规矩” 孙步峰 1980(3)

学会工作之我见 鲁海 1980(4)

江苏、福建省图书馆学会结合年会传达指示找差距
奋发努力促实现 1980(4)

武汉市、孝感、恩施地区文化局召开图书馆工作会议
——明确图书馆在四化建设中的地位和作用 1980(4)

图书馆缩微化琐议 斐兆云 1981(1)

图书情报工作对科学研究的重要性 陆学善 1981(1)

关于检索刊物体系及其编辑出版工作 吴观国 1981(2)

自学成材之路
——访北京图书馆第二阅览室 咏梅 1981(2)

心有"余悸"抑主动工作 曾维祺 1981(3)

在编写人物志工作中的几点做法 1981(3)

办好高校专业图书资料室的几点体会 吕慧芳 1981(4)

切实加强馆际协作　实行图书资源共享
进一步提高为教学科研服务水平 1981(4)

全国农村图书馆工作的一次群英聚会 刘喜申 1982(1)

记全国省级公共图书馆工作座谈会 1982(1)

沔阳县科委十分重视图书馆工作 1982(2)

北京图书馆照相复制组在成长 照相复制组 1982(3)

大连工学院图书馆的外文期刊管理 蔡大明,代成,刘希娴 1982(4)

瑞典图书馆服务公司介绍 关家麟 1983(1)

开创建阳县馆新局面要抓好基础工作 曾志堂 1983(2)

不应忽视"失败过程"的情报价值 孙绍荣 1983(3)

缩微摄影术的发展及其在现代化图书馆中的应用 曾维祺 1983(3)

美国图书馆的馆际合作和网络 张晓林 1983(3)

回顾与展望
——评定"馆员"的感想 赵厚源 1983(3)

管理"西谛书库"印象 严格 1983(4)

农村集镇文化中心图书室吸引了"老小中青" 俭辑 1984(1)

试论气象学文献类型及检索 刘维娜 1984(2)

高校图书馆开展专题索引工作探讨 刘秀媛 1984(2)

走改革之路　不断开创新局面
——记全国高等学校图书馆工作经验交流会 新 1984(2)

新事物　新经验
　——湖南沅江县图书户经验交流会侧记　1984(2)

第四军医大学发挥图书馆
　在学生思想政治教育中的作用　左才杰,李广德,时景明 1984(3)

往事与寄望
　——我做参考工作的回想　龙顺宜 1984(3)

记图书馆工作二三事　吴尔中 1984(3)

在党的领导下工作三十五年　张遵俭 1984(3)

我所了解的湖北省图书馆　朱士嘉 1984(3)

图书信息的价值
　——变图书馆的封闭系统为开放系统　谢有宁 1984(4)

立志干一辈子图书馆工作　徐人英 1984(4)

学习《决定》　改革创新　1984(4)

改善本馆藏书结构,加强馆际互借工作　本溪市图书馆 1985(2)

关于读者工作规律讨论的争鸣　镝 1985(2)

读者第一　服务第一
　——北京图书馆 1985 年读者工作会议提出　乐 1985(2)

不合理的"合理使用"　思 1985(2)

一靠政策　二靠科学　引导农民劳动致富
　锦西县暖池塘乡文化站　1985(2)

爱国主义和共产主义的宣传教育是高校
　图书馆工作的重要内容　蒋新元 1985(3)

在"读者第一,服务第一"号召下,
　元代古刹焕发出勃勃生气
　——记北京图书馆第二阅览部　乐 1985(3)

"拒借率"应为"无借率"　马荣骧 1985(3)

随书配片订购章程　1985(3)

加强地方文献工作积极为本地区四化建设服务　甘肃省图书馆 1985(4)

湖北省高校图书馆工作　湖北省高校图书馆工作委员会秘书处 1985(4)

配合 GTO 科研的启示　范铮 1986(1)

如何加强学会的活动 辛希孟 1986(1)

北图科组干部研讨班个人小结材料选刊 1986(1)

新形势下图书馆怎样做政治思想工作? 周守忠,梅国华 1986(2)

记《中国古代书籍史展览》 杜伟生 1986(2)

提高拍摄善本书工效的革新 黄焕霖 1986(3)

民主、团结与活力
——谈谈大连市高校图书馆协作组的工作 李涵勤 1986(3)

印刷卡片使用哪种油墨好 潘会林 1986(3)

攀登 王素华 1986(3)

美国国会图书馆的光盘试行方案 邱林绮,陈会先,刘长青 1986(4)

一项振兴农村经济的好措施 刘贤木 1986(4)

开发和利用馆藏中的内部资料 王续希 1986(4)

湖北仙桃市图书馆为社会主义两个文明建设铺路 胡铁树 1987(2)

略论加强文摘情报工作 许建业 1987(2)

在全国高等学校图书馆工作会议上的总结 朱育理 1987(3)

盖好馆藏章和登录号章 诸葛文 1987(3)

图书情报工作现代化的一些体会(海外来论) 沈已尧 1987(4)

信息交流及其障碍排除 葛敏 1988(2)

为“以文补文”投石探路
——仙桃市图书馆是怎样开展业务经营和有偿服务活动的
胡铁树,欧建强 1988(3)

BIP:购书宝典
——Bowker 公司的协调贡献 沈已尧 1988(4)

唤醒沉睡的图书 李久琦,张秀峰 1989(2)

中国科学院文献情报系统国际书刊交换工作
专题研讨会述要 辛希孟,许儒敬 1990(2)

军队院校图书馆评估方法初探 李广德 1990(2)

黑龙江矿业学院图书馆情报职能调查 孙亚丽 1990(2)

全国图书情报协调工作经验交流会纪要 1990(2)

购书经费短缺原因及对策　漆身起,程春焱 1991(1)

搞好学术活动　依靠群众办会　王启宇 1991(1)

北京市图书馆学会、首都图书馆注重开展业务辅导工作　1991(1)

县级图书馆文献开发的思考　高光艳 1992(1)

新的书刊监窃方法与相应的检测方案　潘伯明 1992(3)

我国书评工作的现状、问题及对策　安银海,高斌升,孟魁荣 1992(4)

这里孕育希望
——记通化市图书馆少儿阅览室　倪亚琴 1993(1)

应重视中专图书馆工作研究　周未隼 1993(1)

论图书馆对文献资源的开发　冯锦生 1993(2)

对北京图书馆普通古籍藏书利用的几点思考　杨晏平 1993(3)

当阳市图书馆购书资金短缺的对策　肖玉明 1994(4)

弘扬传统文化　加强古籍开发　常书智 1994(5)

期刊文献的分布特点与利用　陈宝珍 1994(5)

中国二次文献系统的建设与发展　董小英 1995(2)

日本专业图书馆的专题情报　白晓煌 1995(5)

'96 北京国际图联大会第二次组委会会议纪要　1995(5)

图书在版编目:中国图书馆、出版、发行界
提高经济与社会效益的举措　刘嘉 1995(6)

第 62 届 IFLA 大会筹备工作进展
(1994 年 11 月～1995 年 2 月)大事记　1995(6)

从探索到试行
——我国图书在版编目述评　赵美娣,朱亚菲 1996(1)

建立图书馆古籍文献数据库刍议　杨晏平 1996(1)

图书馆信息资源的开发　邹荫生,陈志宏,沈媛芬 1996(2)

我国专业期刊国际交换工作探讨　康仲芳,曹臻 1996(2)

第 62 届国际图联大会筹备工作进展(3):1995－03～12　丘峰 1996(2)

论塔克拉玛干沙漠综合科学考察的情报保证　李仲光 1996(3)

第62届国际图联大会筹备工作进展(4):1996－01～05　丘峰 1996(4)

高校图书馆对跨世纪人才成长的导向　柯碧云,沈春梅 1996(6)

我国图书馆的缩微工作　李健 1997(2)

中国图书在版编目的现状与展望　文榕生 1997(2)

我国农业期刊资源的现状及开发利用　邢志义 1997(2)

提高学会工作水平　做好新一年里的学会工作
——新春献辞　1997(2)

航天二院图书馆"奖励优秀读者"述评　曲红,赵莲英 1997(3)

在北京了解德国
——歌德学院北京分院图书馆简介　徽河渠 1997(5)

关于我国电子出版物的发展现状及对策的思考　董见新 1997(6)

现代高校图书馆文献信息资源开发利用剖析　严玲 1998(1)

图书馆要积极开发文献资源　卢淑敏 1998(2)

地图资源的开发与利用初探　苏品红 1998(3)

高校图书馆"主页"探微　范爱红,承欢 1998(5)

献身　创新　求实　协作
——中国图书馆学会第5届学术研究委员会成立暨工作会议小结　刘湘生 1998(5)

发挥图书馆在学校人才素质教育中的作用　王学芬 1998(6)

"情报研究与信息咨询"评估指标体系设计和计分法研究　辛希孟,周宁丽 1999(1)

地方文献工作刍论　黄俊贵 1999(1)

公共图书馆加强新方志开发利用刍议　袁逸 1999(1)

关于善本古籍书目数据库建设的回顾与思考　王运堂,李勇慧 1999(2)

专利信息资源开发过程中的障碍和对策　陈志宏 1999(3)

谈为"两会"咨询服务的组织与实施　刘一平 1999(4)

我在学会工作的10年
——中国图书馆学会成立20周年回顾　佟曾功 1999(4)

略论图书在版编目数据的质量问题及对策　吴昌合 1999(4)

论图书馆信息资源的深层开发　林平忠 2000(1)
光盘目录管理探析　刘二灿 2000(1)
论 1∶2.2∶2.2～2 规律在社科图书馆的运用　夏明顺 2000(2)
对期刊论文全文数据库光盘的理性思考　叶新明 2000(3)
保护电子出版物的思考与建议　刘家真 2000(4)
灰色文献开发利用的障碍与措施　王淑群 2000(4)
利用地方文献宣扬祖国文化的体会　徐世信 2000(5)
信息资源开发研究　代根兴 2000(6)
关于加强高等学校资料室建设的实践与思考　秦健民 2000(6)
少数民族古籍的科学管理和开发利用　包和平 2001(1)
澳门地区国际组织寄存馆制度的意义、现行做法与问题　杨开荆 2001(1)
谈藏文文献的开发和利用　阿华 2001(3)
论素质教育与高校图书馆的职能作用　单小青 2001(3)
预测性信息资源的开发方法　潘德利 2001(3)
因特网上生物医学全文期刊的分布与获取
莫梅琦,徐一新,聂荣华,廖毅锋 2001(5)
电子全文期刊数据库:
东方的中国期刊网(CJN)与西方的 JSTOR　彭仁贤,高玉华 2002(2)
我国政府网站建设中存在的问题与对策　相丽玲,苏君华 2002(2)
网络环境下情报工作的流程再造和结构调整　刘春茂 2002(2)
新时期高校图书馆的期刊工作　雷淑霞 2002(5)
国家文献供应中心模式研究
及对“国家科技图书文献中心”的评价　强自力 2003(4)
新馆建设的若干问题探讨　应长兴 2003(4)
电子政务信息安全风险分析与防范策略　王欢喜 2003(5)
地方文献工作比较谈　程莉 2004(4)
谈工具书的质量评价　何华连 2004(5)
高校图书馆网上书店的构建研究　李亮先,梁彦兴 2004(6)

政府信息流研究及模型构建 朱晓峰 2005(3)

政府危机决策信息流研究 朱晓峰 2006(1)

网络科技论文专家评价模型研究 刘锦宏,罗紫初 2007(3)

企业科技信息工作评价指标体系研究 李丕仕 2007(6)

“地方人士著述”是否地方文献 乔好勤 2008(6)

古籍数字化工作统筹协调机制的构建 陈得媛 2009(5)

基于 WCAG 2.0 政府网站可访问性评价研究

李广建,王巍巍,杨林,王益明,李芳 2011(6)

资源建设

对省图书馆藏书范围的一些意见　李枫 1957(1)
我们在图书采购工作中的一些体会　王煦华 1957(1)
如何做好外文科技书刊采访工作　赵燕生 1957(1)
下乡收集图书资料的几点体会　李默,方振球 1957(4,5)
试谈公共图书馆书刊采购工作中的几个问题　葛西平 1957(4,5)
介绍南京图书馆图书采购工作中的三种工具卡片　蒯依琴 1957(4,5)
关于剪贴地方报纸的问题　罗焕文 1957(4,5)
沈阳铁路图书馆利用“新书通报”改进采编工作　王敬民 1957(4,5)
介绍上海图书馆的俄文图书　陈宗华 1958(1)
搜集内部资料工作中的一点体会　郝燕飞 1958(1)
北京图书馆整理积存图书情况简报　1958(3)
浙江省图书馆关于外文图书采购原则与标准问题的辩论　黄景行 1958(5)
藏书检查工作总结　四川省供销合作社,重庆干部学校图书馆 1958(5)
高等学校应加强剪报资料工作　王冰之 1959(5)
对高等学校图书馆藏书补充方式的初步意见　曾梦阳 1959(5)
期刊采购工作中的群众路线　北京地质学院图书馆 1959(8)
图书馆藏书组织工作概述　陈鸿舜,何善祥 1959(12)
图书补充工作的初步探讨　朱家濂 1959(12)

我馆的图书采购工作介绍　东北工学院图书馆 1960(1)

南京地区图书馆举办图书采购工作经验
　交流展览会的几点体会　展览会工作组 1960(2)

为社会主义建设大军做好“粮秣”补给工作
　——试论我国图书馆藏书建设中的若干问题　管一丁 1961(1)

关于提高藏书建设质量的两个问题　陈鸿舜 1961(2)

北京图书馆与朝鲜民主主义人民共和国交换图书十周年　林敏 1963(3)

采购外文图书的选书和查重问题　北京农业大学图书馆采编组 1964(4)

谈浙江馆藏中文旧报刊　王柏寿 1980(1)

试谈高等学校图书馆藏书体制　吴勋泽 1980(1)

用认识论指导采书　陈维长 1980(2)

藏书的建设、保管和共享　邱国渭 1980(4)

外文期刊补缺的一个重要来源
　——介绍 USBE　吴龙涛 1981(1)

采购原则最佳化的综合考虑　熊奇永 1981(1)

重视高等院校学报的收藏和利用　吕身洁 1981(3)

采购工作中原版资书的复本问题　王映柳 1981(3)

论图书采购协调
　——关于建立辽宁地区外文复本图书采购协作网刍议　朱育培 1981(3)

复本问题(上)　李德宁 1982(2)

复本问题(下)　邵文杰 1982(2)

七十年来北京图书馆外文藏书建设　李镇铭 1982(2)

谈谈地方文献的征集和收藏工作　吴乔生 1983(1)

选书与书评　吴尔中 1984(1)

图书馆要重视典藏工作　李开明 1985(3)

建立地方文献数据库　促进地区出版物资源共享　莫少强 1986(3)

选择文献应树立效益观点　王绍平 1986(3)

试谈宏观资源布局　林申清 1986(4)

确定最佳指标　实行最优控制 1986(4)

我国文献资源布局的完备性问题 张学华 1987(1)

北京图书馆国际书刊资料交换工作的回顾与展望 杨仁娟 1987(3)

文献资源建设及社科文献资源分布的调查和研究
肖自力,李修宇,吴晞 1988(4)

浅谈文献资源的合理布局 李蔚清 1989(1)

论高等师范院校图书馆的藏书结构 罗宇华 1989(1)

非书资料对美国大学图书馆的影响 夏洪 1989(1)

国防科技文献合理布局的启示 崔荣兴 1989(2)

交叉教育的兴起与高校图书馆的藏书建设 马炳厚 1989(3)

试析英日文进口图书的利用与效益 宋德生 1990(1)

论建立高校期刊资源保障体系 叶树声 1990(1)

谈科研所图书馆的书刊比例问题 张永仙 1990(1)

辽宁省文献资源现状分析研究 刘英麟 1990(2)

关于藏书的前期管理 许国庆 1990(3)

也谈高等师范院校图书馆的藏书结构
——兼与罗宇华同志商榷 姚军 1990(3)

全国文献资源调研总报告
全国文献资源调查与合理布局 肖自力,李修宇,李久琦 1990(4)

全国文献资源调研分报告之一
文献资源建设理论研究综述 吴晞,茆意宏 1990(4)

全国文献资源调研分报告之二
我国的文献资源分布 张学华 1990(4)

全国文献资源调研分报告之三
全国文献资源建设完备性研究 董焱,胡越 1990(4)

全国文献资源调研分报告之四
中国文献资源布局模式研究 林申清,董焱 1990(4)

全国文献资源调研分报告之五
全国社科文献资源调查与布局研究 孔令乾,胡广翔,董焱 1990(4)

全国文献资源调研分报告之六
省区级文献资源布局研究 刘英麟 1990(4)

全国文献资源调研分报告之七
我国公共图书馆系统文献资源现状分析与布局研究
周声浩,田启涛,张欣毅,李修宇 1990(4)

全国文献资源调研分报告之八
我国高等学校的文献资源现状分析与布局研究 李晓明,江成 1990(4)

全国文献资源调研分报告之九
我国科技情报系统的文献资源布局研究 汪少敏 1990(4)

全国文献资源调研分报告之十
北京地区的文献资源合理布局研究 杨首茹,李曙东 1990(4)

全国文献资源调研分报告之十一
用户评议的分析 李昆,杨治安 1990(4)

全国文献资源调研分报告之十二
文献资源建设和调查评估的理论研究 张欣毅,黄新,肖自力 1990(4)

全国文献资源地区调研报告连载之二
湖北省文献资源调查分析与布局研究
湖北省文献资源调查研究课题组 1990(4)

辽宁省图书馆的文献资源建设 辽宁省图书馆文献资源调查组 1991(1)

北京图书馆文献资源的调查与分析 李曙东 1991(2)

欧美的图书采销 郭复威 1992(1)

风险分析、预测与选书决策 于湖滨 1992(3)

从微观研究入手实现文献资源合理布局 郑心清 1993(1)

试论文献计量学在藏书建设中的应用 茅振芳 1994(2)

进口外文图书的保障问题 文榕生 1994(3)

地区联合采编的实践与思考 姚秀芬,杨之光 1994(3)

以文献资源开发和利用为目的开展藏书布局工作 萧德洪 1994(4)

选书价值论纲 袁昱明 1994(4)

我国图书馆文献资源建设利用开发现状
刘景会,王晓苏,季红彬 1994(5)

全国外文期刊协调工作的宏观思考
——兼及全国期刊中心的建立 叶继元,刘怡,吴向东,袁培国 1994(5)

论构建核心藏书保障体系 王积和 1995(2)

集美学村文献资源共享探索 蔡金钟,黄海鹰 1995(4)

在书价飞涨的今天如何搞好藏书建设 陈钢 1995(4)

我国电子出版物与全文数据库建设 陈光祚 1995(5)

对图书涨价情况的再探讨 陈钢,任旭利 1995(6)

加强文献交换　努力丰富馆藏 赵世华 1995(6)

藏书发展稳态理论评介 王莉 1996(1)

论我国信息资源现状与发展策略 徐丽 1996(1)

中美大学图书馆选书决策比较 高波 1996(2)

论经济体制对文献资源共享的影响 肖希明 1996(4)

中文图书预订记录“沉淀”及其对策 顾阳 1996(5)

论灰色文献及其作用 姜振儒,张荣凤,胡国华 1997(1)

中国文献资源保障与共享的出路
——文献保障中心藏书界定公式与两级文献保障中心论 王积和 1997(1)

中国社科院近代史所图书馆核心藏书的建设及其特色 万燕 1997(2)

我国文献资源共享研究概述 郑贵宇 1997(4)

图书馆与网络信息资源 黄纯元 1997(6)

面向高速信息网络的信息资源管理(一)
——从技术角度的分析 马费成,陈锐 1998(1)

面向高速信息网络的信息资源管理(二)
——从经济角度的分析 马费成,陈锐 1998(2)

面向高速信息网络的信息资源管理(三)
——从人文角度的分析 马费成,陈锐 1998(3)

论图书馆资源共建 刘兹恒,张久珍 1998(4)

电子期刊收集策略探微 叶继元 1998(5)

论馆藏建设中的几个关系 袁培国,马金川 1998(6)

美国图书馆网对信息资源的建设与组织给我们的启示 何小清 1998(6)

简论公共图书馆地方文献工作 漆身起，陈红涛 1999(1)

浅谈采访工作 郝培芬 1999(1)

关于地方文献若干问题的思考 邹华享 1999(1)

古籍文献资源共享的障碍及前期准备 朱赛虹 1999(1)

我国图书馆藏书发展政策的制定 肖希明 1999(3)

论客家族谱的收藏与利用 严雅英 1999(3)

图书馆外文核心期刊购买模型探讨 靖培栋，刘忠厚 1999(4)

文献资源共享的历史与未来
——上海地区的实践回顾与理论思考 王宗义 1999(5)

网络环境下的学术资源 刘嘉 1999(6)

公共图书馆馆藏文献资源建设新思维 石惠侠，谢林 2000(2)

网络环境下图书馆文献资源建设与文献保障体系 吕俊生 2000(2)

可借 可租 可买 可卖 可换
——搞活高校图书馆藏书工作的一条新路 臧铁柱 2000(3)

网络环境下的图书馆信息资源建设 司莉，傅西平，袁琳 2000(4)

我国企业信息资源建设与对策 尚本汇 2000(4)

谈图书馆文献信息资源采集 杨刚，龙立群 2000(5)

从文献资源建设到信息资源建设 高波，吴慰慈 2000(5)

缴存本制度的扩展与电子出版物的采集 刘家真 2000(6)

经济发达地区文献资源共享网络的构建
——以珠江三角洲地区为例 肖希明 2000(6)

关于专业图书馆文献资源共建共享问题的探讨 李黎明 2001(1)

现代信息技术环境中的信息资源配置、开发与利用
——专家咨询意见的调查与分析 娄策群，王菲 2001(2)

论传统图书馆向数字图书馆过渡时期的资源建设 管计锁 2001(2)

论信息资源共享及其效率 李纲，李新生，陈颖 2001(3)

谈地方版文献联合采编协作网建设 甘琳 2001(3)

网络环境下我国图书馆信息资源共建
共享现状调查报告 高波，刘兹恒，于丽凤 2001(4)

重庆市文献资源共享体系构建研究　李家清 2001(5)

海峡两岸大学图书馆虚拟馆藏资源建设比较研究
王云娣,胡秀青 2001(6)

我国图书情报单位电子出版物收集的现状、问题与对策
黄先蓉 2002(1)

我国文献资源共享中存在的问题及对策研究　李家清 2002(1)

开发特色产品信息,服务当地经济建设
——计算机多媒体陶瓷产品数据库的研发　屈义华 2002(1)

我国图书馆实现资源共享的对策　郭彦新 2002(2)

我国图书情报机构利用电子出版物的现状、问题及对策　徐丽芳 2002(2)

藏书工作要体现"读者至上"的思想原则　金明生,吕亚平 2002(3)

我国图书情报机构参与电子出版物市场
开发的意义、内容及方式　罗紫初 2002(3)

网络信息资源的社会化组织与开发构想　胡昌平,谷斌 2002(4)

关于建设浙江省高校图书馆信息资源
共建共享体系的思考　赵美娣 2002(4)

实体馆藏与虚拟馆藏选择准则比较研究　翁勇荣 2002(5)

网络环境下的馆藏评价标准　肖希明 2002(5)

谈地方文献资源建设　张勇,杨东 2002(6)

文献信息资源共建共享模式新论　高波 2002(6)

地(市)县公共图书馆地方文献资源建设和利用研究　熊焰 2002(6)

高新技术影响下的图书馆信息资源建设与开发利用　杨炳延 2002(6)

采访质量控制数学模型研究　向桂林,吴金艳,辛希孟 2003(1)

在竞争中共同发展
——论电子文献与纸质文献的关系　张玉珍 2003(1)

公共图书馆馆藏集散的通变　陶善耕 2003(2)

专业图书馆信息资源建设浅谈　李以敏,江丽丽 2003(3)

建设"数字方志"　传承华夏文明　刘刚 2003(3)

国外网络数据库:当前特点与发展趋势　罗春荣 2003(3)

信息资源共享的经济效率
——以书刊为例的分析　马费成 2003(4)

我国西部地区信息资源建设定量分析　陈能华，刘灿姣 2003(5)

网络信息资源管理系统的基本要素及其运作机理探讨　邓克武 2003(5)

图书馆知识获取环境现状分析及对策　高跃新，金更达 2003(6)

纸本期刊与电子期刊:国家图书馆与公共图书馆的两难选择　陈力 2003(6)

外文电子出版物的采访工作研究　李春明 2003(6)

国外信息资源管理的主流研究领域及热点内容分析
毕强，杨达，霍红梅 2004(1)

信息系统中的数据质量问题研究　陈远，罗琳，沈祥兴 2004(1)

中国高校信息资源共建共享现状分析　周永红，陈能华 2004(1)

开放内容的类型及其知识产权管理　陈传夫 2004(1)

用户接受:网络信息资源开发与利用的重要因素　邵波 2004(1)

高校图书馆商业数据库评价指标体系研究　张李义 2004(1)

从“席位分配”模型到图书馆书刊采购模型　靖培栋，王卫 2004(2)

国外数字资源长期保存的最新发展及对我国的启示　宛玲 2004(2)

网络内容自律的机制研究　燕金武 2004(2)

信息资源共享的市场规制　马费成，裴雷 2004(3)

信息资源的集成整合研究　马大川，杨红平 2004(3)

网络信息资源建设中的法律问题　裴成发 2004(3)

论我国国家创新体系的信息资源配置　王翠萍 2004(3)

国外关于网络信息资源保存的研究　赵俊玲 2004(3)

中国大陆地区网络鸿沟现状分析
——基于中国互联网络信息中心调查数据的研究
袁勤俭，黄奇，朱庆华 2004(4)

美国过刊数据库概况及对我国开发过刊数据库的思考　华薇娜，许美琪 2004(4)

欧美的公共信息管理及对我们的启示　黄如花 2004(4)

电子版新书目在图书采访工作中的应用　刘哲 2004(4)

我国文献资源共建共享体系的比较研究 谢春枝 2004(4)
论国家文献信息资源保障体系建设 张学福 2004(4)
面向用户的网络信息资源整合策略 李枫林,胡昌平 2004(5)
我国图书馆电子资源集团采购模式研究 肖珑,姚晓霞 2004(5)
网络环境下高校图书馆的信息资源建设与服务 沈艳 2004(5)
一种全新的学术出版模式:开放存取出版模式探析 李武,刘兹恒 2004(6)
网络信息过滤中的分级体系研究 黄晓斌,邱明辉 2004(6)
高校图书馆建设地方特色文化数据库的必要性 甘亚非 2004(6)
图书馆网络信息的构建原则与方法 林平忠 2004(6)
网络环境下学术信息的开放存取 李春旺 2005(1)
数字信息资源统一共享模式探讨 刘磊,郭世星 2005(2)
当代网络参考源的类型与特征分析 张久珍 2005(2)
基于资源类型的数字资源长期保存问题研究 郭家义,吴振新 2005(3)
数字资源长期保存过程中的知识产权问题分析 宛玲,张晓林 2005(3)
图书馆数字资源使用评价研究 胡燕菘 2005(4)
学术文献开放访问和图书馆的应对策略 马景娣 2005(4)
文摘索引数据库增值功能研究 韩丽风,杨毅,林佳 2005(5)
我国信息资源共建共享研究述评 向英明,罗爱静 2005(5)
论国家博硕士学位论文数字资源保障体系建设 张学福,孟连生 2005(5)
信息供给问题的技术经济效果综合评价 蔡建峰,武立新 2005(5)
信息资源配置及其效度研究 裴成发 2005(5)
论数字馆藏管理政策 索传军 2005(5)
互联网上灰色信息的挖掘与利用 相丽玲,曹平 2005(6)
“文献资源共享”理念的科学解读 王宗义 2005(6)
网络信息资源内容评价关键指标研究 袁毅 2005(6)
论大湘西区域文献信息资源共建共享 谷遇春 2006(1)
机构库建设的若干问题研究 郭少友 2006(1)

点击流信息资源研究 易明,邓卫华 2006(2)

网络信息资源整合的战略分析 邓胜利 2006(2)

网络开放存取的学术资源及其获取策略研究 王云娣 2006(2)

电子政务动态信息采集模型的研究 王红霞,苏新宁 2006(3)

读者阅读需求与公共图书馆馆藏建设
——以湖北省图书馆的读者调查为例 桂胜,田北海 2006(3)

信息资源的异构整合及其对平台建设的要求 胡昌平,汪会玲 2006(3)

图书馆联盟的社会网络资源配置 高凡,徐引篪 2006(3)

我国全文期刊库建设存在的主要问题和改进措施 何华连 2006(3)

我国互联网络信息资源数量分布统计研究 刘辉 2006(3)

论政府信息资源生命周期管理 朱晓峰 2006(3)

图书馆图书采购模型的探讨与应用 王卫,靖培栋 2006(4)

基于共建共享的文献信息资源建设理论构建 金胜勇,于淼 2006(4)

美国信息资源共享市场的发展及启示 陈能华,周永红,陈书华 2006(5)

开放存取期刊的经济机制 傅蓉 2006(5)

信息资源建设:概念、内容与体系 肖希明 2006(5)

动态竞争情报及其采集基础 张玉峰,部先永,晏创业 2006(6)

谈地方文献的开发与利用 贾立菲 2006(6)

中文网络学术数据库数据质量分析 陈万寅,金明华,邹小筑 2007(1)

图书馆信息营销与信息资源开发研究 刘昆雄,李慧玲,彭备芳 2007(2)

国家科技图书文献中心预订
外文科技文献资源分析与评价 沈玉兰,潘淑春,马亚敏 2007(3)

信息资源共享及其社会协调机制研究 文庭孝,陈能华 2007(3)

关于政府信息工厂的若干思考 李晓翔,谢阳群 2007(3)

电子文档长期存取的跨媒体开放文件格式 宛玲 2007(3)

机构知识库建设相关政策研究 王学勤 2007(3)

数据库版权问题的困惑与出路 汤曼 2007(4)

图书馆信息资源开发与营销的7S战略 陆浩东,刘昆雄 2007(5)

数字馆藏质量管理系统研究 索传军,赵梅亭 2007(5)
基于Web结构挖掘的网络动态
  竞争情报采集研究 张玉峰,吴金红,王翠波 2007(6)
开放存取期刊的分布及获取策略研究 陈传夫,王云娣 2007(6)
图书馆信息集群研究 叶宏伟,金中仁,陈振宇 2008(1)
我国数字图像信息资源应用现状及分析 朱学芳,袁顺波,徐强 2008(1)
江苏高校图书馆信息资源建设现状分析与思考
 金明华,陈万寅,邹小筑 2008(1)
机构典藏资源的分布及获取策略研究 陈传夫,王云娣 2008(1)
把好高校图书馆招标采购工作八大关 洪涛 2008(1)
基于流程挖掘的企业竞争情报采集研究 张玉峰,王翠波,吴金红 2008(2)
基于系统图法的数字馆藏质量管理研究 索传军,陈良金 2008(2)
馆藏期刊信息资源的配置 何华连 2008(2)
基于知识流动视角的企业反竞争情报体系建设 张翠英,杨之霞 2008(3)
以数字资源为核心的信息资源建设 索传军 2008(3)
信息资源开发与利用的十个热点问题 吴慰慈 2008(3)
我国博硕士学位论文资源共建共享机制构建 张学福 2008(3)
利用开放存取资源提升馆藏质量 黄如花 2008(5)
图书馆联盟知识转移与共享文化的值观体系 周九常,白清礼 2008(6)
开放式馆藏资源整合层次分析和体系设计 肖希明,李卓卓 2008(6)
网络信息资源保存发展现状及趋势分析 向菁,吴振新 2009(2)
Elsevier收录期刊可开放存取情况的调查与分析 黄如花,张静 2009(3)
基于DAISY的数字有声读物资源建设与传递 齐向华 2009(3)
论电子资源与纸本资源的协调发展 李咏梅,袁学良 2009(4)
我国图书馆信息资源建设政策需求的调查与分析 肖希明,张新鹤 2009(4)
电子资源与纸质资源的经费对比:
  美国和加拿大图书馆实例 程丽,叶鹰 2009(5)
信息资源质量评估研究 查先进,陈明红 2010(2)

我国公共图书馆文献资源建设
法律需求的调查分析与研究
肖希明,张勇,顾犇,许建业,王惠君,陈瑛 2010(3)

网络信息资源评价研究综述 张洋,张磊 2010(5)

基于不同模型的信息资源共享系统绩效管理策略 肖希明,戴艳清 2010(6)

《数字图书馆资源建设指南》解读 申晓娟,周晨,韩超 2011(1)

国家科技图书文献中心资源建设与服务发展分析 曾建勋,邓胜利 2011(2)

读者决策的图书馆藏书采购
——藏书建设 2.0 版 张甲,胡小菁 2011(2)

PDA
——读者决策采购 胡小菁 2011(2)

国外图书馆资源采集与长期保存利用中隐私权问题研究 刘可静 2011(2)

我国图书馆信息资源共享机制现状调查与分析 张新鹤,肖希明 2011(3)

少数民族文献资源建设研究 张次第 2011(5)

出版物呈缴制度与中国国家图书馆国家总书库建设
霍瑞娟,郭万里 2011(6)

公共图书馆服务体系中文献资源建设探讨 肖希明,张新兴 2011(6)

PDA(Patron Driven Acquisitions)辨析 卞丽芳,袁润,王正兴 2012(5)

用户生成内容(UGC)概念解析及研究进展 赵宇翔,范哲,朱庆华 2012(5)

新版 COUNTER 的特征及未来发展 李洪 2012(6)

信息组织

对于列宁的"马克思主义参考书目"的初步研究　朱天俊 1957(1)

关于大型图书馆的图书编目工作组织　刘国钧 1957(1)

半重叠式制卡法的研究及其应用(附:两种简便快速印卡法)　孙士云 1957(1)

评"全国主要报刊资料索引"　吕绍虞 1957(2)

省地方文献的组织　罗焕文 1957(2)

标题目录与科学研究　毛坤 1957(2)

编制图书分类法的几个基本问题　皮高品 1957(2)

我们是怎样编制"武汉地区期刊联合目录"的　樸斋 1957(2)

关于马克思列宁主义经典著作在分类法中集中归为一类的意见　史永元 1957(2)

在中外文书籍的统一分类工作中应用托罗帕甫斯基分类法的经验　威理 1957(2)

论编制图书分类法的基本原则　张德芳 1957(2)

怎样编制报刊资料索引来为科学研究服务　上海市报刊图书馆第一资料组 1957(2)

科技图书分类问题　杜定友 1957(3)

中国人民大学图书分类法第三版介绍　冯虚生 1957(3)

我国图书编目问题的研究　金敏甫 1957(3)

中小型图书馆图书分类表草案编制经过　李兴辉 1957(3)

建国以来我国图书馆推荐目录工作的评述 廖廷唐 1957(3)

关于处理多语文图书的意见 刘国钧 1957(3)

介绍几种图书目录 锐 1957(3)

全国书目索引简报 冯秉文 1957(4,5)

介绍“辽宁省图书馆馆藏古籍分类目录”(第一辑—文学类) 何厥祥 1957(4,5)

对油印备用卡办法的商榷 贺璋 1957(4,5)

图书登录工作不宜在编目过程中进行 黄彝仲 1957(4,5)

上海市报刊图书馆着手整理旧期刊资料索引卡片 毛云路 1957(4,5)

关于多卷书和丛书著录的意见 邵铭 1957(4,5)

专题索引编制法 沈恩泽 1957(4,5)

关于多卷书及丛书的编目问题 佟贵功 1957(4,5)

编订“中国著者拼音排列表”的计划 汪家熔 1957(4,5)

市图书馆如何以书目资料为技术研究服务——对市图书馆从事书目建设的几点意见 杨守信 1957(4,5)

在图书馆工作中应用统一书号的初步意见 曾梦阳 1957(4,5)

论目录著录 张德芳 1957(4,5)

杜威十进分类法第十六版编订情况 张遵俭 1957(4,5)

编制杂志资料索引的一点体会 周裕龙 1957(4,5)

编印联合目录的一些体会 程仲琦,黄贤瑞 1957(6)

个别登录法的比较 刘启柏,芜枝 1957(6)

我们是怎样编制“南京三大系统图书馆外文科技期刊联合目录”的 熊和,竺陔南 1957(6)

编制联合目录的几个基本问题 邓衍林 1957(6)

采购卡片目录的作用以及一种综合性内部工作用目录的方案 丁珂 1957(6)

试论联合目录 毛坤 1957(6)

苏联的几种联合目录简介 钱亚新 1957(6)

略论"英国期刊联合目录" 锐 1957(6)

全国图书联合目录编辑组已开始展开工作 1957(6)

评"对'人大图书分类法评介'一文的商榷" 皮高品 1958(1)

如何以"中小型图书馆图书分类表草案"的理论来指导分类 佟贵功 1958(1)

多语文图书处理办法的我见 汪家熔 1958(1)

"中小型图书馆图书分类表草案"基本大类讨论经过 韦莫 1958(1)

苏联统一图书分类法争论情况简述 武宁生 1958(1)

对"中小型图书馆图书分类表草案"的初步探讨 徐恭时 1958(1)

对中国人民大学图书馆图书分类法评介的再商榷 叶之仪 1958(1)

从一些统计数字来看八年来的书目索引工作 李钟履 1958(3)

创造更好的办法彻底冲破十进类码所给予类目的束缚! 谭家琛,卢殿岳 1958(4)

我对于编制主题目录的意见 程长源 1958(4)

要不要编制主题目录? 光则 1958(4)

书型种次排架法的研究 金敏甫 1958(4)

谈谈专业图书馆的主题目录 黎盛荣 1958(4)

上海市人民图书馆编目工作上的革新
——新书编目一天出书简介 林嘉桢 1958(4)

同类图书排列的若干问题 汪家熔 1958(4)

关于专业图书馆目录体系的初步研究 武宁生 1958(4)

多联印片法 郭玉麟 1958(5)

南京图书馆是怎样编制书刊评介资料索引的 静明 1958(5)

辽宁省图书馆书目工作专业座谈会的收获和体会 辽宁省图书馆 1958(5)

书目工作的新面貌
——旅大市图书馆书目工作专题总结 旅大市图书馆 1958(5)

批判"中国图书分类法"的几个问题 北京大学图书馆学系1956年级"中国图书分类法"批判小组 1958(6)

评介鞍钢技术图书馆编制的三种专题资料索引 惠元正 1958(6)

发动群众开展书目编制工作 李钟履 1958(6)

苏联关于图书分类法的重要决议 苏大悔 1958(6)

对刘国钧编"中国图书分类法"批判的开端 徐恭时 1958(6)

北京图书馆举办群众书目工作现场座谈会 仲侣 1958(6)

北京图书馆对刘编"中国图书分类法"的批判 北京图书馆 1959(3)

对"中国十进分类法"的批判
——从皮高品先生对"人大图书分类法"的评介谈起 孟广儒 1959(4)

关于苏联最近召开的书目工作会议的报导 彭斐章 1959(5)

对于皮高品编"中国十进分类法"的初步批判
武汉大学图书馆系三年级"中国十进分类法"批判小组 1959(5)

宗教在大类中的位置问题 成素梅,陈宪章,廖延唐 1959(7)

关于混合分类号的一些意见 廖延唐,卢景云 1959(7)

在图书分类表的序列中宗教应列入社会科学 陈霖生 1959(7)

图书分类表五分法中社会科学在自然科学之前的看法 蒋一前 1959(7)

南京地区图书馆中文图书集中编目工作初步总结 南京图书馆 1959(7)

关于图书类号采用数字制的意见 史永元 1959(7)

论大型图书馆图书分类法的基本序列
自然科学应列于社会科学之前 袁涌进 1959(7)

大跃进以来我们的编目工作 北京外国语学院图书馆编目组 1959(8)

对于大型分类法所采取的标记符号的意见 温福安 1959(9)

对于自然科学和社会科学在图书分类法
基本序列中先后问题的商榷 武宁生 1959(9)

十年来书目工作的发展
北京大学图书馆学系"书目工作"研究小组 1959(10)

我馆的书目工作 南京图书馆 1959(10)

联合目录工作的成就及其展望 邓衍林 1959(11)

图书统一分编工作情况介绍 1959(11)

我国图书分类法发展的情况 刘国钧,史永元 1959(12)

评"图书馆学书籍联合目录" 谭家琛,潘桂芬 1960(1)

提高新书分编效率的初步经验　鞍山钢铁公司技术图书馆 1960(1)

编制辽宁地区外文明期刊联合目录工作总结
辽宁地区中心图书馆委员会外文期刊联合目录编辑小组 1960(1)

干(敢)想干(敢)说,为图书类号革新献计　谭家琛,潘桂芬 1960(2)

怎样掌握剪报资料的分类方法　杜文思 1960(2)

苏联省图书馆书目工作的组织　彭斐章 1960(2)

对于汉语拼音著者号码表两种编制方法的商榷　Wei Li 1960(3)

汉语拼音著者号码表座谈会纪要　北京图书馆科学方法研究部 1960(3)

我对汉语拼音著者号码表的意见　高敏学 1960(3)

略论汉语拼音著者号码表　桥梁 1960(3)

查号法汉语拼音著者号码表是今后的方向　汪家熔 1960(3)

配合学习毛泽东思想运动的书目索引工作　于声 1960(3)

馆藏汉语拼音著者号码表简目　1960(3)

科学图书馆的目录体系　顾家杰 1961(1)

论图书和期刊的划分　中国科学院图书馆 1961(1)

图书馆目录体系问题的探讨　刘国钧 1961(2)

略论西文政府、机关、团体出版物的著录方法　阎立中 1961(2)

图书馆目录体系中的几个现实问题　方春耕,何善祥 1961(3)

西文“科技报告”的著录和目录组织　阎立中,仲维捷 1961(3)

介绍几种全苏出版物登记局的现行书目索引　鲍振西 1961(4)

取消图书分类法中的传记类　刘国钧 1961(4)

图书分类法的路向　杜定友 1962(2)

也谈传记图书分类
——与刘国钧先生商榷　白国应 1962(3)

略谈编制图书分类法的几个问题
——从科学分类与图书分类谈起　陈霖生 1962(3)

“字音制”纯数字汉语拼音著者号码法(表)初探　朽予 1962(3)

谈谈地图的整理工作　冯宝琳 1962(4)

试验主题目录 金敏甫 1962(4)

茅盾二十七篇童话编目 瞿光熙 1962(4)

分类、标题和目录 刘国钧 1962(4)

“字音制”纯数字汉语拼音著者号码法(表)初探(续完) 朽予 1962(4)

建立上海图书馆藏书目录体系的探讨 李芳馥 1963(1)

三种常用的国外农业文献目录的比较 文兵 1963(2)

试论高等学校图书馆编制主题目录的几个问题 黄万新 1963(3)

什么是关键词索引? 马龙璧 1963(3)

如何著录我国的《部颁标准》? 佟贵功 1963(3)

灵活运用著者号,提高分编质量 蒋完奎 1963(4)

我馆书刊资料目录推荐报道工作 西北农学院图书馆 1963(4)

目录的本质问题
——答孟昭晋同志 王煦华 1964(1)

几种检索非洲和拉丁美洲国家报刊的目录 孟彰 1964(2)

中文书刊划分标准浅见 熊明经 1964(2)

我国联合目录事业的发展 全国图书联合目录编辑组 1964(3)

五年来我国图书馆书目工作的回顾 郑如斯 1964(3)

关于编制汉语拼音著者号码表的一些意见 谭家琛 1964(4)

谈谈书后索引 叶法先 1964(4)

英国的联机检索与编目系统——BLAISE 陈光祚 1979(1)

关于《中国图书馆图书分类法》的评价问题 宋克强 1979(1)

图书馆图书目录的过去、现在和未来 汪长炳 1979(1)

全国善本总目在积极编制中 薛殿玺 1979(1)

利用 MARC Ⅱ 机读目录系统建立书目数据库
共享情报图书资源的探讨 朱南 1979(1)

从《全国报刊索引》分类表的修订谈图书
和资料分类法“三性”的辩证关系 黄恩祝,李光达 1979(2)

暂将总理遗愿化宏图
——全国古籍善本总目编纂工作进入总编阶段 谭祥金 1980(1)
马列主义外文书目初探 杨威理 1980(1)
编书偶得 朱慧竟 1980(1)
省市图书馆应重视主题目录的编制 曹汉新 1980(2)
中文期刊目录标准化的几个问题 江乃武 1980(2)
分类员三数语 吴人珊 1980(2)
象书名那样把著者加注汉语拼音 夏镇 1980(2)
关于制订目录著录标准的几个问题 阎立中 1980(2)
马列主义外文书目初探(续完) 杨威理 1980(2)
全国联合目录工作会议纪要 1980(2)
编目工作的发展和目录著录的标准化 阎立中 1980(3)
一个分编人员的思虑 蔡捷 1980(4)
全国文献目录著录标准化讨论会综述 徐文绪 1980(4)
实行目录分类号与排架分类号相区别以解决改号问题 黄景行 1981(2)
中国图书分类法的发展
——附现在中国图书馆图书分类法情况简述 刘国钧 1981(2)
谈谈近年来我国的索引工作 潘树广 1981(2)
略谈《中文普通图书统一著录条例》 荣文璜 1981(2)
评《科图法》社科部分修订版
——兼论我国图书分类法编制工作中的几个问题 许培基 1981(2)
关于书刊划分的一点理性认识 张炎烈 1981(2)
东北地方文献联合目录编辑工作在进行中 赵爱明 1981(2)
基础文摘工作的现代趋势
——在版文摘种种 姜继 1981(3)
书目索引是情报传递的重要手段 鞍钢技术图书馆 1982(1)
书刊划界问题讨论评述 江乃武 1982(1)
谈谈再版《中文图书著录条例》 吴式超 1982(1)
索引的现状和课题 郑有志 1982(1)

试评《中国科学院图书馆中日文图书著录条例》(试用本) 蔡公天,李耀彬 1983(1)

《中国图书分类法》中反封建思想的探讨 李严 1983(2)

全国文献编目标准化的新步骤
——记全国文献工作标准化技委会
第六分会福州扩大会议 林德海 1983(2)

谈谈对图书馆目录工作改革的看法 刘晓迪 1983(2)

AACR2 用于期刊著录中的一些问题 吴龙涛 1983(2)

俄罗斯目录学 乔好勤,彭斐章 1983(3)

订户的呼声　我们的建议
——应尽快解决书片脱节问题 阎莉,张金题 1983(3)

《中国图书资料分类法》图书馆学类系统表初析 徐人英 1983(3)

中华人民共和国国家标准 GB 3792.1－83
——文献著录总则 1983(4)

我国文献著录标准述略 黄俊贵 1984(1)

关于实施我国《文献著录总则》的几个问题答读者 1984(2)

关于实施我国《文献著录总则》的几个问题答读者(二) 1984(4)

建国以来我国图书馆分类法不断改进的几个问题 李兴辉 1985(1)

论国际专利分类法的标记制度 王崇德 1985(2)

主题法词间关系与分类法类目间关系之异同 程桂瑛,张建刚 1985(3)

试论综合性科学类在《中图法》中的三大问题 钱亚新 1985(4)

西文图书著录标准化的初步尝试 陈兆山,王绍平 1986(1)

在卡片式目录中如何处理新旧款目的矛盾 韩荣宇 1986(1)

“著者”与“责任者”初析 黄俊贵 1986(1)

《西文文献著录条例》简要介绍 刘光玮 1986(1)

关于“汉语拼音书名字顺目录导片”的几点意见和建议 刘湘蓉 1986(1)

《西文文献著录条例》的出版和西文编目工作的展望 阎立中 1986(1)

“附加著录”须明确保留 叶树声 1986(1)

浅谈《西文文献著录条例》中有关参照片的编制 韩坤范 1986(2)

《西文文献著录条例》中的非书资料著录问题　林明 1986(2)

《西文文献著录条例》第 4.1 个人著者标目
　及 4.3 地理名称两章简介及有关问题　苗惠生 1986(2)

中国国家书目计划及其进展　黄俊贵 1986(3)

"随书配片"制进行调整　庆 1986(3)

目录和目录学的美
　——"信、达、雅"　田永兴 1986(3)

什么是图书分类学的研究对象　1986(3)

试说索引的类型　毕于洁 1986(4)

地方志著录琐谈　陈杏珍 1986(4)

中国古籍分类问题　崔建英 1987(1)

给中文图书书次号所联想的　李彩凤 1987(1)

文献标引规则的通用性与特殊性　陶钰 1987(1)

西文编目
　——名称规范文件系统的建立　王怀毅 1987(1)

关于主题词组配中的几个问题
　——与刘湘生先生商榷　程桂瑛 1987(2)

编制《著者目录标准文档》中联想到的　钟开杰 1987(2)

文献著录国家标准中的"非标准化"问题　杨沛超 1987(3)

目录控制与目录控制论　高家望 1988(1)

索引系统结构的三个重要规律　黄恩祝 1988(1)

编目工作、编目学、编目员向何处去　孙豪展 1988(1)

亟须编制期刊主题目录　王庆毅 1988(1)

浅议目录学·索引学的发展趋向　王宗义 1988(1)

中文标题自动抽词的递归校正法　王维 1988(2)

图书文献主题组配一般规律　尹春生 1988(2)

西文会议录编目规则商榷　张蕴珊 1988(2)

柳别茨基与国际编目原则会议和著录理论建设　1988(2)

古籍中的增修本和著录审校　崔建英 1988(3)

西文文献标目选取图例　丘东江，刘佩琳 1988(4)

主题领域与杜威十进分类法编制技术　迪亚尼，吴声亮 1988(4)

我国近十年目录学研究的回顾与思考　乔好勤 1988(4)

略谈当代文献著录条例(规则)的评价标准问题　严一桥 1988(4)

八十年英美编目规则的变迁　张蕴珊 1988(4)

叙词表传统模式的突破
——《教育分面叙词表》的编制理论与技术　戴维民，侯汉清 1989(2)

我国图书馆在版编目计划有新进展　刘讯 1989(2)

论集部典籍的非主题性　罗琳 1989(2)

国外对分类法在机检中应用的研究　谢汉斌 1989(2)

澳大利亚书目网络简介　何洋 1989(3)

图书分类法的修订周期及其相关问题　胡建林 1989(3)

书目控制简说　黄俊贵 1989(3)

略论 UDC 辅助符号对《中图法》修订的启示　张承华 1989(3)

建立编目工作评估体系　丁大可，朱玲妹 1989(4)

《文献主题标引规则》中的“主题”与“主题类型”质疑　曹树金 1990(2)

我国书目情报的发展前景　路林 1990(3)

书目控制的层次与中介物　秦宜敏 1990(3)

文献标题的虚虞现象　赵春旻 1991(1)

我国开始发行国家书目机读版　1991(1)

论图书馆期刊情报的深层开发　林平忠，顾德伟，王志平 1991(4)

英美 CIP 的比较和利用　何建新，胡方方 1991(4)

《中图法》中数字“0”的使用问题　安鸿书 1991(4)

中文图书机读目录主题标引采用后控规范的设想　陈源蒸 1991(4)

同类书排列标准化问题　李严 1991(4)

全国《中图法》(第三版)使用经验交流会纪要　1991(4)

第 5 届国际分类法研究会纪实　曾蕾 1992(1)

我国中文同类书排列书次号研究述评 侯有德,张宇宏,赵怀生 1992(2)

《中国图书资料分类法》组配方法在铁道图书馆中的应用 李国成 1992(2)

论联机环境对规范控制的影响 王知津 1992(2)

联机公共检索目录系统的发展 谢新洲 1992(2)

美国中文文献书目控制自动化述评 曾蕾 1992(2)

书目控制的含义及实用性研究 王岩 1992(4)

目录学研究中若干问题的思考 朱天俊 1992(4)

关于书次号几个问题的认识 茅振芳 1993(1)

《中图法》今后的修订策略及应注重的问题 宋安利 1993(1)

分类学的思维科学方法论 张钦恩 1993(1)

国际书目控制研究的新进展
——1988~1991 年专题文献分析报告 罗兴辉 1993(2)

《中图法》第三版问题研究综述 张峰 1993(3)

规范控制在联机目录中的数据字典功能 王知津 1993(4)

美国《国会图书馆标题表》的最新版本 赵延峰 1993(4)

主要款目比较之研究
——兼论东西方不同文化之影响 陈曙 1994(1)

国外机编索引发展概述 戴维民 1994(1)

北京图书馆的方志书目工作 刘刚 1994(1)

我国推荐书目工作的现状、问题和对策 初昌雄 1994(2)

海峡两岸文献著录规则比较 夏勇,左四臧 1994(3)

论目录学理论体系 肖希明 1994(3)

对分类主题一体化讨论中几个基本问题的认识 尚克聪 1994(4)

马克编目的质量保障:计算机辅助编目在 ZNK 系统的实现
黄益券 1994(5)

论 MARC 及其革命 黄俊贵,莫少强 1994(6)

现代编目方法与中文善本特点相结合
——《RLG 中文善本书编目规则》介绍 曹淑文 1994(6)

后控词表的编制方法 陆长旭 1994(6)

走向21世纪的中国文献分类学 白国应 1995(3)

15年来我国索引编制出版状况和发展构想 曲静涛 1995(3)

文献资源共享和机读目录数据库建设 吴开华 1995(4)

书目控制论的思辨:从世界到中国 黄俊贵 1995(5)

《中国分类主题词表》的结构及功能评介 张强 1995(5)

《中国分类主题词表》一体化标引方法研究 贺定安 1995(6)

回首图书分编研究90载 文榕生 1995(6)

关于正确使用《世界各国和地区名称代码》第三版国家标准的几个问题 朱南 1995(6)

甘肃省图书馆的西北地方文献及书目体系建设 易雪梅 1996(1)

书后索引在我国的编制现状及问题探究 曲静涛 1996(2)

《中图法》与《国会法》关于图书馆学类目体系的比较 杨岭雪 1996(2)

再议著者号的功能 李严,陈广文 1996(4)

走向21世纪的联合编目 罗军 1996(5)

略论《杜威十进分类法》120年来的发展 曾锡年 1996(5)

上海图书馆在书目工作中的贡献 张贤俭 1996(5)

汉语叙词责轮排索引编制技术论析 戴维民 1996(6)

在全国分类法、叙词表发展学术研讨与成果展示会上的总结发言(摘要) 刘湘生 1996(6)

发挥国家馆的作用积极开展分类法、主题法研制工作
——在全国分类法、叙词表发展学术研讨与成果展示会上的讲话 任继愈 1996(6)

建立回溯书目数据库方案的分析和探讨 钱红,夏勇 1997(1)

略谈我国大型书目数据中心的建设 刘刚 1997(1)

《中国文献编目规则》编撰阐要 罗健雄 1997(1)

论古籍书目数据库规范化 秦淑贞 1997(1)

关于《中国文献编目规则》的问答 黄俊贵 1997(2)

主要款目与机读目录 王绍平 1997(3)

三种一体化词表比较研究 袁相琴 1997(3)

《中图法》类分外国文献诸问题 张列军 1997(3)

1950～1995年我国连续出版物编目进展研究 江乃武 1997(5)

《通用汉语著者号码表》自动配号系统评介 李法运 1997(5)

全国报刊联机合作编目的宏观思考 叶继元 1997(5)

机读目录中丛书、多卷书、连续出版物的著录 张岩 1997(5)

文献分类由被动走向理智
——类目控制论 文榕生 1997(6)

中国图书在版编目主题标引探讨 陆宗城，张桂凤 1998(1)

USMARC 社区信息格式
——图书馆自动化信息服务的新发展 刘苏雅 1998(1)

科技体系的变迁与图书分类法的发展路向 陆近春 1998(1)

书目数据的自动校验 朱岩 1998(1)

论电子图书馆的智能编目专家系统 李晓红，索传军 1998(2)

谈机读目录的主题标引 胡建平 1998(3)

中国集中编目之回顾与展望 文葭 1998(3)

论“中国图书情报学书目数据库”的设计与实现 陈光祚 1998(4)

在机编和机检中对“组配编号”和“多重列类”的再认识 陈树年 1998(4)

知识组织的研究范围及发展策略 王知津 1998(4)

关于《中图法》中邓小平理论的立类研究 俞君立，贺定安 1999(1)

论文献增长与文献接受
———兼论文献整理与知识组织的必要性 王心裁 1999(1)

《中国图书馆分类法》第4版述要
陈树年，卜书庆，汪东波，张涵，刘湘生 1999(4)

关于整合我国书目信息的几点看法 黄凯卿，赵琴 1999(5)

机读数据中主题标引若干歧义问题探讨 韩敏 1999(6)

数字图书馆的信息组织 林海青 2000(1)

谈通用环境复分表的编制 刘俊,侯汉清 2000(2)

软件资源的组织方法研究 张玉峰,文燕平 2000(2)

The Scout Report Signpost 因特网编目分析研究 潘燕桃 2000(2)

论书次号 吴昌合 2000(2)

对采用汉译著者惯称作为统一标目的不同意见 邵小鸥 2000(3)

音像资料的 MARC 格式研究 苏新宁 2000(3)

论我国现代目录学研究中的科学观念问题
徐跃权,杨沛超,徐兆英,孔庆杰 2000(4)

数字化图书馆的元数据体系 林海青 2000(4)

关于古籍联合目录数据库的构建 李致忠 2000(5)

《中国分类主题词表》修订的整体构想 卜书庆,陈树年 2000(6)

Metadata 与网络信息资源的书目控制 沈芸芸 2000(6)

古今图书分类语言兼容与互换问题探讨 朱赛虹 2000(6)

二论网络环境下的书目信息整合问题 黄凯卿,赵琴 2001(1)

20 世纪 90 年代的目录学研究综述 陈铭,郑建明 2001(1)

信息系统构件的标引问题研究 陈远 2001(1)

机读目录中体现的逻辑性原理 文榕生 2001(1)

电子出版物 CNMARC 著录数据的实际应用 严彬 2001(1)

主要款目的存废之争 赵慧勤 2001(1)

《中图法》电子版的原理、结构及应用 卜书庆,宋安莉 2001(4)

数字图书馆与中文图书内容分析著录 陈源蒸 2001(4)

网络书业书目初探 陈铭 2001(5)

元数据:理念与应用 刘嘉 2001(5)

基于 CNMARC 数据的综合馆藏自动化系统 严彬,阚德涛 2001(6)

矛盾重重的元数据世界 真溱 2001(6)

图书馆编目工作原理 朱同同 2001(6)

国内外信息组织研究述评 黄如花 2002(1)

全国中文机读书目主题标引格式问题分析 朱芊 2002(1)

谈中文地图主题标引 苏品红 2002(2)

20世纪上半叶中国文献分类法理论与实践的发展及其历史经验 俞君立 2002(2)

我国少数民族文字文献的书目控制 包和平,王学艳 2002(3)

谈网络信息资源的编目 徐彦玲,朱慧 2002(3)

数字资源整合研究 马文峰 2002(4)

20世纪俄国目录学发展的特点与中国目录学现实思考 王锦贵 2002(4)

我国关于知识组织的研究述评 杜也力 2002(5)

网络环境下的知识组织研究 李秀云 2002(5)

DDC、LCC、UDC网络版评析 曹树金,颜丽君,汪东波 2002(6)

超媒体数据库技术与档案信息组织 王心裁,吕元智 2003(1)

英美目录学的源流与发展 王京山 2003(1)

当前数字图书馆信息组织中存在的问题 王心裁,吕元智 2003(2)

书目记录等级与核心记录标准的发展 胡小菁 2003(2)

数字图书馆给编目工作带来的变化 张岩 2003(2)

主题标引过程的符号语言学分析——作为无限指号过程的主题标引过程 王知津,黄欣 2003(3)

论我国Web版分类法的研制开发 贺定安 2003(3)

元数据标准的演变 曾蕾,张甲,张晓林 2003(4)

网络信息组织的发展趋势 黄如花 2003(4)

关于网络信息分类组织研究中的几个问题 刘延章 2003(5)

网络信息资源组织方式研究 韩芸 2003(6)

两种CNMARC的XML DTD信息描述机制的研究与比较 王兰成,冯文杰 2004(1)

叙词表与本体的区别与联系 李景,钱平 2004(1)

网络信息组织的模式 黄如花 2004(1)

面向语义网的本体表示 刘柏嵩 2004(2)

基于分类法和主题词表的数字图书馆知识组织 王军 2004(3)

面向知识创新的信息组织　张红 2004(3)

知识组织概念模型及相关问题　王知津，张国华 2004(4)

关于《中图法》著作权侵权纠纷案的思考　卜书庆 2004(4)

CNMARC 存在的问题与 ECIP 计划的实施　张丽娟 2004(4)

论创建我国统一的网络信息分类法　陆宝益 2004(6)

从 FRBR 看编目条例及机读目录格式的变革路向　王松林 2004(6)

中文图书自动编目的实现　陈源蒸 2005(1)

元数据在教育资源发现中的应用　虞惠达，朱庆华 2005(2)

网络资源的著录单元探讨　萧德洪 2005(2)

主题门户理论研究　过仕明，王丽伟 2005(4)

网络信息分类体系：立体结构论　鞠英杰 2005(4)

用于中文信息自动分类的《中图法》知识库的构建　侯汉清，薛春香 2005(5)

当代中国目录学的新发展　付先华 2005(5)

关于文献分类学研究对象问题的思考　吴昌合 2005(6)

电子文件管理元数据中时间元素的语义结构研究　张正强 2006(1)

基于 Ontology 的中文问答系统问题分类研究
张亮，黄河燕，胡春玲 2006(2)

基于 XML 电子文件管理元数据主题元素的标引研究　张正强 2006(2)

基于语义网的信息组织与智能导航研究
王翠波，张玉峰，艾丹祥，金燕 2006(3)

基于 Ontology 的内容分析法
——内容分析系统架构与运行机理研究　王曰芬，颜端武，邱均平 2006(3)

中国文献编目规则的现状与发展趋势　段明莲 2006(3)

档案信息资源集成管理中的元数据问题及对策研究
金更达，何嘉荪 2006(4)

国际图联书目控制部和国际书目控制　顾犇 2006(4)

企业信息组织集成及其机制研究　黄杰，王伟军 2006(5)

从图书馆的角度看信息组织和知识组织　王松林 2006(5)

关于《中图法》第四版类名规范化研究 曾德良 2006(5)

中文图书自动标引与分类加权设计研究 顾燕萍,侯汉清,王晓红 2006(6)

论中国个人名称标目的区分问题 曹宁,仲岩 2006(6)

论中文信息动态自动聚类的特点和方法体系 马张华 2006(6)

OCLC 术语服务研究:背景、进展与启示
司莉,徐丽晓,吴钢,陈红艳 2007(1)

《中国文献编目规则》与"原则声明"之比较
王松林,谢琴芳,王绍平,顾犇 2007(1)

政府信息资源元数据描述框架研究 吴鹏,强韶华,苏新宁 2007(1)

基于 KNN 的图像自动分类模型研究 余肖生,周宁,张芳芳 2007(1)

网络环境下的信息存取与目录学创新 彭斐章,邹瑾 2007(1)

汉语框架网络知识本体构建研究 贾君枝,陈幼华 2007(2)

关于知识组织体系的若干理论问题 马文峰,杜小勇 2007(2)

领域本体整合的问题及对策研究 张云秋,冷伏海 2007(3)

文献编目再论 文榕生 2007(3)

基于主题地图的电子政务信息资源组织研究
吕元智,王心裁,谭必勇 2007(4)

《汉语主题词表》转换为本体的思考 贾君枝 2007(4)

在《中图法》中增设循证医学类目的探讨 郑荣佩 2007(4)

基于语义关系的本体推理规则研究
——以国共合作领域本体库为例 徐国虎,许芳,董慧 2007(5)

中文文本知识元的构建及其现实意义
文庭孝,侯经川,龚蛟腾,刘晓英,汪全莉 2007(6)

音乐旋律表示及匹配方法浅议 韩圣龙 2007(6)

基于描述逻辑的本体检错推理研究
——以国共合作领域本体为例 徐国虎,许芳,董慧 2008(1)

网络环境信息标引的测评与比较研究 刘竟,朱书梅,侯汉清 2008(1)

网络知识组织系统的研究现状和发展趋势 王军,张丽 2008(1)

简单知识组织系统与汉语主题词表 贾君枝 2008(1)

国外知识组织技术研究的现状、实践与热点 王兰成,敖毅,曾琼 2008(2)

图书馆网络专题知识组织与个性化服务系统的开发研究
谈春梅,沈固朝 2008(2)

信息组织
——深化与拓展并行 马张华 2008(2)

电子政务主题词表自动构建研究 仲云云,侯汉清,杜慧平 2008(3)

数字时代的信息与知识组织研究 柯平 2008(3)

文献编目规则兼容化探索 高红 2008(4)

电子文件管理元数据词类结构及词类结构体系研究 张茜 2008(4)

叙词表互操作技术研究
——教育集成词库的试验 刘华梅,侯汉清 2008(5)

基于条件随机场的自动标引模型研究 章成志,苏新宁 2008(5)

电子文件管理元数据宏观结构研究 张弛 2008(5)

用传统分类法、叙词表编制机构 Taxonomy 的实证研究
王忠红,Abdus Sattar Chaudhry,Khoo Christopher 2008(6)

电子文件管理元数据元素语义的结构化探索 孙丰满 2009(1)

马克思主义在中外图书分类法中的列类研究:演变和进展
侯汉清,黄建年 2009(2)

综合科技信息组织的理念与实现方法研究 宋文,孙坦 2009(2)

《中图法》可视化研究 靖培栋 2009(2)

论电子文件管理元数据顶层框架设计的标准化 张正强 2009(2)

CSSCI 本体概念模型的构建和描述 王昊,苏新宁 2009(3)

基于领域本体的数字图书馆信息过滤模型研究 易明,王学东 2009(3)

革故鼎新　继往开来
——《中国图书分类法》在台湾的承传与创新 黄建年 2009(3)

改革开放 30 年来目录学实践的回顾与思考 彭斐章,陈红艳 2009(4)

论信息共享空间的资源组织策略 郝群,成俊颖 2009(4)

图书馆实体信息资源组织的两大发展路径 王松林 2009(4)

《中国分类主题词表》的SKOS描述自动转换研究
刘丽斌,张寿华,濮德敏,任瑞娟,米佳 2009(6)

基于《中图法》的多层自动分类影响因素分析 何琳,刘竟,侯汉清 2009(6)

面向数字环境的《中图法》通用复分表修订思考 薛春香,侯汉清 2009(6)

社会化标注理论研究综述 魏建良,朱庆华 2009(6)

新网络环境下用户信息获取方式对图书馆信息组织的影响 欧阳剑 2009(6)

拓片元数据标准比较研究 张靖 2010(1)

中文DOI路在何方
——从参考文献著录与DOI的关系
探讨中文数字对象唯一标识符的发展方向
任瑞娟,刘丽斌,濮德敏,米佳 2010(2)

电子政务信息资源语义互操作模型研究 吴鹏,高升,甘利人 2010(2)

MARC四十年的发展及其未来 胡小菁,李恺 2010(2)

中文叙词表本体的形式化表示与SKOS的比较研究
——以及对建立中文知识组织系统形式化
表示标准体系的建议 曾新红 2010(2)

基于受控词表互操作的集成词库构建研究 刘华梅,侯汉清 2010(3)

电子文件管理元数据描述方式研究 张正强 2010(3)

知识组织体系的演进路径及相关研究的发展趋势探析
滕广青,毕强 2010(5)

近年来国际知识组织规范的进展研究 卜书庆 2010(5)

分众分类法与受控词表的结合研究进展 贾君枝 2010(5)

基于机器学习的中文书目自动分类研究 王昊,严明,苏新宁 2010(6)

第76届国际图联大会编目相关论文评析 顾犇 2010(6)

海峡两岸分类法学术交流探究 黄建年 2010(6)

网络环境下《中图法》发展及第五版述要 卜书庆 2011(3)

基于简约知识组织系统的主题词表语义网络化研究
——以《中国档案主题词表》为例 段荣婷 2011(3)

网络环境下新型《汉语主题词表》的构建
曾建勋,常春,吴雯娜,宋培彦 2011(4)

《中图法》辅助分类系统的功能设计 张礼清，高原 2011(4)

知识单元研究述评 文庭孝，罗贤春，刘晓英，张蕊 2011(5)

图书馆科研数据管理与服务模式探讨 李晓辉 2011(5)

基于 SOA 架构的术语注册和服务系统设计与应用 欧石燕 2011(5)

联机编目环境下书目数据规范控制研究 易向军 2011(6)

RDA 与关联数据 刘炜，胡小菁，钱国富，张春景，夏翠娟 2012(1)

关联数据开放应用协议 张春景，刘炜，夏翠娟，赵亮 2012(1)

图书馆关联数据：机会与挑战 林海青，楼向英，夏翠娟 2012(1)

国外本体协调研究前沿进展及热点分析 滕广青，毕强 2012(1)

基于字角色标注的中文书目关键词标引研究
邓三鸿，王昊，秦嘉杭，苏新宁 2012(2)

关联数据映射语言：R2R 陶俊，孙坦，刘峥 2012(3)

中文知识组织系统形式化语义描述标准体系研究(一)
——扩展 SKOS 实现传统受控词表全描述 曾新红 2012(3)

网络环境下知识组织规范研究与设计 王军，卜书庆 2012(4)

DDC 与《中图法》组合类目映射探讨 贾君枝，郝倩倩 2012(4)

叙词表融合方法研究 吴雯娜，王星 2012(4)

内容和媒介类型：RDA 与 ISBD 对比分析 胡小菁 2012(4)

从一般资料标识到内容形式和媒介类型
——《ISBD 统一版》的新特点 王松林，顾犇 2012(5)

大型文献数字化项目元数据互操作调查与启示 宋琳琳，李海涛 2012(5)

网络资源的层次组织规律定量研究
陈翀，罗鹏程，刘晓兵，陆炀 2012(6)

基于自动标引的《中分类》改造及测评研究 何琳，何娟，阎素兰 2012(6)

RDA 与中国：图书编目的国际化 芭芭拉·B·蒂利特 2012(6)

信息检索

怎样查找科学技术文献　曾世荣 1962(4)

外文期刊名称是怎样缩写的？有什么工具书可以查考？　鲁文 1963(4)

充分发挥书目检索工具的作用　振西 1963(4)

目录的特征
——谈谈充分发挥书目检索工具的作用　张琪玉 1964(4)

提高情报检索服务水平的几个重要环节　张荃 1983(3)

要重视文献检索程序的最后一环:原文供应工作
刘满凡,黄宪,翁勇荣 1986(3)

情报检索语言中的分面分析理论与实践　叶千军 1986(4)

情报检索语言中的分面引用次序的研究　叶千军 1987(1)

目录咨询与辅导种种
——谈谈如何查找会议文献　张美仙,郭宝君 1988(2)

以机检“取代印刷型二次文献”不符合情报运动规律　王硕 1988(2)

中国情报检索语言建设四十年(1949～1989)　丘峰 1989(2)

我国情报检索的回顾与展望　纪昭民,陈源蒸 1989(3)

智能情报检索系统的理论与实践　邵建中 1989(3)

英国分类法研究小组对情报检索语言研究的贡献　张少宏,戴维民 1991(4)

中文科技文献主题法检索新探　1992(2)

图书情报检索软件用户接口的设计与实现　曹焕光,王秉荣 1992(3)

计算机情报检索用户培训研究　刘凤琴,靖继鹏,徐宝祥 1993(2)

我国主题检索语言的理论与实践(1949~1991)概述
翟凤岐,张芝兰 1993(2)

文献情报检索语言障碍浅析 朱震远 1993(3)

计算机分类检索 马张华 1994(2)

我国信息网络建设中的检索语言问题 洪漪 1995(3)

迈向21世纪的检索技术 张帆,娄策群 1995(4)

自然语言与人工语言对应转换
——情报检索语言走向自动化之路 张琪玉 1996(1)

国外情报检索语言理论与实践对我国的影响 朱丽 1996(1)

论主题检索系统中先组词的选择和使用 马张华 1997(2)

我国情报检索语言著作研究 孙勇,王秀玲 1997(5)

域分析与情报检索理论 王知津 1997(5)

情报检索系统:从布尔逻辑到向量空间 张进 1997(6)

机读目录的检索原理与功能 文榕生 1999(2)

论情报检索语言的自然语言化发展趋势 寇钧锋 1999(3)

美国联机目录中检索点的多余性和唯一性研究概述
——许红和兰开斯特的合作研究
刘静一,张云新,曹东,傅亮 2000(1)

联机公共检索目录研究中的数据收集方法评述 王知津,苏瑞竹 2000(2)

基于内容检索多媒体数据库的构建 蔡巍,刘玉照 2000(3)

中国情报检索语言50年研究论纲 戴维民 2000(3)

数码链接关键词机检表及其编制
——中文图书馆学情报学文献主题检索最优化研究 陆宗城 2001(2)

论数字图书馆基于内容的多媒体数据查询和检索技术 赵一丹 2001(3)

论现代信息技术条件下检索语言的应用及检索效率变化 严峰 2001(6)

二次文献发表延时过程的数学模拟及其分析 于光 2001(6)

中文期刊刊名的计算机快速检索 袁国发,杨莉英,杨健,袁立军 2002(1)

论第四种情报检索语言系统 吕娟,袁相琴 2002(1)

网络信息检索结果的智能处理方法 张玉峰,李敏 2002(2)

智能检索中的网络数据挖掘技术探索　晏创业,张玉峰 2002(3)

西文会议录检索中常见问题及检索对策　李树国 2002(3)

WWW 联机公共检索目录研究进展　黄碧云,方平 2002(4)

智能检索 Agent 系统研究　张玉峰,文燕平 2002(5)

MPEG－7 与数字图书馆的信息检索　张李义 2002(5)

电子信息资源数据库检索系统的开发与实现　谈春梅,段卫华,刘伟 2002(6)

数字图书馆中基于内容的图像检索关键技术　何立民,万跃华 2002(6)

检索结果的可视化研究　周宁,文燕平 2002(6)

MPEG－7 促进多媒体信息检索领域的革命　李瑞勤 2003(1)

数字图书馆中基于内容的视频检索关键技术　何立民,万跃华 2003(2)

网络用户信息检索行为研究　李法运 2003(2)

论数字图书馆基于颜色内容的图像检索技术　张学福 2003(2)

WWW 环境下信息检索策略实验调查研究　黄丽霞 2003(3)

基于网络的社科信息资源分布及检索策略研究　王云娣 2003(3)

基于 php 的电子期刊检索网站建设核心技术　翟晓娟 2003(3)

我国大型图书馆机检系统检索特点研究　马张华 2003(4)

论知识检索与信息检索　张玉峰,李敏,晏创业 2003(5)

情报检索系统用户相关性判断的灰色聚类决策　王筠 2004(1)

基于本体和多代理的数字图书馆信息检索模型　董慧,杜文华 2004(2)

面向自然语言检索的短语结构索引　耿骞,汤艳莉 2004(2)

基于中文自然语言理解的知识检索模型　金燕,张玉峰 2004(2)

主题信息检索应用数据库技术的研究现状与展望　王兰成 2004(4)

基于语义的图像检索系统研究　张玉峰,蔡昌许 2004(5)

知识检索中自然语言控制机制研究　金燕,张玉峰 2004(6)

基于网络的集成化信息检索　黄如花,陈朋 2005(1)

基于信息检索交互模型的相关性研究　孙建军,成颖 2005(1)

基于认知观点的信息检索交互模型　陆伟,万维雅 2005(2)

相关性标准研究 成颖,孙建军,宋玲丽 2005(3)

自然语言检索中的概念控制 龚芳,耿骞,王洋 2005(4)

全文检索中的汉语自动分词及其歧义处理 熊回香 2005(5)

基于 Z39.50 的元搜索引擎优化策略 张辉,隋佳 2006(2)

基于语义的数字图书馆推理检索研究 徐国虎,董慧 2006(3)

信息检索可视化基本问题研究 张学福 2006(3)

基于 OKAPI 的 XML 信息检索实现研究 陆伟,夏立新 2006(4)

论新一代 OPAC 的理念与实践 胡小菁 2006(5)

基于知识模型的文本信息检索可视化研究 张学福 2006(5)

基于域加权词频法的 XML 文档级检索实现与评价
陆伟,Stephen Robertson 2006(6)

直接满足中文用户科研文献需求的网络搜索工具
——Google Scholar 初探 原宏盛 2007(1)

数字图书馆都柏林核心集网页文本的
知识集成与检索研究 王兰成,李超,何志浩 2007(2)

本体的图形化可视检索研究与应用 丁晟春,甘利人,陈开浩 2007(3)

网格环境下个人数字图书馆信息检索策略 张银犬,朱庆华 2007(3)

领域知识本体的可视化检索研究 颜端武,岑咏华,毛平,成晓 2007(4)

基于词索引的中文全文检索关键技术及其发展方向
熊回香,夏立新 2007(4)

基于领域本体和概念向量的中文文本相似性测度研究
颜端武,成晓,甘利人 2007(6)

元素级 XML 检索模型构建的关键问题与解决方案研究 陆伟 2007(6)

基于混合索引的中文全文检索系统研究 靖培栋,宋雯斐 2008(1)

跨语言信息检索进展研究 刘伟成,孙吉红 2008(1)

异构分布式信息检索系统整合研究 焦玉英,雷雪 2008(2)

对电子环境下分类检索应用的思考 马张华,陈文广,赵丹群 2009(1)

基于 XML 文本片段的图像检索实现与评价 陆伟,张宓,刘丹 2009(2)

国外搜索引擎检索效能研究述评 马费成,望俊成,吴克文,邱璇 2009(4)

基于重要句群检索性能比较研究　何琳,黄水清,徐彩琴 2009(4)

多相关主题的主题文本资源相关度算法研究　裘江南,王带弟,仲秋雁 2009(4)

近年来国外信息检索的相关性研究进展　庞弘燊,徐文贤 2009(4)

基于专长词表的图情领域专家检索与评价　陆伟,刘杰,秦喜艳 2010(2)

面向跨领域海量信息资源的元搜索引擎研究　朝乐门,张勇,邢春晓 2011(2)

语义检索在 Web 2.0 环境下的应用探讨　董慧,唐敏 2011(2)

身心语言程式视阈下的信息检索用户认知模型研究　马海群,杨志和 2011(3)

学术文献的非主题特征及其意义　邹永利 2011(3)

基于非相关文献的三阶知识发现方法探讨　李勇,冷伏海,王林 2011(4)

网络图像检索行为与心理研究　曹梅 2011(5)

合作信息查寻与检索的知识共享模型　韩毅,李鹏 2011(6)

交互式跨语言信息检索中用户行为研究　吴丹 2012(3)

网络图像检索提问式调整行为研究　曹梅 2012(5)

国外协同信息检索行为研究述评　吴丹,邱瑾 2012(6)

基于共现分析的语义信息检索研究　邱均平,楼雯 2012(6)

用户服务

关于简化书卡和借书手续的几点建议 陈士宗 1957(1)

首都图书馆为科学研究服务工作的几点体会 刘德元 1957(1)

江苏省关于积极改进图书馆工作为科学研究服务的规划 1957(1)

兰州各高等院校图书馆和省市图书馆
对为科学研究服务工作的措施和建议 1957(1)

图书馆怎样更好地为科学研究服务 杜定友 1957(2)

甘肃省图书馆是怎样为科学研究服务的 黄洲生 1957(2)

美试验传真借书办法 世光 1957(2)

南京图书馆为科学研究服务开辟参考阅览室、
专科阅览室和专家研究室 筱鲁 1957(2)

锦州市图书馆科学研究服务处介绍 锦州市图书馆 1957(2)

略谈高等学校图书馆科技图书宣传工作 陈炳旭 1957(3)

我们是怎样整理旧书配合科学研究的 丁鼎 1957(3)

"拒绝率"问题 李钟履 1957(3)

南京图书馆近一年来为科学研究服务概况 南京图书馆 1957(3)

社会科学书刊为读者服务的几个问题
——1957 年 8 月在江苏省学校图书馆工作人员
训练班上的专题报告 洪焕椿 1957(4,5)

读"关于简化书卡和借书手续的几点建议"以后的看法 刘启柏 1957(4,5)

谈谈借书采用双卡制问题 徐费林 1957(4,5)

对“关于简化书卡和借书手续的几点建议”一文的商榷 郑显全 1957(4,5)

重庆市科学普及协会　重庆市图书馆
——一九五六年联合举办科学知识讲座协议书 1957(4,5)

重庆市科学普及协会　重庆市图书馆
——联合举办通俗科学知识讲演一九五六年讲出计划 1957(4,5)

四川大学图书馆怎样为科学研究服务 林名均 1957(6)

南京图书馆半年来为科学研究服务工作概况 筱鲁 1957(6)

河南省图书馆开辟综合性科学阅览室 徐继富 1957(6)

华南农学院图书馆的签名借书制度 何家新 1958(1)

列宁图书馆的书目咨询工作 赵琦,鲍振西 1958(3)

民主德国国家图书馆阅览工作简介 胡耀辉 1958(3)

建议统一全国馆际互借办法 林全旺 1958(3)

谈谈苏联省图书馆的方法辅导工作 彭裴章 1958(3)

山东省图书馆是怎样完成图书流通跃进指标的? 陈光年 1958(5)

加强政治图书宣传,扩大政治图书流通 刘文斌 1958(5)

南京工学院图书馆开展多快好省的服务良好运动 卢则文 1958(5)

为大办钢铁工业服务 徐继富 1958(5)

鞍山市图书馆如何为钢铁元帅服务 杨守信 1958(5)

出纳员工作就是单纯的借书还书吗? 赵克明 1958(5)

打破科学神秘观,积极热情地为“土专家”服务 周鼎 1958(5)

沈阳市图书馆是怎样配合技术革命宣传技术书的 何德伦 1958(6)

鞍钢技术图书馆在跃进中是怎样送证下厂、送书下厂的 田辛 1958(6)

图书馆要进一步加强为政治、为生产、
为工农兵、为科学研究服务的工作 胡耀辉 1959(2)

谈谈图书固定排架的好处 王济 1959(2)

活跃在引洮上山伟大的社会主义建设工地上的图书流通工作
甘肃省图书馆 1959(3)

到图书馆的前哨阵地上去(一种联系读者的制度) 孙克力 1959(3)

排架方法应考虑更好地为读者服务
——对“谈谈图书固定排架的好处”的意见 谢曼云,徐梦仙 1959(5)

苏联的“资料问讯室” 范灏 1959(5)

列宁图书馆馆际借书工作
——国立列宁图书馆外借部访问记 鲍振西 1959(6)

实行图书开架借阅的初步总结 辽宁省图书馆 1959(6)

读者服务的新形式
——介绍苏联图书馆如何实行图书开架借阅 赵琦 1959(6)

我馆文艺书籍的借阅工作是怎样改进的? 北京石油学院图书馆 1959(8)

我们怎样向读者推荐外文书籍? 北京外国语学院图书馆出纳组 1959(8)

谈谈我馆的参考咨询工作 中国人民大学图书馆参考阅览科 1959(8)

也谈图书开架借阅问题 鞠占屏,王启宇 1959(9)

山东省图书馆积极有效地为少年儿童服务的工作 林一 1959(9)

黄石市图书馆为生产服务的成绩与经验 王才挥 1959(9)

试谈个人借书处的读者重新登记工作 徐费林 1959(9)

催还图书工作也要注意思想性 赵宝珍 1959(9)

我馆如何以书刊资料协助解决生产关键问题 鞍山市图书馆 1959(10)

我馆为科学研究服务的工作 甘肃省图书馆 1959(10)

一点期望(指导读者读什么书和怎样读) 老舍 1959(10)

十年来读者工作的回顾 张树华 1959(10)

我们是怎样收集图书流通效果的 贾文贵,周丕显 1959(12)

我和部队图书馆 郝燕飞 1959(12)

华南工学院图书馆的教师参考室 华南工学院图书馆 1959(12)

我馆对配合生产关键问题的几点体会 鞍山市图书馆 1960(1)

我馆的开架借阅工作是怎样巩固和提高的 辽宁省图书馆 1960(1)

书目工作如何为政治、为生产、为工农兵、为科学研究服务
旅大市图书馆 1960(1)

开展文献情报工作,提高专业图书馆服务水平
中国科学院石油研究所图书馆 1960(1)

简易袋式出纳法　陈碧祖 1960(2)

怎样为科学研究工作者查找文献　服务员 1960(2)

配合学习毛主席军事著作我馆开辟专题参考阅览室　1960(3)

我馆为科学研究服务的点滴经验　王一煦，郭光敖 1960(4)

开展以图书流动箱形式为校内职工服务的活动
吉林农业大学图书馆 1960(4)

面向基层　积极开展图书流通和业务辅导工作　吉林省图书馆 1960(4)

把农村文化推向更普及更提高阶段，
最好地为政治、为生产、为教育服务　1960(4)

高举毛泽东思想红旗，大力为农业“三化”服务
甘肃省图书馆武威工作组 1960(5)

为位山水利工程服务的初步经验和体会　山东省图书馆 1960(5)

谈谈公共图书馆为当前厂矿技术革新
和技术革命服务的问题　孟友群，郭德明 1960(6)

上海工业系统科技图书馆为技术革命供应图书资料　钱培生 1960(6)

天津市人民图书馆科学技术服务部
为科学技术工作服务的几点体会　天津市人民图书馆 1960(6)

关于开展支援农业工作的初步总结　天津市河北区图书馆 1961(1)

读者特点和服务读者工作规律的研究　众言 1961(1)

为会议服务的若干经验　重庆市图书馆 1961(1)

省(市)以上公共图书馆要加强为科学研究
和生产技术发展服务的工作　《图书馆》评论员 1961(2)

建立和健全科学院系统图书馆的阅览统计制度　符志良 1961(2)

支援农业的得力武器
——“农业技术文摘”巡礼　穆路哨 1961(2)

天津市人民图书馆是怎样为科学研究和生产技术发展服务的
天津市人民图书馆 1961(2)

三年来为科学研究工作服务的情况　中国科学院图书馆 1961(2)

书刊展览也是为科学研究服务的一种好办法　鲍振西 1961(3)

利用图书馆来进行科学研究工作
——陈垣老人访问记　健行 1961(3)

北京图书馆和科技史研究
——和李俨先生一席谈　文津 1961(3)

当好科学研究工作的助手全国各馆多方
加强服务工作(报道五则)　1961(3)

进一步为科学研究服务　顾家杰 1961(4)

从实际出发改进读者工作
——北京师范学院图书馆开展读者工作
调查研究的情况和体会　铁丁 1961(4)

充分掌握科技书目资料更好地为科学研究工作服务　赵继生 1961(4)

边做边学,对准需要,积极开展多样化的书目服务工作
吉林医科大学图书馆 1962(1)

专利文献及其使用　高敏学 1962(2)

进一步加强和改进图书馆为农业服务的工作　胡耀辉 1962(4)

充分利用现有书刊为农业科学研究服务　袁翰青 1962(4)

从处理图书馆与读者的关系谈起　潘皓平 1963(1)

谈谈我馆为教学和科学研究服务的工作　北京农业大学图书馆 1963(3)

省市图书馆怎样为农村服务的问题　刘德元 1963(3)

谈谈省图书馆为农业服务的工作　汪长炳 1963(3)

采取多种方式积极地为农业科学研究服务　中国农业科学院图书馆 1963(3)

科技文献检索室
——我馆为科学研究服务的一种尝试　黄钰生 1963(4)

为农业生产、科学研究服务的经过与体会　李易 1963(4)

有觉悟有文化的农民迫切需要图书　吕济民 1963(4)

图书馆与新生一代的共产主义思想教育　郑莉莉 1963(4)

黑龙江省馆积极开展为农业服务的工作　朱行 1963(4)

配合社会主义思想教育积极组织读、说、讲新书活动　邹世魁 1963(4)

高等学校图书馆读者对教学用书需要特点的分析　陈光祚,彭斐章 1964(1)

双城县图书馆千方百计为农村服务　哈尔滨市图书馆辅导部 1964(1)

谈谈高等学校图书馆如何开展参考咨询工作的问题　黄元福 1964(1)

省市图书馆参考阅览室的设置及其工作方法　潘皓平 1964(1)

我馆为农业科学技术服务的工作　吴传朴 1964(1)

谈谈我馆收集读者阅读效果的工作　林列 1964(2)

献给农村的新花束
——介绍农村读物出版社出版的一批农村文艺读物　郑挚 1964(2)

我馆是怎样全面为农业服务的　重庆市图书馆 1964(2)

怎样在少年儿童中开展校外阅读活动　兰州市儿童图书馆 1964(3)

南京图书馆在为科学研究服务的道路上前进　柳定生 1964(3)

为读者多提供作品评介目录　董毅之 1964(4)

我馆为科学技术服务的作法与体会　哈尔滨市图书馆 1964(4)

高等学校图书馆如何在提供教学参考书工作中
贯彻“少而精”的原则　黄彝仲 1964(4)

配合社会主义教育运动巩固和扩大社会主义文化阵地：
送农业科学读物下乡支持科学实验　刘永泽 1964(4)

我馆的借阅工作　南京邮电学院图书馆 1964(4)

配合社会主义教育运动巩固和扩大社会主义文化
阵地：我馆面向农村，为农民读者服务　山西阳高县文化馆 1964(4)

配合社会主义教育运动巩固和扩大社会主义文化阵地：
我们是怎样占领和扩大职工业余文化生活阵地的
武汉汽车配件厂等工会图书馆 1964(4)

配合社会主义教育运动巩固和扩大社会主义文化阵地：
宣传革命好书，占领思想阵地　岩 1964(4)

湖南医学院图书馆的工具期刊介绍工作　张敬斋 1964(4)

配合社会主义教育运动巩固和扩大社会主义文化阵地：
把开展为农民服务的活动放在第一位(短评)　1964(4)

配合“全国高等工科院校普通物理教学讨论会”
举办小型“书展”　张守智，汪传绍，张亲亮 1979(2)

县馆要为本地生产科研服务　刘毓富 1979(2)

浙江图书馆举办科技讲座　项弋平 1979(2)

试论高校图书馆在为学校的教学和科研服务中的地位和作用　陈誉 1980(1)

省属市公共图书馆为科研服务工作中的若干问题　许培基 1980(1)

孝感县图书馆采取多种形式为工农业生产服务　闻立法,江山青 1980(2)

生动的教育　有力的促进
——天津市图书馆读者座谈会纪要　王芝兰 1980(2)

在评定新型膏状物料雾化器中天津图书馆
是怎样提供情报服务的　程绍海,胡安朋 1980(3)

文献情报利用辅导工作中的若干问题　葛冠雄,王丽娟 1980(3)

图书馆服务促进了我们的科研　湘潭市图书馆 1980(3)

湖南省图书馆为科研生产的跟踪服务工作　段金绥 1980(4)

南京图书馆扬长避短搞咨询　杨世明 1980(4)

科学院湖北分院图书馆的定题服务工作　1980(4)

试论统计在图书借阅中的意义和作用　王尚文,高毓芬 1981(1)

上海图书馆的参考咨询工作　聂道融 1981(1)

抢在春天里播种
——北京市少年宫图书馆等举办多样式读书活动　楚 1981(2)

湖南医学院图书馆为读者服务卓见成效　邓品山 1981(2)

我校图书馆为教学服务的工作　蒋大鑫 1981(2)

大中型公共图书馆中的主题目录与情报服务　刘光熹 1981(2)

咨询服务与开发“第二资源”
——附国外提高科学情报利用率的途径　舒光炳 1981(2)

让孩子和书交朋友
——关于少年图书工作的一点感想　王愿坚 1981(2)

杂交水稻研究成功之情报源　林德胜 1981(4)

哈尔滨市图书馆的情报服务工作　一乎 1981(4)

学科学　用科学:图书馆为农村科学种田送“及时雨”
区、县图书馆为农业生产服务初见成效　1981(4)

也谈高校图书馆的情报服务工作 李荫文,葛冠雄 1982(1)

图书馆服务效果篇
——阅读效果琐见 陈俊民 1982(1)

开展文献检索服务　促进教学科研发展 谢天吉 1982(1)

我们是怎样开展医学科学情报工作的 颜译湛,陈楚雯 1982(2)

搞好课外阅读活动　加强精神文明建设 共青团中央少年部 1982(2)

作为一个读者谈谈北京图书馆的藏和用 魏俊奇 1982(2)

谈谈提高情报文献利用率的几个问题 叶宁华 1982(2)

1982年"红领巾读书奖章"活动推荐书目 1982(2)

沔阳县农村社员踊跃借阅科技图书 1982(2)

谈高校图书馆"读者工作效益"的几个问题 王慧娟 1982(4)

读者服务工作是高校图书馆工作的基石 徐人英 1982(4)

引导青年职工多读好书 张步良 1982(4)

提高科技文献利用率的基本途径 王毓 1983(1)

高校图书馆的参考咨询工作 郭松年 1983(2)

利用情报资料为教学、医疗和科研工作服务 刘邦义 1983(2)

图书馆要做好读者教育
——兼谈美国大专院校的读者教育 张晓林 1983(2)

邮寄借书刍议 白国安,阳海清 1983(3)

服务读者三十八年 姜世长 1983(3)

全军召开基层图书工作座谈会
——办好基层图书馆(室)推动部队读书活动
总政文化部文体处 1983(3)

社科参考工作的建设与发展之我见 戚志芬 1984(1)

当好农业科研的后勤兵,为攻关课题服务初见成效 胡竹义,贾善刚 1984(2)

参考咨询与基本情报源
——西文参考咨询基础工作探索 姜继 1984(2)

为读书竞赛做好服务工作 蒋秀英 1984(2)

略谈读者工作规律 罗德运,尚文兰 1984(3)

良师益友
——图书馆 胡湖 1984(3)

试论图书馆参考工作的规定性、工作程序
和层次以及方法论问题 焦树安，张明华 1984(4)

为科学研究服务的三十五年 中国科学院图书馆 1985(1)

用户研究 王绍平，陈兆山 1985(2)

论文献利用与用户培训 江乃武 1985(2)

添翼之举
——小议辽宁省各级公共图书馆开展科技咨询服务工作 1985(2)

江苏沙洲县开展科技图书‘四条龙’服务 高丽华，苏沙文 1985(3)

吉化公司研究院图书馆为科技人员铺路架桥 白远忠 1985(3)

辽宁省图书馆开展科技服务工作的新探索 王振东 1985(3)

复旦大学图书馆的服务现状和改革设想 复旦大学图书馆 1985(4)

上海师范大学图书馆摄制文献检索录像教学片，
改善图书馆服务 葛民 1985(4)

亟须加强读者工作的理论研究
——记读者服务工作经验交流及学术讨论会 津乐 1985(4)

开拓服务领域　提高服务水平 邓品山 1986(1)

如何向农村传递科技信息 张希周 1986(2)

南京图书馆的书目服务工作 陈伟 1986(3)

辽宁省部署公共图书馆为“星火计划”服务 汪平 1986(3)

搞定题服务要树立“三心” 张顺昌 1986(3)

仙桃市“农民读书读报活动”调查报告 刘培之 1987(2)

图书馆工作面向经济建设开拓新路子
——记“图书馆信息工作暨为‘星火计划’
服务经验座谈会” 汪菊平 1987(2)

社科研究型读者情报检索的特征 王邦华 1987(2)

图书馆视听室的设计和服务 庄燎原 1987(2)

图书馆信息工作暨为“星火计划”服务经验座谈会纪要 1988(1)

辽宁省公共图书馆为“星火计划”服务的工作 1988(1)

湖南医科大学图书馆书刊使用效益调查 邓品山 1988(2)

图书馆为“星火计划”服务工作方兴未艾 予文 1988(2)

专利及诸情报源的综合利用 周德明 1988(2)

辽宁宽甸县馆如何为“星火计划”服务 1988(2)

丹东市馆如何为“星火计划”服务 姜岳 1988(3)

我编“决策参考”的实践与思索 陈素 1988(4)

四十年图书馆读者服务的实践与理论进展 张树华,项弋平 1989(2)

阅读类型、读者层次及其界定 汪家熔 1989(2)

读者及读者群 赵世良 1989(2)

论高校用户的情报需求及其对策 陈金海 1990(1)

参考工作理论与实践学术研讨会述评 苏爱荣,谢媛 1990(2)

图书馆分布式咨询系统的构想与实践 唐伟玲 1990(3)

“高不成低不就”的反思
——论公共图书馆情报开发的两种形式 王邗华 1991(2)

试论现代图书馆的咨询功能 卢绍君,叶凯,王永桦 1991(4)

80 年代以来图书馆为科研、为生产服务
的进展与展望 张树华,胡继武,杨沛超 1992(1)

中国图书馆学会读者工作为科研生产服务
研讨会论点综述 项弋平 1992(1)

利用二次工具书开展参考咨询工作 范铮 1992(2)

开发智力资源与科技兴国 李成兆 1992(3)

参与式服务是图书馆深化服务的必然发展 高潮柱 1992(4)

导读:寻求文化理解的主渠道 李景峰 1992(4)

图书馆要主动为读者服务 卢淑敏 1992(4)

高校图书馆专业集成化服务模式初探 李熙 1993(1)

开发文献信息产品的 5 种策略 卢绍君 1993(2)

情报咨询的心理障碍 倪波,霍丹 1993(3)

市场经济和图书馆服务	魏建华 1993(3)
图书馆要为科技发展和成果转化服务	宋明华 1993(4)
图书馆有偿服务的新探索:书刊代租服务	邢尤斌 1993(4)
我国农业图书情报用户需求调查与分析	蔡捷 1994(1)
开架借阅规律研究	邓天赋 1994(1)
Polya 原理与期刊撕页	李健生 1994(1)
开发高校科技期刊资源,为市场提供信息咨询服务	刘吉庆 1994(2)
牵知识信息线　搭科技兴农桥	孟罗生 1994(2)
读书指导网络 ——一种新型的网络格局浅析	潘德明 1994(2)
我国读者学理论研究现状及发展态势分析	王桂艳,杨颖 1994(3)
丹东市图书馆为领导决策服务研究报告	姜岳,姜萍 1994(4)
合作咨询服务 ——信息资源共享新途径	沈固朝 1994(4)
辽宁省公共图书馆是怎样为经济建设服务的	姜岳,王振东 1994(5)
新形势下图书馆的信息开发与服务	李高远 1994(6)
梧州市读书成果效益喜人	陆飚 1994(6)
馆尽其能　书尽其用　人尽其责 ——抚州市图书馆提高图书利用率的调查	张海浪 1994(6)
读者文献满足率研究	尹仙香,阮伟红 1995(3)
信息服务业与作为开发文献信息关键部门的图书馆	卢子博 1995(3)
中国信息服务产业的发展态势	吴慰慈,罗志勇 1995(4)
在走向市场经济过程中图书馆 为农业经济服务的理论与实践	赵华英 1995(4)
咨询业的关键要素与值得探讨的问题	汤兆魁 1995(5)
加强基础业务建设　主动做好服务工作	鲍振西 1995(6)
读者文献需求调研述评	孙勇 1996(1)
图书馆服务延伸论 ——我国图书馆事业走向新世纪的思考	何鼎富,唐永堂 1996(2)

科研人员文献需求的调查与分析 王石生 1996(2)
浅谈高校情报用户教育的意义及模式 徐彦玲,张新民 1996(3)
谈转型期的参考咨询服务 秦广宏 1996(3)
找准结合点做好大文章
——论县级图书馆信息服务与农民致富之路 李全林 1996(4)
开展群众性读书评书活动与城区图书馆形象的树立 赵继民 1996(4)
强化图书馆情报职能的实践与认识 刘清水,杨敏丽 1997(1)
90年代我国图书馆参考咨询服务研究述评 詹德优,赵媛 1997(1)
参考咨询功能论 夏侯炳 1997(1)
营造友好的图书馆“用户界面” 周秦 1997(1)
馆藏现状与图书馆文献流通服务 曹臻 1997(2)
面向信息社会的参考馆员工作技能刍议 范青,林增铨 1997(3)
再谈特色服务和特色图书馆 黄恩祝 1997(3)
对深化图书馆信息服务的思考 沈媛芬 1997(3)
高等农校图书馆为农村小康建设提供信息服务的探索
郑全太,田亚波 1997(6)
读者服务工作实行承诺制之探索 蔡金钟 1997(6)
我国社科情报用户研究进展 刘磊 1997(6)
中国图书馆读者服务的实践与理论研究述评 谭兆民 1997(6)
论高校图书馆的信息服务 夏红 1997(6)
市场消费者的市场信息需求分析 冷伏海 1998(1)
新加坡人的阅读习惯和兴趣 严立初 1998(1)
图书疗法在中国 王波 1998(2)
现代技术条件下中国公共图书馆的用户教育探索 毛洪智,杨长进 1998(5)
珠江三角洲公共图书馆信息咨询业发展态势说略 方文真 1998(5)
因特网特点与网上图书馆服务功能初探 张晓源 1998(5)
面向新世纪的我国网络化知识信息服务的宏观组织 胡昌平 1999(1)
谈山区公共图书馆的农业信息服务 陈沈珍 1999(2)

谈光盘数据库信息服务模式 袁勤俭,徐进鸿,倪波 1999(4)

省级图书馆应为少年儿童读者服务 王荣国,徐向东 1999(4)

关于高校图书馆向社会开放的思考 陈荣淼 1999(5)

咨询用户类型、心理及需求特点研究 郗沭平 1999(5)

网络环境下企业竞争的信息保障 查先进,焦玉英 1999(6)

中国图书馆读者服务工作百年回眸 张树华 1999(6)

新世纪文献信息服务的发展趋势 谭兆民 2000(3)

关于强化图书馆研究开发功能的思考 肖燕 2000(3)

网络环境下信息服务的发展趋势及对策 周敬治 2000(4)

电子图书馆的读者工作研究 索传军 2000(5)

走向知识服务:寻找新世纪图书情报工作的生长点 张晓林 2000(5)

从 LJ 年度图书馆奖看图书馆服务 马寒,单启成 2000(6)

关于地方文献信息服务工作的若干思考 傅虹 2000(6)

注意力资源与图书馆信息服务 杨熔 2000(6)

传统藏书管理及服务模式的反思与探索 张勇 2000(6)

中国因特网站点信息服务成本收益分析 严亚兰,查先进 2001(1)

专利信息的利用研究 厉宁,邹志仁 2001(1)

图书馆服务评价标准初探 谭祥金 2001(1)

网络环境下信息服务的特点及图书馆发展探索 邹忠民 2001(1)

网络信息服务的监督 胡昌平,李枫林,杨成明 2001(2)

网络时代信息服务的变革与发展
——兼论《复印报刊资料》印刷版与电子版的融合与互补
邱金利,徐亚男 2001(2)

用户信息认知行为分析 董绍杰,于爱君 2001(2)

高校图书馆外文文献资源开发利用新构想 顾力文 2001(2)

数字图书馆的读者服务模式 卢共平,吴翻 2001(3)

网上主动信息服务系统的模型及其实现技术 焦玉英,晏凌 2001(3)

“后巴思”时代的社科情报用户研究 邓小昭 2001(3)

中学生阅读分析及引导 高淑莲 2001(3)

关于现代图书馆参考咨询服务的评价问题 皇甫志军 2001(3)

论数字图书馆个性化定制服务 赵继海 2001(3)

论知识服务的营销战略问题 李桂华,张晓林,党跃武 2001(4)

我国互联网信息服务业经营的现状分析 邱均平,段宇锋,颜金莲 2001(4)

基于 Web 的信息服务效果的优化研究 索传军,焦玉英 2001(4)

论 21 世纪的公共图书馆读者服务 高贤 2001(4)

UMS
——网络信息服务的新理念 陈远,王家雄 2001(5)

网络环境下缩微影像的信息服务 陈天伦 2001(5)

树立良好形象,吸引民众利用图书馆
——访美国公共图书馆印象 肖红,许兆恺 2001(6)

基于"接受理论"的图书馆系统中读者地位和作用研究 王金玲 2001(6)

关于检索用户培训中"主题分析"问题的思考 李洪建,顾潇华 2002(1)

国图全民读书月好戏连台 白雪华,计亚男 2002(1)

现代图书馆与继续教育 吴仲夏,邹志仁 2002(1)

论网络环境下的信息服务模式 张安珍 2002(1)

纯电子期刊及大学图书馆读者对它的态度和利用 师曾志,王建杭 2002(3)

再论图书馆服务 程亚男 2002(4)

论图书馆专业信息服务频道及其实现方法
焦玉英,索传军,张学红 2002(5)

论实施公民信息素质教育中公共图书馆的社区行为 茹海涛 2002(5)

网络环境下高校教师信息素质调查与分析 王琼 2002(5)

基于供应链管理的信息服务模式探讨 李纲,林翔 2002(6)

信息服务与知识导航 张宇萌,张树华 2003(1)

在图书情报服务中导入 CS 战略研究 林曦,周磊 2003(1)

数字化参考咨询服务的发展与问题 初景利,孟连生 2003(2)

图书馆与读者的再认识 黄俊贵 2003(2)

图书馆服务五原则 蒋永福,付军 2003(3)

论图书馆用户的网络调查方法 黄晓斌 2003(3)

论网络环境下支撑中小企业的信息服务模式 张学福 2003(3)

基于 Web-Mail 的个性化定制服务研究 曹志梅,渠芳,王凯 2003(4)

论基于内容的学术导读 李景峰 2003(4)

关于优质服务的几点思考 石丽珍 2003(4)

基于因特网的个性化信息服务研究 赵水森 2003(4)

论数字参考服务 王梅 2003(5)

图书馆与读者之间服务关系的法律性质及相关问题 王玉林 2003(5)

传统参考咨询与网络参考咨询的比较研究 林曦,张燕 2003(6)

网络环境下高校图书馆的读者调查方式 戴咏梅,郑建明 2003(6)

网络环境下的馆际互借模式研究 李家清 2003(6)

论图书馆信息服务的个性化问题 林平忠 2003(6)

信息载体对阅读效果影响的实验研究 刘渊,刘晓清 2004(1)

图书馆网络信息服务的测评研究 王浩 2004(1)

关于我国大学图书馆的电子资源利用教育 王云娣 2004(1)

大学生心理问题阅读疗法研究 宫梅玲,丛中 2004(2)

基于印刷与电子索引工具的文献双检策略
——以“高师学生心理素质研究”项目为例 徐建平,孟莉 2004(2)

论基于知识管理的社科信息服务 周全 2004(2)

基于互联网的第三方信用信息服务 王伟军,夏立新,张园园 2004(3)

个性化信息环境研究 郭家义,张晓林 2004(3)

公共图书馆服务职能在传播先进文化中的新拓展 程小澜 2004(3)

面向知识创新的信息服务 黄连庆 2004(3)

论网站信息咨询服务模式 孙正东 2004(3)

企业信息消费环境初探 夏立新,金燕,熊回香 2004(4)

论图书馆实时解答服务的特点及发展趋势 袁琳,徐璟 2004(4)

明清时期的阅读疗法思想和医案 王波 2004(4)

中国互联网用户网络使用行为分析 李冠强,陈雅,李强 2004(5)
媒介信息与用户信息需求的契合分析 李景峰,毋江波 2004(5)
高校图书馆知识服务模式的比较研究
靳红,罗彩冬,袁立强,冯禄增,陈春英 2004(6)
网络环境中合作数字参考咨询的收益成本
及其补偿机制探讨 焦玉英,胡一俊 2004(6)
利用电子邮件开展信息服务的实践与思考 王云娣 2004(6)
图书馆提高读者忠诚度的策略 温国强 2004(6)
论知识服务质量的全面控制 姜永常,陶颖 2005(1)
国内合作参考咨询服务发展研究 焦玉英,王娜 2005(1)
试论数字图书馆的信息参考服务 韩丽风 2005(1)
全文电子期刊个性化服务应用研究 何建新 2005(1)
中外读书活动初探 王艳 2005(1)
国内公共图书馆数字化参考咨询服务调查 张颖,陈文莉 2005(2)
图书馆服务质量模型及其应用 罗曼 2005(2)
谈图书馆读者服务的标准化 李海 2005(3)
虚拟参考咨询的理性思考 臧国全 2005(3)
论数字参考咨询服务的发展趋势 贺延辉,马海群 2005(4)
公共图书馆拓展服务功能的探讨与实践 石焕发 2005(4)
图书馆加强读者网络信息素质培养的思考 刘超球 2005(5)
少儿图书馆的中介读者工作 陈力 2005(6)
俄罗斯的公共图书馆虚似信息咨询服务 贺延辉 2005(6)
图书馆服务质量测评的影响因素及控制研究 钱佳平,刘兹恒 2006(1)
人文社会科学研究人员信息搜集的行为规则分析 蒋颖,杨沛超 2006(1)
公共服务中的图书馆服务 陈力 2006(1)
图书馆个性化信息服务模式研究 曹志梅 2006(2)
简阳市农村中小学生课外阅读现状及对策 邓义英 2006(2)
我国高校图书馆用户在线信息服务研究 范亚芳 2006(2)

无人值守参考咨询服务研究　吴云标,栗慧,葛慧莉,周群芳,徐庆宁 2006(3)

读者信息隐私权保护　王玉林,裴毅 2006(3)

图书馆服务的人文分析与评判
——三论图书馆服务　程亚男 2006(3)

论电子资源在线使用统计数据的收集与分析　索传军 2006(3)

深圳图书馆新馆数字化服务的思考　梁奋东 2006(4)

知识自由与图书馆社会教育职责　邱五芳 2006(4)

虚拟参考咨询服务效率分析　袁红军 2006(4)

论理论读者学　袁昱明,王效良 2006(5)

超越传统:信息构建与图书馆服务再造　万里鹏,郑建明 2006(5)

网络环境下的读者服务工作　安栎 2006(5)

让阅读成为我们生活的一部分　王余光 2006(5)

面向用户需求的信息素质教育实践创新研究　韩丽风,郭依群 2006(6)

基于人文精神的图书馆阅读关怀　王知津,宋正凯 2006(6)

公共图书馆的服务原则及其实践　黄俊贵 2006(6)

数字图书馆用户群及信息交流机制　刘玉照,岳修志,刘建准 2007(1)

构建中西部地区三位一体信息服务体系对策研究　吴志红 2007(1)

国内用户对开放获取的认同度研究
——以高校调查分析为例　刘建华,黄水清 2007(2)

网络资源导读服务与信息素质教育构建的新功能　程结晶,彭斐章 2007(2)

我国公共信息服务平台建设初探　王伟军,孙晶 2007(2)

Web 环境下个性化信息的获取和个性化服务的实现
张树良,冷伏海 2007(4)

信息素质教育与图书馆　刘瑞林 2007(4)

政府信息资源公益性开发服务的政策问题研究　周毅 2007(4)

图书馆服务质量影响因素的权重测定及模糊评价分析
韩毅,杨晓琼,李健 2007(5)

谈网络环境下的参考咨询服务　陈艺 2007(5)

建立面向新农民的农村信息服务体系：
天津农村信息服务现状及对策研究
于良芝，罗润东，郎永清，戈黎华 2007(6)

知识服务
——现状、进展及挑战 毕强，韩毅，刘昆 2007(6)

北美高校图书馆信息共享区的调研及启示 章云兰 2007(6)

优化数字馆藏服务质量的措施 索传军，段玉思 2008(1)

图书馆对读者调查的问卷设计 朱琴华 2008(1)

基于知识供应链的知识服务模型研究 夏立新，韩永青，邓胜利 2008(2)

阅读的时代性与个性 彭斐章，费巍 2008(2)

近10年国外馆际互借理论研究进展 黄洁晶，高波 2008(2)

关于面向公众的基层图书馆服务网络建设 张广钦，张丽 2008(2)

用户研究：微观的选题与实证的方法 李超平 2008(2)

图书馆与社会阅读研究 王余光 2008(2)

公共图书馆服务体系研究 于良芝 2008(2)

面向自主创新需求的信息服务业务推进 胡昌平，向菲 2008(3)

面向新信息环境的用户研究与服务创新 初景利 2008(3)

个性化网络协同推荐服务的扩展及其实现 胡昌平，孙高岭 2008(5)

数字图书馆电子商务服务忠诚用户的培育 许春漫 2008(5)

《图书馆服务宣言》专家笔谈 吴建中，胡越，黄宗忠 2008(6)

图书馆跨界服务的内涵、模式和实践 刘细文，熊瑞 2008(6)

数字化信息服务交互性影响因素及服务推进分析 胡昌平，周怡 2008(6)

现代图书馆理念的艰难重建
——写在《图书馆服务宣言》发布之际 范并思 2008(6)

图书馆服务宣言 2008(6)

论信息服务十大走向 王知津，徐芳 2009(1)

基于用户体验的交互式信息服务模型构建 邓胜利，张敏 2009(1)

国际图书馆服务质量评价：
绩效评估与成效评估两大体系的形成与发展 张红霞 2009(1)

高校图书馆2.0服务模式研究 刘磊,穆丽娜 2009(2)

美国高校图书馆社会服务发展现状及启示 谢丽娟,郑春厚 2009(2)

基层公共图书馆建设应确立读者立场 邱五芳 2009(2)

基于Web 2.0的用户群体交互分析及其服务拓展研究
胡昌平,胡吉明,邓胜利 2009(5)

图书馆服务质量评价研究回顾与展望 施国洪,王治敏 2009(5)

知识门户的个性化服务现状及优化研究 王翠萍,杨冬梅 2009(5)

Web 2.0环境下影响用户生成内容的主要动因研究
赵宇翔,朱庆华 2009(5)

自适应个性化信息服务:基于情境感知和本体的方法
潘旭伟,李泽彪,祝锡永,邵晨曦 2009(6)

基于社会网络分析的社会化标签网络分析
与个性化信息服务研究 易明,王学东,邓卫华 2010(2)

创建与使用型人
——对非正式信息交流行为的实证研究与服务建议
顾立平,张晓林 2010(2)

基于社会化群体作用的信息聚合服务 胡昌平,胡吉明,邓胜利 2010(3)

科研人员接受OA知识库的影响因素实证研究 李武 2010(3)

国外公共图书馆弱势群体服务研究述评 王素芳 2010(3)

我国图书馆服务质量测评量表构建及实证研究
施国洪,岳江君,陈敬贤 2010(4)

社群环境下用户协同信息行为研究述评 张薇薇 2010(4)

农民学习内容偏好分析及启示 许继新,樊琪 2010(5)

公共图书馆基本服务研究
蔡冰,熊剑锐,韩继章,李东来,蒋永福,程亚男,初景利 2010(6)

《数字图书馆服务政策指南》解读 姚晓霞,朱强 2011(1)

中文系教师信息行为之研究:以辅仁大学为例 邱子恒 2011(2)

“十一五”时期公共图书馆服务发展回顾
程亚男,许晓霞,徐欣禄,王世伟 2011(4)

网络问答社区与联合参考咨询比较与评价 吴丹,严婷,金国栋 2011(4)

社会化媒体中用户体验设计的理论视角：
动因支撑模型及其设计原则 赵宇翔,张苹,朱庆华 2011(5)

移动搜索用户持续使用行为实证研究 刘鲁川,孙凯,王菲,张新芳 2011(6)

基于SSME信息资源电子服务研究 朱庆华,梦非,吴克文,赵宇翔 2011(6)

数字信息分析中用户焦虑实验研究 周文杰 2011(6)

面向用户需求的图书馆移动信息服务 茆意宏 2012(1)

基于需求的高校图书馆2.0个性化信息服务模式研究
冯英华,刘磊 2012(2)

技术应用与数字化建设

谈谈我国图书馆应用计算机的起步问题　沈迪飞 1979(2)

小型计算机的发展情况及其在图书情报中的应用　吴则田 1979(2)

书目服务的自动化、网络化　哈斯 1980(4)

图书馆工作现代化的几个方向问题　沈已尧 1981(1)

自动化起步和面临的问题　电子计算机组 1982(3)

新的技术革命与图书馆现代化　谭祥金 1984(1)

图书馆业务工作电脑化
——简介俄亥俄大学图书馆中心及
俄亥俄州立大学的控制系统　胡应元 1984(2)

中国图书情报工作实现现代化的突破口
——谈建立我国目录网的设想　刘晓迪 1984(3)

中文书刊资料自动化工作必须加快步伐　朱岩 1984(3)

图书情报业如何面对新技术革命的挑战　樊松林 1984(4)

现代化的图书馆与图书馆的现代化　吴善勤 1984(4)

加强知识信息的开发和利用
——读“现代化的图书馆与图书馆的现代化”有感　乐见 1985(1)

立足当前,面向未来,迎接新技术革命的挑战　李道仁 1985(1)

北京图书馆电子计算机系统
开始提供外文书刊目录检索服务　朱岩 1985(2)

APPLE 微机在中文图书各业务流程中之应用　毛世万,陈仲立 1985(3)

电子计算机在图书馆应用学术讨论会纪要 朱南 1986(1)

汉字属性字典及其软件系统的研试 1986(1)

微机图书管理系统 林君秀,张健 1987(2)

广东地方文献数据库子系统 莫少强 1987(2)

微机蒙文图书目录管理系统 田怀烈 1987(2)

DNT—Ⅱ型图书馆流通统计电脑 徐锡琤 1987(2)

汉字属性字典及汉字信息处理支撑软件 朱岩 1987(2)

汉字属性字典及汉字信息处理支撑软件应用效果显著 1987(2)

怎样用好联机检索系统 夏洪 1988(1)

微型计算机在中西文书刊采编管理中的应用 周涌波 1988(2)

再论图书馆的现代化 吴善勤 1988(3)

重庆图书馆现代化技术研究所及其产品 陈霞 1990(1)

卫星传输文献系统述评 汤兆魁 1990(1)

CD-ROM、联机与缩微的比较 窦平安 1991(2)

汉语 PRECIS 在计算机上的实现
——汉语 PRECIS 款目生成系统研制报告 黄水清,侯汉清 1991(3)

机器人进入图书馆流通系统 夏勇 1991(4)

科技文献情报事业新技术与新思潮述评 万良春 1993(3)

图书馆自动化集成系统(ILAS)的进展 丘峰 1993(4)

论图书馆管理信息系统 卢晓宾 1994(5)

信息高速公路、金桥与图书馆 杨学梅,张大尧,崔明 1994(6)

发展中国家图书馆自动化建设中的问题和对策 黄太送 1994(6)

毛泽东藏书十万卷　计算机管理自动化
——深圳图书馆向中央档案馆赠送 ILAS 软件 王大可 1994(6)

我国报纸信息数据库开发的现状与对策 宋明亮 1995(1)

论图书馆自动化系统的安全管理 张晓源 1995(1)

图书馆信息化探识 姚健,薛昌芬,虞朝路 1995(3)

数据库建设是信息产业的核心 牟洪兰,林春实,靖继鹏 1995(5)

信息高速公路可能带来的弊端　徐光复，鲍林涛 1995(5)

信息高速公路与我国图书馆发展策略　邹志仁，陈雅 1995(5)

计算机辅助图书分类、主题标引与检索系统　莫少强，许异兴 1995(5)

信息高速公路与图书馆现代化　姜美华 1995(5)

从 Internet 看高校图书情报工作的新特点　罗军 1995(6)

电子图书馆的现实模型　杨宗英 1996(2)

Internet 和图书馆　刘廷元 1996(3)

OCLC
——自动化技术和通讯手段与图书馆结合的成功范例
喻凌云，刘刚 1996(4)

建立图书—信息网络是通向信息社会的必由之路
——俄罗斯全俄图拉会议的前前后后　戴廷辉 1996(4)

计算机辅助预订
——图书馆软件设计的盲区　顾阳 1997(1)

我国综合性文献光盘数据库的比较研究　何建新 1997(1)

用计算机开发利用图书馆报章信息资源
——谈香港报章资料库的建设　吴开华 1997(1)

我国数据库信息资源建设研究　张学福，邓平 1997(2)

图书馆自动化系统运行安全与防护　王以群 1997(2)

我国图书馆远程技术与近距离运行机制的矛盾　袁昱明 1997(2)

从博克电子图书到电子图书馆　杨道良，沈红芳 1997(3)

图书馆文献信息数据库的构建　郭志高 1997(3)

地方报纸信息数据库建设存在的问题及发展设想　潘燕桃 1998(1)

我国图书馆自动化建设中的问题及原因　吴志荣 1998(1)

多媒体人文信息系统总体设计与实施方案　董慧，焦玉英，刘厚嘉 1998(3)

我国文献资源共享网络的现状、障碍及对策分析　别立谦 1998(3)

国内因特网发展现状与展望　葛敬民 1998(4)

现代信息技术特征分析　仍然，倪波 1998(5)

网络时代的图书馆信息安全理论与技术问题研究　丁小文 1998(5)

面向网络环境的图书馆模式构想 真溱,胡从玉,胡均平,王新 1998(6)

对军队院校图书馆文献信息数字化建设的设想 许遗锁,刘青芬 1998(6)

关于中国图书馆自动化与网络建设的探索 甘琳 1998(6)

数字图书馆:定义、影响和相关问题 汪冰 1998(6)

图书馆自动化与网络化之现状及展望 吴慰慈,许桂菊 1999(1)

论数字图书馆 沈红芳,杨道良 1999(1)

汉语资料的资源共享:
香港经验及数字时代科技带来之挑战 谭惠康 1999(1)

网络化图书馆发展之我见
——兼论深圳图书馆信息服务模式 王冰 1999(2)

数据仓库技术与我国市场决策支持信息资源建设 张学福 1999(2)

论网络化虚拟图书馆的资源共享 黄晓斌 1999(3)

论"2000 年问题"及图书情报机构应采取的对策 匡文波 1999(3)

全盘自动化
——21 世纪初中国图书馆自动化的发展目标 刘荣 1999(3)

图书馆局域网的管理与维护 杨振江 1999(4)

SGML 及其在图书馆中的应用 方曙 1999(5)

维护数字信息长期存取的管理策略 刘家真 1999(5)

中国图书馆电子信息网络建设策略研究 乔好勤 1999(5)

网络环境下我国图书馆文献信息资源建设与共享
刘省泉,曹臻 1999(6)

电子图书馆、数字图书馆研究与实践述评 李玉安 1999(6)

全文数据库和电子文献传递系统研究 刘晓清 1999(6)

因特网上有害信息防范的国际动向 朱庆华 1999(6)

《四库全书》电子版问世的启迪 朱岩 1999(6)

因特网声像信息资源及利用 陈传义,余传明 2000(1)

网络环境下虚拟馆藏的建设 索传军,张怀涛 2000(1)

OCLC 网络化发展道路的启示 雷永立,杨成杰 2000(2)

国家图书馆主干网
——我国数字化图书馆建设的战略起点 杨岭雪 2000(2)

图书馆计算机应用系统开放性与安全性的控制研究
程小澜,陈晔,胡东,封学绛 2000(3)

中国数字图书馆建设、数字信息资源开发及网络建设的现状 王纯 2000(4)

韩国信息技术发展研究 黄奇 2000(5)

论当前我国图书馆自动化的发展路向 沈迪飞 2000(5)

关于建设中国数字图书馆工程的问题 周和平 2000(5)

数据管理性能的折中方案
——后关系型数据库 陈远,周朴雄 2000(6)

中国民族高校图书馆自动化现状与前瞻 黄佳 2000(6)

信息技术革命推动信息产业发展 黄奇 2000(6)

90 年代的日本数据库产业 朱庆华 2000(6)

关于图书馆信息技术战略开发的思考 许建业 2001(1)

数字图书馆:馆藏、管理及服务 朱复成,韩宁,胡佩云 2001(2)

软件开发中的资源共享研究 查先进 2001(2)

因特网的信息资源评价 罗春荣,曹树金 2001(3)

网络环境下信息资源建设的新理念及其实践和发展前景
鞠文红,辛希孟 2001(4)

数字图书馆与数字化分类法 邓均华 2001(4)

E-book 研究 杨海平 2001(4)

关于西部地区信息网络业发展的思考 梁春阳 2001(5)

馆藏文献数字化的原则与方法(上) 刘家真 2001(5)

电子图书崭露头角 王纯 2001(5)

数字图书馆的研究内容和方向 王军,杨冬青,唐世渭 2001(6)

图书馆电子信息资源数据库系统的开发研究
谈春梅,叶继元,汪令全 2001(6)

馆藏文献数字化的原则与方法(下) 刘家真 2001(6)

国内外数字图书馆发展的比较研究 盛小平 2001(6)

国外数字图书馆发展概况 曹学柱,秦莲霞,孟遂珍 2002(1)

论网络载体主流地位的确立 方卿 2002(1)

数字图书馆信息的体系结构 卢共平 2002(1)

数字图书馆知识产权问题研究 阮延生 2002(1)

面对数字图书馆浪潮的思考 谭祥金 2002(1)

网络环境下的信息安全 智勇,黄奇 2002(2)

我国网络图书现状分析与发展对策研究 陈光祚,夏立新 2002(2)

论西北地区高校数字图书馆建设 崔旭 2002(2)

数字图书馆基本理论研究初探 王鉴辉 2002(2)

论数字图书馆专题资源库的建设 赵洗尘 2002(2)

论知识管理与数字图书馆信息资源建设的优化 张天俊,丁大可,张银犬,刘凌波 2002(3)

数字图书馆元数据研究 吴开华,邢春晓,罗德胤 2002(3)

论个人数字图书馆 陈光祚,阮建海,臧国全 2002(3)

二元经济结构对我国数字图书馆建设的影响及发展对策研究 胡乃志,毕红秋 2002(3)

文献数据库质量控制系统的实现 纪蔚蔚,潘有能 2002(3)

正确处理数字图书馆宏观决策中的八个关系 赵继海,王效良 2002(3)

数字图书馆与人才问题 邵康庆 2002(3)

对发展我国网络信息服务业的思考 徐锐 2002(3)

计算机识别汉语同义词的两种算法比较和测评 朱毅华,侯汉清,沙印亭 2002(4)

创新重点学科虚拟图书馆的建设 王桂平 2002(4)

新旧信息系统切换问题研究 陈远,熊霞 2002(5)

馆藏资源数字化决策过程中应注意的几个问题 何江涛 2002(5)

网络信息资源开发中的多网合作模式 王勇 2002(5)

数字图书馆建设的标准与规范 张晓林,曾蕾,李广建,冯英,刘炜 2002(6)

非结构化数据库在数字图书馆中的应用　金巍,殷立新 2002(6)

谈中小型高校图书馆数字化资源建设　夏萍 2002(6)

数字图像信息资源开发及管理　朱学芳 2002(6)

电子图书对图书馆的影响及对策　肖沪卫,潘洁毅 2003(1)

中文搜索引擎分类体系兼容互换工具的设计　侯汉清,薛春香 2003(1)

论网络技术的信息资源管理功能　查先进 2003(1)

中小企业电子商务及信息网络建设　孟雪梅 2003(1)

适用于 WINDOWS 环境的
“第二代中文报刊人机通用无号排序法”
袁国发,邹华,赵淑君,袁立军 2003(2)

我国软件产业的现状分析　李树青,丁大可,徐侠,郑怀丽 2003(2)

推拉技术在数字图书馆中的应用　刘志敏,董慧 2003(2)

机器学习在获取检索知识中的应用　晏创业,张玉峰 2003(2)

基于知识的语义网:概念、技术及挑战　刘柏嵩 2003(2)

我国信息服务技术创新对策分析　卢小宾 2003(2)

数字图书馆建设中的公私合作模式　徐引篪,黄颖 2003(3)

数字图书馆的知识信息导航技术研究　丛敬军,阎辉 2003(3)

我国的图书馆自动化技术体系　刘荣 2003(4)

基于 Web 环境的半结构化数据模型研究　严亚兰 2003(4)

数字图书馆统计标准框架设想　黄奇,邵艳丽,李伟 2003(5)

数字图书馆软件开发平台的一种理想选择　李大农,董慧 2003(5)

统一建模语言在网络主动推送系统设计中的应用　焦玉英,柯青 2003(5)

多 Agent 技术与分布式数字图书馆系统框架　耿骞,汤艳莉 2003(5)

我国数字化信息资源的市场运作及其电子商务模式研究　张李义 2003(5)

电子信息资源数据库的开发设计及技术特点　谈春梅,田质兵 2003(6)

论军队院校图书馆数字化特色馆藏建设　马祥林 2003(6)

构建以图书馆为中心的数字图书馆体系　王林 2003(6)

人文视野中的数字图书馆　肖希明 2003(6)

概念知识库的设计与学习方法 张玉峰,王翠波 2004(1)

DC-Lib
——我国数字图书馆元数据的首选 王松林 2004(1)

图像信息及其处理技术的内容和特点分析 朱学芳 2004(1)

图书馆网络信息过滤问题研究 黄晓斌,邱明辉 2004(2)

电子书的盗版与反盗版状况分析 张志强,邢鹏 2004(2)

数字图书馆用户信息库的建设 齐向华 2004(2)

论数字信息资源的网络安全 杨向明 2004(2)

构建基于 J2EE 规范的数字图书馆模型的探讨
董慧,雷瑛,陈琮,杨宁 2004(3)

知识挖掘与数字图书馆个性化服务 罗琳,陈远 2004(3)

开放式存档信息系统及其在数字图书馆的应用 余传明,董慧 2004(3)

高可用性数字图书馆框架研究 黄晨 2004(3)

访问控制在数据安全系统中的应用 周朴雄 2004(3)

国家科学数字图书馆数字资源采购的技术要求
张晓林,宛玲,徐引篪,宋小冬,王欣 2004(4)

数字图书馆可视化接口方法探讨 周宁,杨峰,刘玮 2004(4)

知识产权电子政务建设的国内外比较研究 马海群 2004(4)

论数字馆藏的质量评价 索传军 2004(4)

数字图书馆理念与"人大"数字图书馆建设 杨东梁,马文峰 2004(5)

数字化过程中的管理决策与技术建议 刘家真,徐曼 2004(5)

关于图书馆传统音像资料的数字化处理 卢云,邹忠民 2004(5)

数字图书馆实体信息资源建设的版权问题分析 江向东 2004(5)

谈我国高校服务主导型数字图书馆建设 周敬治 2004(5)

面向教学的信息资源定制系统设计与实现 曹志梅,孙杰,王凯 2004(6)

文献信息数字化与图书馆发展趋势研究 郑章飞,涂湘波 2004(6)

我国图书馆信息服务技术开发动力机制研究 卢小宾 2004(6)

蓝牙技术与图书馆无线网络建设 金永贤,丁夷 2005(1)

谈数字图书馆信息组织的数据库技术　傅敏 2005(1)
数字图书馆信息服务模式研究　郭海明,邓灵斌 2005(2)
面向概念挖掘的文本层次模型研究　章成志,侯汉清 2005(2)
论澳门公共图书馆网络化发展模式　杨开荆,赵新力 2005(2)
基于工作流的知识地图及其在企业知识管理中的应用　陈远,钟晓星 2005(2)
馆藏文献数字化工作模式的选择　刘家真 2005(2)
改进的中文同义词相似匹配方法　王兰成,李超 2005(3)
对信息技术的人学反思　高凡 2005(3)
我国省级以上公共图书馆网站的链接分析　王宏鑫 2005(3)
数字化文献的知识解构研究　张成昱 2005(3)
数字图书馆开发平台及其发展趋势　黄晓斌,钱国富 2005(4)
开发数字图书馆需考虑的几个问题　刘友华 2005(4)
从数字图书馆到 E-Knowledge 机制　张晓林 2005(4)
数字图书馆建设及其业务拓展战略
——国家可持续发展中的图书情报战略分析(4)　胡昌平,谷斌 2005(5)
中美大学网站评价的比较研究　段宇锋,邱均平 2005(5)
谈图书馆网络安全　王志红 2005(5)
论数字资源整合的方法与技术基础　马文峰,杜小勇 2005(6)
dILAS 数字图书馆实时咨询系统的设计与实现　蔡晖 2005(6)
语义 Web 技术及其对电子政务的影响　刘瑛,黄奇,王栾井 2006(1)
XML 及 SVG 在图像信息表示中的应用及研究现状分析　朱学芳,王磊 2006(1)
电子政务信息安全平台分析　李纲,王毅彦 2006(1)
基于多知识库协作的信息导航模型研究　李敏,张玉峰 2006(1)
提升企业知识存量的有效模式
——E-learning 建构研究　邓仲华,陈远,郭梁 2006(2)
网络环境下专题文献信息过滤模型及服务系统设计　焦玉英,刘伟成,李法运 2006(2)

机构知识库:数字图书馆发展的新领域 赵继海 2006(2)
基于 XML 平台的知识元表示与抽取研究
周宁,余肖生,刘玮,张芳芳 2006(3)
信息过滤技术在数字图书馆的应用 焦玉英,王娜 2006(3)
数字迁移风险管理 臧国全 2006(3)
基于分布式数据库构建分布式本体的方案设计 任瑞娟,王东方 2006(4)
数字图书馆包装层生成技术研究 张付志,肖阳 2006(4)
馆外访问及其方案构建 叶新明 2006(4)
数字保存系统中的信息模型研究 张智雄,林颖,吴振新,郭家义 2006(5)
基于可视化数据挖掘的知识发现模型研究 余肖生,周宁,张芳芳 2006(5)
面向数字图书馆的本体自动构建 刘柏嵩 2006(5)
迈向智能化图书馆
——无线射频识别技术在图书馆的应用和创新 吴晞,甘琳 2006(6)
基于 Globus Toolkit 的企业信息网格设计 焦玉英,孙吉红,刘伟成 2007(1)
新加坡网络信息管理机制分析 谢新洲,袁泉 2007(1)
论数字信息资源的国家宏观规划与管理 马海群 2007(1)
Web 2.0 能为建立竞争情报人际网络做些什么 沈固朝 2007(1)
数字资源整合的实现机制及关键技术
——对国外数字资源整合系统的实证研究 李广建,汪语宇,张丽 2007(2)
论数字馆藏发展政策的框架与内容 索传军,袁静 2007(2)
论图书馆信息资源数字化项目成本节约 臧国全 2007(2)
一种基于开放源码的数字保存系统设计 林颖,张智雄 2007(3)
数字图书馆信息服务基本法律问题研究 王玉林 2007(3)
大型层次化信息的可视化方法研究 周宁,陈勇跃,金大卫 2007(4)
图书馆 RFID 技术应用标准化问题分析 孙一钢,董曦京 2007(4)
数字图书馆中主动信息过滤系统的构建研究 焦玉英,王娜 2007(4)
美国 ERMS 产品的分析与启示 叶新明 2007(4)
闭合式非相关文献知识发现方法在中文文献中的验证
黄水清,熊健,李志燕 2007(5)

数字图书馆开放式资源与服务描述规范　孙坦,周静怡,宋文 2007(6)

社会信息化进程中硬件设施测度的探讨　颜世伟,郑建明 2008(1)

数字图书馆服务登记系统数据模型设计　徐坦,孙坦 2008(2)

图书馆 2.0
——升级的冲动　刘炜,王波 2008(2)

再续数字图书馆十年辉煌　刘炜 2008(2)

构建面向网络的数字图书馆技术环境　张智雄 2008(3)

展望未来:数字图书馆技术的挑战和机遇　John Wilkin,何欢欢 2008(4)

人文关怀·现代科技·自助图书馆
——深圳图书馆"城市街区自助图书馆系统"介绍　吴晞,王林 2008(4)

一种面向 Web 图书馆的读者认证信息
单点登录模型研究　郭秋萍,焦允,周九常 2008(5)

图书馆 2.0 环境下信息集成服务研究　焦玉英,刘颖 2008(5)

香港城市大学图书馆服务转型蓝图
——从图书馆 RFID 项目开始　景祥祜,戴淑儿,蔡孟欣,郑世福 2008(6)

基于主题聚类的主题数字图书馆构建　章成志,张庆国,师庆辉 2008(6)

基于情景模型的数字图书馆个性化服务研究　焦玉英,袁静 2008(6)

图书馆专家知识地图的 XTM 构建方法研究　夏立新,王忠义,张进 2009(2)

基于数字图书馆的本体应用环境研究
董慧,王菲,姜赢,高巾,翁丹丹,曾杰 2009(5)

基于语义 Web 的知识处理流程及其技术框架研究　朝乐门 2009(5)

基于百科资源的多策略中文同义词自动抽取研究
陆勇,章成志,侯汉清 2010(1)

国防专利情报系统中数据集成语义控制研究　王兰成 2010(1)

以开放的心态迎接新的信息技术
——2009 年信息技术在图书馆的应用
朱强,孙卫,赵亮,马瑞,洪光宗,孙一钢,钱国富 2010(3)

移动的书海:国内移动图书馆现状及发展趋势　宋恩梅,袁琳 2010(5)

国外数字图书馆评价研究现状分析　李贺,沈旺,国佳 2010(6)

方志类古籍地名识别及系统构建 朱锁玲,包平 2011(3)

基于 Tag 的知识主题网络构建与 Web 知识推送研究
易明,曹高辉,毛进,邓卫华 2011(4)

互联网用户协同创作与内容共享的活动系统研究
张薇薇,王昊,朱晓东 2011(4)

中国高等教育数字图书馆:规划与实践 黄晨 2011(4)

大规模人机协同知识管理模式研究 朝乐门 2011(5)

图书情报学视角的 Web 2.0 研究综述 王伟军,甘春梅 2011(6)

关联数据发布技术及其实现
——以 Drupal 为例 夏翠娟,刘炜,赵亮,张春景,徐昊,朱雯晶 2012(1)

科技文献跨语言推荐模型研究 赖院根 2012(2)

OpenCSDB:关联数据在科学数据库中应用研究
沈志宏,张晓林,黎建辉 2012(5)

面向关联数据的语义数字图书馆资源描述与
组织框架的设计与实现 欧石燕 2012(6)

建筑与设备

临时书库设计(初稿) 杜定友,梁国权 1957(1)

临时书库设计附图 1957(1)

介绍自流墨胶皮刷和“多用”油印盘 辛雨时 1958(4)

让放大机变成多用复制机
——简易实用微缩影片的摄制放大阅读复印法 丁玉文 1958(6)

莫斯科大学图书馆新馆建筑设计简介 杜定友,梁国权 1959(7)

电动运书升降机初步设计 崔永树 1960(2)

一项小革新 沈启文 1960(4)

改进后的“多用”油印盘 辛雨时 1960(4)

北京图书馆大书库的几项技术革新 北京图书馆庋藏组 1960(6)

擦架用移书板 长春地质学院图书馆 1960(6)

抹浆器的制作方法及使用说明 长春市图书馆 1960(6)

半机械化的“双层借书存根桌” 湖北省图书馆 1960(6)

脚踏钉书机 陕西省图书馆 1960(6)

我们怎样制造阅览人次自动统计机的 姚成祥 1960(6)

自动盖印机 浙江图书馆 1960(6)

脚踏号码机 重庆市图书馆 1960(6)

脚踏油印机 重庆市图书馆 1960(6)

活动推书架(书库图书上架用) 重庆市图书馆 1960(6)

谈图书馆建筑设计　吕越 1964(1)

关于美国的图书馆建筑　1980(4)

图书馆建筑三十年　黄克武,王天星,王觉 1982(4)

略谈高校图书馆馆舍建设的前期工作　吕振瀛 1982(4)

国外大学图书馆设计研究　沈庄 1982(4)

北京图书馆新馆工程介绍　1983(4)

DT
——8 型图书馆流通统计电子计数器的使用　苏州市图书馆 1985(4)

BH13. OTS 型图书馆车　卫秉镛,唐宗豪 1987(2)

C—S 图书自动传送系统　陈开贤 1987(2)

北京图书馆新馆工程概况　黄克武,翟宗璠,金志舜 1987(3)

北京图书馆新馆施工工程简介　1987(3)

关于北京图书馆新馆建设的重要记事二则　丁志刚 1987(4)

为读者开创一片研读的绿洲
——谈新馆的绿化工程　王淑英 1987(4)

力求"经济、适用、美观"和"民族化、现代化"的完满体现　自强 1987(4)

关于《图书馆建筑设计规范》的内容简介　孙怀瑾 1988(1)

《现代与未来》壁画构图　张颂南 1988(1)

极目创一流:北图新馆壁画介绍之三
文津厅壁雕《灿烂的中国古代文明》构图说明　李化吉,权正环 1988(2)

话说"创一流"
——北图新馆验收初验工作会议内外　滇苇 1988(3)

图书馆建筑与设备研究论文综述(1949～1989)　金沛霖 1989(3)

全国图书馆建筑设计学术研讨会综述　丁大可,戴维民 1990(3)

现代化图书馆建筑的特点　陈界 1991(4)

立足今天　面向未来
——全国"图书馆未来及其建筑研讨会"在大庆召开　毕红秋 1992(1)

全国图书馆未来及其建筑研讨会建议书
图书馆未来及其建筑研讨会全体与会代表 1992(2)

值得信赖的“图书卫士”	吴维民 1992(3)
关于图书馆建筑管理问题的若干思考	袁福连 1995(6)
20 世纪 90 年代中国图书馆建筑概览	夏国栋 2001(5)
新世纪图书馆建筑设计理念	龚天力 2003(4)
数字图书馆消防设计常识	李保山 2004(1)
当前图书馆建筑的几个问题	谭祥金 2004(6)
对中国图书馆建筑文化的思考	李明华 2005(3)
现代图书馆建筑中读者关怀意识的落实	应长兴 2008(5)

文献保护

决不容许右派分子诬蔑我们的古书保护工作　王鸿 1957(4,5)

谈谈中国旧书装订修补法　萧振棠,李文如 1957(6)

善本书保管方法商榷　毛春翔 1958(6)

合成聚合物在书籍中的应用(答读者问)　汪家熔 1964(2)

怎样保护图书　婷 1983(2)

现代科学技术在图书档案保护中的应用　李景仁 1985(3)

胡乔木同志致朱穆之同志的一封信
——关于图书档案保护问题　1985(3)

图书保护技术(两则)　1985(3)

发扬协作精神,加速文献资料的缩微化
全国图书馆文献缩微复制中心 1985(4)

远红外干燥消毒箱介绍　李景仁 1986(1)

维也纳国际图书保护讨论会论文综述　艾青春,李景仁 1986(3)

文献抢救工作的现状与我们的任务　李竞 1986(3)

日本图书馆对古籍的管理与保护　王永厚 1988(1)

广西图书虫害调研报告　李景仁,陈雪良,陈锦钊,马骏 1989(1)

中国图书档案纸张酸度初探　李景仁 1990(2)

应用低温干燥技术抢救水浸纸质图书的
研究成果在京通过鉴定　景仁 1992(1)

臭氧应用于图书馆消毒灭菌初探　李景仁 1992(2)

从传统中走出 ——论文献保护发展的方向	刘家真 1999(2)
中国古籍文献的酸化与防酸化	李景仁,周崇润 2002(5)
法国国家图书馆的图书保护探析	周耀林 2003(5)
少数民族古籍的收集与保存	何丽 2004(1)
谈构建馆藏文献保护的技术防线	彭林 2004(5)
民族古籍保护及其策略研究	包和平,何丽 2005(6)
中国古籍保护的问题分析与战略研究	刘家真,程万高 2008(4)
读者来信	邱晓刚 2008(5)
古籍保护与开发的策略与建议	刘家真,程万高 2009(3)
中国大陆图书馆文献保护灾难预案调查	林明,张靖 2010(4)
我国古籍保护事业可持续发展思考	陈红彦,刘家真 2012(2)
我国古籍、纸质文物与档案保护比较研究	刘家真,廖茹 2012(4)

文献研究

略论"毛泽东选集"的版本　李枫 1957(2)

目录学对象浅探　朱天俊 1961(2)

关于目录学的研究对象问题　周学浩 1961(3)

"西谛藏书"概述　朱家濂,王树伟 1961(3)

魏晋南北朝时期的私家藏书　刘汝霖 1961(3)

南宋(1127～1279年)刻书地域考　张秀民 1961(3)

谈谈振铎同志搜集和收藏的戏曲书　赵万里 1961(3)

西谛藏书题跋选录　郑振铎 1961(3)

"西谛藏书题跋"读后感　朱家濂 1961(3)

"柔石小传"校读记
——"鲁迅全集"补注　丁景唐 1961(4)

读影印本"永乐大典"记　胡道静 1961(4)

鲁迅先生未完成著译书目补遗　马同俨 1961(4)

版本学与图书馆　顾廷龙 1962(1)

"古今图书集成"的情况、特点及其作用　胡道静 1962(1)

胡也频烈士的著作和手迹　丁景唐 1962(1)

蒋光慈著译书目　瞿光熙 1962(1)

隋唐五代时期的私家藏书　刘汝霖 1962(1)

关于《藏书绝句》的"著者"问题　刘铁铮 1962(1)

"七志"与"七录"	王重民 1962(1)
目录学初解	张遵俭 1962(2)
"在延安文艺座谈会上的讲话"出版史料介绍	丁景唐,闵晓思 1962(2)
"在延安文艺座谈会上的讲话"参考文献和论文选目	北京图书馆参考书目组 1962(2)
"在延安文艺座谈会上的讲话"版本目录	北京图书馆参考书目组 1962(2)
"史通"版本源流考	傅振伦 1962(2)
蒋光慈著译书目(续完)	瞿光熙 1962(2)
从"在延安文艺座谈会上的讲话"最早的版本谈起	尹达 1962(2)
"在延安文艺座谈会上的讲话"在国外	子牛 1962(2)
徐光启农学著述考	胡道静 1962(3)
天一阁藏书和书目	骆兆平 1962(3)
徐光启撰编"农政全书"的科学劄记	吴贵芳 1962(3)
稀见古农书别录	胡道静 1962(4)
郑樵与校雠学	李希泌 1962(4)
乾隆毁书的例证	王拱璧 1962(4)
所谓"永乐大典本交州记"	张秀民 1962(4)
清代泰山徐氏的磁活字印本	朱家濂 1962(4)
关于柔石烈士的手稿	丁景唐 1963(1)
丛书概述	施廷镛 1963(1)
关于中国农书	王毓瑚 1963(1)
越南的医学名著 ——《懒翁心领》	张秀民 1963(1)
《齐民要术》十种校宋本题记	缪启愉 1963(2)
目录学的研究对象问题商榷	王煦华 1963(2)
《脂砚斋重评石头记》摭谈	陈仲篪 1963(3)
《王祯农书》的版本	万国鼎 1963(3)
结合文献和传说来看曹雪芹	吴恩裕 1963(3)

《西谛书目》序言 赵万里 1963(3)

《郡斋读书志》与《直斋书录题解》 王重民 1963(4)

《红楼梦稿》的成分及其年代 吴世昌 1963(4)

关于高鹗续《红楼梦》及其他 范宁 1964(1)

有关强学会报刊的新资料 杨瑾琤 1964(1)

明代徽派版画黄姓刻工考略 张秀民 1964(1)

山花烂熳赞雄词
——略谈毛主席诗词的出版和传播 张铁弦 1964(2)

稀见古农书补录一则
——《陶朱公奇书类纂》 夏淡人 1964(2)

重视族谱的史料价值 崔建英 1979(1)

谈郭沫若同志题《图书馆学通讯》遗诗简释 李长路 1979(1)

喜读朱德同志早年诗十八首 李希泌 1979(1)

介绍早期记录外国历史的著作 王重民 1979(1)

西北地理和元史之研究 王重民 1979(2)

晚清时期几首关于台湾的诗 周庸 1979(2)

明代无锡会通馆印书是锡活字本 潘天祯 1980(1)

重视地方文献的史料价值 范希宏 1980(2)

类书溯源 洪湛侯 1980(2)

关于麻沙本 林列 1980(2)

漫话方志敏烈士遗著《略述》的际遇 葛闻 1980(3)

八十一年还旧国
——记西德友人送交北京图书馆一册满文图书 黄润华 1981(3)

《明史艺文志》与补史艺文志的兴起 王重民 1981(3)

略论王重民同志对于版本学的研究 杨殿珣 1982(3)

扬州诗局杂考 潘天祯 1983(1)

天一阁研究资料目录 方承,骆兆平 1983(2)

西谛藏书题跋选录 郑振铎 1983(4)

西谛藏书题跋选录读后感 朱家濂 1984(1)

“西谛藏书”概述 朱家濂,王树伟 1984(2)

谈谈振铎同志搜集和收藏的戏曲书 赵万里 1984(2)

《西谛书目》图外 1984(2)

父亲张宗祥校勘几部古书的经过 张珏 1984(3)

古代的文章计量名通释 骆瑞鹤 1984(4)

古籍整理工作中一项有用的参考资料书
——历代古籍解题与题跋 朱家濂 1984(4)

《隋书经籍志》新探 钱亚新 1985(1)

中国古代科技图书的体例及主要著作 李树菁 1985(2)

毛扆第五次校改《说文》说的考察 潘天祯 1985(2)

明人古籍题跋辑录(一) 朱家濂 1985(2)

《周易》经传、历代注疏及主要学派与自然科学的关系
李树菁 1985(4)

《天一阁书目》校读记 朱家濂 1985(4)

明人古籍题跋辑录(二) 朱家濂 1986(1)

《民国时期总书目》序 叶圣陶 1986(2)

《好逑传》的首译考 费毓龙 1986(3)

毛扆四次以前校改《说文》说质疑 潘天祯 1986(3)

中国古籍善本书目编辑经过 顾廷龙 1986(4)

谈《中国古籍善本书目》的出版 李一氓 1986(4)

日本外务省档案(1868~1945)
——一部有价值的历史文献 李镇铭 1987(3)

《古籍题跋索引》序 张秀民 1987(3)

读《四库提要》剳记 朱家濂 1987(3)

欧美各国所藏中国古籍简介 钱存训 1987(4)

《西谛书话》序 叶圣陶 1988(1)

《西谛书话》蛰居散记(摘录) 郑振铎 1988(1)

周恩来总理关怀祖国文化古籍抢救工作记事一则
——记孟蜀广政石经 朱家濂 1988(1)

《管子集校》叙录 郭沫若 1988(2)

《西谛书话》求书日录 1988(2)

敦煌写本中释教大藏经目录与有关文书(一) 唐耕耦 1988(3)

《西行漫记》在中国的流传和影响
——《红星照耀中国》重要中译本 50 年书话 张小鼎 1988(3)

附:中译《西行漫记》版本目录 1988(3)

敦煌在中国,“敦煌学”在全世界
——记 1988 年中国敦煌吐鲁番学术讨论会 尚林 1988(4)

读《四库提要》劄记(续) 朱家濂 1988(4)

明清时期的徽州刻书 翟屯建 1989(1)

中国目录学发展简论 申畅 1989(4)

孔子的目录学思想 王晋卿 1989(4)

中国雕版印刷术早于唐论 刘卫武 1990(1)

方策辨 张觉 1990(1)

张海鹏张金吾叔侄刻书藏书述略 郑伟章 1990(1)

《通检丛刊》知多少 毕于洁 1990(2)

关于天都陈氏承雅堂藏书 刘尚恒 1990(2)

关于岳刻《九经》以及《刊正九经三传沿革例》的作者问题 王玉良 1990(2)

《宝文堂书目》及其文献价值 王国强 1990(3)

常熟当代私家藏书述略 仲伟行 1990(3)

《联绵字典》探微 朱积孝 1990(3)

我国图书版本的著录始于郑樵 王昕 1991(1)

《商君书》、《申子》、《慎子》流传考略 张觉 1991(1)

常熟南张文献世家世系考 郑伟章 1991(3)

丛书起始辨证 王子舟 1991(4)

《韩非子》校后记 张觉 1991(4)

全章目录学辨 尹地 1992(3)

中国文献学研究发展述略　谢灼华,石宝军 1993(2)

《天一阁丛谈》序　顾廷龙 1993(2)

略谈我国古代文字的载体及书籍的起源　王玉良 1993(2)

《四库全书》与清代辑佚　王世学 1993(3)

阮孝绪和他的《七录》　鲁夫 1993(4)

《吴越春秋》考　张觉 1994(1)

宋庆龄研究文献述评　苏爱荣 1994(3)

司马迁笔下的方志雏型　朱积孝 1994(3)

郑振铎先生的三封佚信　李性忠 1994(5)

是否有新书版本学　徐雁平,武晓峰 1995(1)

鲁迅与古籍版本学　曹之 1995(1)

中国文摘史略　吉士云 1995(2)

西方学者论天一阁　张树声,郑继丰 1995(6)

近现代图书版本鉴定之问题分析　张广钦 1995(6)

西方现代印刷技术与中国图书装帧的变化　张志强 1996(6)

勇于开拓经典文献学研究的新领域
——谈邓小平文献研究　金恩辉 1997(1)

试论《世本》在我国史籍编纂中的地位和影响　卢贤中 1997(4)

是杜参还是富参
——《七略》、《别录》研究一得　曹之 1998(2)

海峡两岸古籍整理学术交流之我见我思　金恩辉 1998(2)

司马迁对中国古典目录学的贡献　徐蜀 1998(4)

中国石刻文献的种类及其演变　华人德 1999(1)

《四库全书》首架乾隆御题解　李致忠 1999(4)

论明清官修书目的时代特征　钟瑛 2001(3)

古代书目编撰的特点　曹之 2002(1)

论图书馆对《道藏》的开发与利用　刘华 2002(2)

传世孤本南宋明州刻本《集韵》初探　王世伟 2002(4)

类书之体　延绵有续
　——纪念《永乐大典》编纂600年　倪晓建 2002(5)

谈石刻文献整理　康万武 2005(1)

我国第一部语词索引《老解老》研究　王雅戈，侯汉清 2007(2)

《出三藏记集》是一部版本目录　曹之，马刘凤 2007(3)

简帛文献中的校雠学义例　傅荣贤 2007(3)

《隋书经籍志》是一部版本目录　曹之，孙文杰 2009(1)

浅析《绛云楼书目》的若干问题　王红蕾 2010(6)

尊经重教以成"为治之具"
　——中国古代文献分类活动的思想宗旨　蒋永福 2012(2)

人物与历史

徐汇观书记　张遵俭 1957(2)

中国书籍装订术的发展　蒋元卿 1957(6)

抗日战争时期延安地区的图书馆事业概况　林述 1959(5)

列宁与图书馆　1960(3)

五四运动
——第一次国内革命战争时期的上海通信图书馆　谢灼华 1960(5)

西谛先生的风格　铁弦 1961(3)

忆西谛先生　吴晗 1961(3)

“察世俗”和梁发(近代史籍小识)　张静庐 1961(3)

布拉格的“鲁迅图书馆”　健 1961(4)

鲁迅书简读后
——随笔之一　戚志芬 1961(4)

关于鲁迅参加政治斗争和社会活动的文献史料简介
沈鹏年 1961(4)

鲁迅手迹和藏书的经过　许广平 1961(4)

鲁迅先生和图书馆　许钦文 1961(4)

鲁迅先生热心于图书馆工作的二三事　叶淑穗 1961(4)

我所知道的鲁迅　张宗祥 1961(4)

明代的铜活字
(附:明代铜活字印本编年书目)　张秀民 1961(4)

祁承㸁
——我国图书馆学的先驱者 钱亚新 1962(1)
“康敏尼特图书馆”简介 石梅 1962(1)
八百年前的“目录柜” 竹庵 1962(1)
元明两代的木活字 张秀民 1962(1)
清代的木活字(1644～1911) 张秀民 1962(2)
略论章学诚对我国索引工作的贡献 钱亚新 1962(3)
清代的木活字(1644～1911)(续完) 张秀民 1962(3)
敬悼洪范五先生 刘国钧 1963(1)
抗日战争前后的蚂蚁图书馆 卢中岳 1963(1)
北宋崇文院的建院目的和藏书利用 潘天祯 1963(1)
关于中国近代图书馆事业史的分期问题
——与张遵俭等同志商榷 卢中岳 1963(2)
鲁迅先生与目录工作 徐恭时 1963(3)
论“古越藏书楼”在中国近代图书馆史上的地位 谢灼华 1964(1)
马克思恩格斯著作在中国的出版和传播 张允侯 1964(1)
列宁著作在中国的出版和传播 张允侯 1964(2)
音容宛在 遗教犹存
——回忆郭老与北图二、三事 纪念郭老逝世一周年 戚志芬 1979(1)
李大钊同志以图书馆为阵地
最早在我国传播马克思主义 张玮瑛 1979(2)
美国著名图书馆自动化专家艾弗拉姆女士 朱南 1979(2)
李大钊同志着力于图书馆的整顿和扩充 1979(2)
李大钊与我国现代图书馆事业 1979(2)
幸福的回忆 巨大的鼓舞
——记周总理一九五九年视察南开大学图书馆 孙书瑜 1980(1)
中国图书馆事业史上的一朵樱花
——记日本学者朝衡任唐代秘书监 张白影 1980(1)
我在中国的经历 安娜·路易斯·斯特朗 1980(2)
安娜·路易斯·斯特朗的生平和著作 德年 1980(2)

突击黑暗　争取光明
——记孑民图书室的诞生　罗歌 1980(2)

在列宁工作过的地方　杨威理 1980(2)

全世界出版列宁著作简况　1980(2)

蔡元培著作和传记出版简况　1980(2)

蔡元培热心赞助进步事业　1980(2)

裨补学界　潜滋暗助
——纪念美国友人韦棣华女士　蔡元培 1980(3)

史沫特莱的生平和著作　戈宝权 1980(3)

天一阁史话　骆兆平 1980(3)

蜡炬成灰人成才
——悼刘国钧教授　1980(3)

毖彼甘泉注心田　万方振奋诵遗篇　李希泌 1981(1)

涵芬楼和东方图书馆　汪家熔 1981(1)

1979 年玛格丽特·曼荣誉奖与 AACR—2 的编者　龙奋 1981(2)

从《鲁迅日记》看他与北京图书馆的关系　王锡荣 1981(3)

呕心沥血播芳馨
——漫话鲁迅与《毁灭》的翻译及出版　张小鼎 1981(3)

北京图书馆解放后第一任馆长冯仲云同志　袁丁 1981(3)

在周恩来林祖涵同志关怀下原国立北平图书馆入藏
我党早期出版的书刊文献纪实　1981(3)

1939 年国民革命军第 18 集团军驻重庆、陕(西安)
办事处致北平图书馆赠书函件　1981(3)

辛亥前后图书馆史料　李希泌 1981(4)

纪念辛亥革命 70 周年　友石敬 1981(4)

昙华忆旧录
——毛体六学记　张遵俭 1982(1)

张宗祥和《我所知道的鲁迅》　1982(1)

回忆沈绍期师　张遵俭 1982(2)

从图书馆建馆纪念活动中想到的　丁志刚 1982(3)

回忆五十年代创建新善本、手稿、特藏库的经过　冯宝琳 1982(3)

源远流长的馆藏善本　冀叔英 1982(3)

回顾与探讨
——北图科技参考工作二十年　科技参考组 1982(3)

北京图书馆忆旧　吕叔湘 1982(3)

参考工作的零星回忆
——怀念左恭同志　戚志芬 1982(3)

回忆三十年代的北京图书馆　袁涌进 1982(3)

抗日史料征辑工作拾零　1982(3)

毛泽东与图书资料工作
——根据革命战争年代资料整理　金竟铭,李惠斌,唐见林 1982(4)

阮冈纳赞的工作和成就概略　楚 1982(4)

浅析历代中国的教育图书情报工作　樊松林 1982(4)

孜孜不倦的图书馆学家
——纪念阮冈纳赞逝世十周年　范并思 1982(4)

倪海曙忆陈望道:(片断)　1983(1)

马恩著作在中国传播的历史概述(一)
——二十世纪初期至中国共产党的成立　胡永钦,耿睿勤,袁延恒 1983(2)

拿破伦与图书馆　胡继武 1983(2)

两件图书馆史史料　汪家熔 1983(2)

马恩著作在中国传播的历史概述(二)
——中国共产党的成立至第一次
国内革命战争时期　胡永钦,耿睿勤,袁延恒 1983(3)

鲁迅与马克思著作　叶淑穗 1983(3)

张宗祥整理、校勘古书的简介　张珏 1983(3)

鲁迅读过的马克思的书　1983(3)

马恩著作在中国传播的历史概述(三)
第二次国内革命战争时期　胡永钦,耿睿勤,袁延恒 1983(4)

毛泽东与《国民运动丛书》书目 唐见林 1983(4)

毛泽东同志著作的出版与传播 雍桂良 1983(4)

美国图书馆史研究述略 庄义逊 1983(4)

毛泽东同志与中国古籍 李一氓 1984(1)

马克思主义在中国传播历史概述(四) 胡永钦 1984(1)

马恩著作在中国传播的历史概述(续四) 胡永钦 1984(2)

列宁与图书馆 张琪玉 1984(2)

碑石
——谈谈作为藏书家的何其芳同志 白山 1984(4)

马恩著作在中国传播的历史概述(续四完) 胡永钦 1984(4)

"狄德罗年"的纪念 1984(4)

狄德罗与《百科全书》
——纪念狄德罗逝世二百周年 焦树安 1985(1)

张宗祥的"冷书" 张珏 1985(1)

延安中山图书馆 师月玲 1985(2)

张元济和图书馆事业 汪家熔 1985(2)

傅雷家书墨迹展览展品内容介绍 傅敏,张延平,汪健波 1985(3)

傅泽管窥 罗新璋 1985(3)

我所了解的袁同礼先生 朱士嘉 1985(3)

1937年"七七"事变后原国立北平图书馆主要馆务转移内地蔡元培袁同礼来往信札(三件) 1985(3)

慕尼黑巴伐利亚公立图书馆的中文藏书 汪珏 1986(1)

杜定友部分著述统计 张望自,文佳 1986(2)

宫乃泉同志与医学图书馆的建设 胡田成 1986(2)

我国图书馆事业史上的又一朵樱花 钱健 1986(2)

中国古代书籍的产生和变革 1986(2)

试评造纸术的起源之争 陈穗果 1986(3)

回忆左恭同志,他为图书馆界的协作历尽心劳 鲍振西 1986(4)

孙庆增其人及其书　谢灼华 1986(4)

书海五十年
——记顾廷龙馆长　吴织 1987(1)

中国书史研究中的一些问题(之二)　古书梵夹装、旋风装、蝴蝶装、包背装、线装的起源与流变　李致忠,吴芳思 1987(2)

张元济与合众图书馆　1987(2)

国外出版的有关中国报刊资料综述　谈金凯 1987(3)

回忆季平同志关怀北京图书馆新馆建设的几点情况　吴瀚 1987(3)

纪念李小缘先生　倪友春,严仲仪 1987(4)

附　李小缘先生系年录　1987(4)

为繁荣中华民族的文化做出贡献
——纪念北京图书馆建馆 75 周年　任继愈 1987(4)

《中国印刷史》自序　张秀民 1987(4)

1932 年蔡元培先生与社会文化界发起恢复上海文化机关启事　1988(1)

外国图书馆学人传略　1988(1)

莱茵河畔书友情
——记一贯热心为中国国家图书馆馈赠图书的柯本和周仲铮夫妇　蔡锡明 1988(2)

钱存训教授和他的《纸和印刷》　李建全 1988(2)

天一阁史事琐考　骆兆平 1988(2)

事业联结的情谊:格林伍德、布朗和爱德华兹　1988(2)

明尼·斯图尔特·罗兹·詹姆斯　1988(3)

约翰·科顿·丹纳　1988(3)

缅怀宋养初同志为筹建北图新馆历尽心劳　丁志刚 1988(4)

北堂藏书渊源研析　李镇铭 1988(4)

图书情报人物(1):吴尔中　陈界 1989(1)

图书情报人物(2):曾世荣　赵燕群 1989(1)

五四运动对我国图书馆事业的影响　予文 1989(2)

中国图书馆运动的回顾与展望　张中锋 1989(4)

沈祖荣师对我国图书馆事业的贡献　吕少骞 1990(2)

宋代的史学成就与图书馆　王酉梅 1990(2)

中西书目发展史(公元前~1919年)比较研究　张志伟 1990(2)

明清两代活字印书琐议　刘云 1990(3)

克鲁普斯卡娅的图书馆学思想　何善祥 1991(2)

图书情报人物(3):柳诒徵　梅可华 1991(2)

中华苏维埃中央图书馆史略　朱发平 1991(2)

中国古代书院图书馆的特点及其优良传统　王酉梅 1991(4)

我国古代的官学藏书　吴晞 1991(4)

梁启超先生对我国图书馆事业的贡献　刘司斌 1992(2)

图书馆学界的爱因斯坦
——纪念阮冈纳赞(一八九二　一九七二)
诞辰一百周年　叶千军 1992(3)

梁启超对我国目录学的开创性贡献　李万健 1993(2)

中国共产党人创办的第一所图书馆:
湖南自修大学图书馆　赖伯年 1993(4)

老子与图书馆　许秀臣 1994(2)

辛亥革命前的资产阶级革命报刊　李凭 1994(3)

论谢拉的思想体系及其价值　罗志勇 1994(3)

飞出榆关架热线探幽书山著新篇
——记台湾著名学者、图书馆学家胡述兆博士　金恩辉 1994(4)

一代藏书校书宗师傅增湘　郑伟章 1994(6)

胡适和葛思德东方图书馆　农伟雄 1995(2)

漫谈宋代馆阁藏书　李婷 1995(3)

世界图书馆文化史上的九大里程碑　李明华 1996(4)

中国古代私藏典籍的收集　张木早 1996(4)

我国解放前的阅报所　江乃武 1996(6)

往事悠悠四十年
——深切怀念丁志刚同志 赵世良 1997(2)

近代图书馆的终结和现代图书馆的崛起
张德芳,钟昌式 1997(4)

一代宗师皮高品先生记略 黄宗忠,查启森,李美爱 1998(5)

章学诚与图书编撰学 曹之 1998(5)

中国图书馆百年历史阶段划分之我见 卢子博 1998(5)

现代大藏书家周叔弢 邱碧君 1998(5)

二十年来的王重民研究 孟昭晋,王锦贵 1999(2)

英国修道院图书馆及其历史影响 华薇娜 1999(2)

略论古代书院藏书与书院教学、学术研究的关系
秦健民 1999(2)

开创情报语言学的新天地
——论张琪玉教授对情报语言学的新贡献
曹树金,罗春荣,汪东波 1999(5)

记文献渊薮顾廷龙先生 郑伟章 1999(5)

抗战时期浙江省图书馆事业的损失 袁逸 2000(5)

一代宗师　风范长存
——回忆刘国钧先生在北大的日子 朱天俊 2001(1)

常熟私家藏书在中国图书馆学发展中的地位和作用 仲伟行 2001(6)

美籍华人图书馆员成就简述 ·李健刚 2002(1)

南京大学在西方图书馆学中国本土化过程中的贡献 叶继元,徐雁 2002(5)

跨越时空的图书馆精神
——“三位一体”与“三维一体”的韦棣华女士、
沈祖荣先生和裘开明先生 程焕文 2002(5)

跨越时空的图书馆精神
——“三位一体”与“三维一体”的韦棣华女士、
沈祖荣先生和裘开明先生(续上期) 程焕文 2002(6)

中国古代私家藏书文化研究论纲 周少川 2002(6)

《裘开明图书馆学论文选集》序言 钱存训 2003(6)

汪长炳先生对我国图书馆事业的杰出贡献
——纪念著名图书馆学家、教育家
汪长炳先生诞辰100周年　彭飞,汪励 2004(4)

中日战争期间日本对中国图书馆事业的破坏　李彭元 2006(3)

中国地质图书馆的历史地位与作用　段怡春,徐红燕 2006(6)

陶行知与新图书馆运动　李刚,倪波 2008(3)

社会教育理念下的图书馆学思想
——马宗荣先生与近代图书馆事业　吴稌年 2009(2)

新中国图书馆事业发展的一次浪潮
——记"全国图书协调方案"及其协作、协调活动
张树华,赵华英 2009(3)

国家图书馆百年沿革与传承　李致忠 2009(5)

卡内基图书馆计划的回眸与反思　郑永田 2010(1)

论文华图专的学术风格及其深远影响　彭敏惠 2011(1)

1876~1976年美国图书馆未成年人服务发展历史研究　张丽 2011(1)

中国现代图书馆专业化的一个重要源头
——中华教育改进社图书馆教育组的历史考察　李刚,叶继元 2011(3)

戴志骞生平与图书馆事业成就考察　郑锦怀 2011(4)

论刘国钧先生早期的图书馆学思想　吴稌年,顾烨青 2011(5)

美国国会图书馆馆长斯波福德思想初探　郑永田 2011(5)

谭卓垣生平与图书馆学成就考察　郑锦怀 2011(6)

谭卓垣研究史料考证
——读《谭卓垣生平与图书馆学成就考察》与郑锦怀商榷　周旖 2012(3)

美国公共图书馆史文献评述　郑永田 2012(4)

信息计量研究与应用

对近年来目录学研究文章的统计与分析　秦健 1983(3)

试论核心期刊的测定　徐凤仪 1983(4)

定量地研究科技文献情报流
——纪念布拉德福定律发表五十周年　王崇德 1984(1)

文献计量学的定义及其研究对象　邱均平 1986(2)

图书馆学情报学著作四十年出版情况概析　李万健 1989(2)

北美参考咨询博士论文评介　范铮 1989(3)

我国近 10 年连续性出版物管理论文的作者分析　江乃武 1989(4)

我国 10 种图书馆学期刊论文的引文分析　王惠翔 1989(4)

图书馆学情报学论文引文的比较与分析　徐欣禄 1990(1)

对《图书馆学通讯》活跃作者群的探讨　李希孔 1990(4)

美国图书馆学情报学核心期刊文献分析研究述要　华薇娜 1991(1)

我国图书情报资源共享研究论文及作者
(1979~1989)的统计分析　王惠翔 1991(1)

从 6776 个图书馆统计数据看我国图书馆
事业的现状、成绩与问题　贾璐，常林，沈怀湘 1991(3)

连续性出版物管理论文研究方法调查　江乃武 1991(3)

我国图书馆学情报学研究主题趋势的定量分析　邱均平 1991(3)

林业大学学报论文第一作者和合作者的洛特卡分布对比
赵世华，袁浩，张秦生 1992(1)

我国图书馆学情报学期刊引文调查与分析 丘峰,翟凤岐,张芝兰 1992(1)

我国图书馆学期刊1990年的发文及引文统计分析 王惠翔 1992(1)

高频词与低频词的界分及词频估算法 孙清兰 1992(2)

我国科技论文的基本状况 张玉华 1992(3)

美国80年代以来图书馆学情报学期刊文献研究述评 董小英 1993(1)

我国图书馆学经典文献测定及其分析评价 王惠翔 1993(3)

建国42年林业科技论文的计量研究 赵世华,高荣孚 1993(4)

《中国图书馆学报》1989~1992年发文
作者及引文的统计分析 李亚东 1994(3)

80年代以来我国图书馆学情报学期刊研究之进展 裴成发 1994(4)

期刊评价中影响因子的引入 李洪建 1994(4)

篇名关键词链特征的统计分析及应用 罗式胜 1995(1)

我国图书馆学期刊研究(1979~1993)的回顾与思考 谷玉萍 1995(3)

我国图书馆学期刊信息的分散性 郭玉强 1995(3)

对中美图书馆学情报学期刊引文统计的比较研究 华薇娜 1995(3)

《中国图书馆学报》被引调查与分析 王惠翔 1995(3)

中国文献计量学、科学计量学教育的兴起和发展 邱均平 1995(4)

从文献统计看比较图书馆学的发展 钟守真 1995(6)

用文摘法与引文法测单学科核心期刊的本质区别 刘维义 1996(1)

我国图书馆学情报学期刊引文进展分析 翟凤岐,张芝兰 1996(2)

1990~1993年美国图书馆学博士论文定量分析 华薇娜 1996(3)

文摘与引文的评价功能及特点的比较 汪继南 1996(3)

《中国图书馆学报》作者研究 徐苇,韩秀兰,张志平,丘峰 1996(5)

检索期刊质量定量评价的尝试
——对《中国农业文摘》编制质量的定量评价 徐佳 1996(5)

《中国图书馆学报》自引分析 韩秀兰,陈秀娥 1996(6)

我国图书馆学学者文献利用的调查与分析 郝珍明 1996(6)

图书馆学期刊互引系统的结构模型 党亚茹 1997(5)

社科文献中的反驳引文研究 梁春阳 1997(5)
建立高等院校研究级学科文献评价指标体系的探讨 卞福荃 1998(1)
引文中伪引和漏引的机制分析 叶新明 1998(1)
引文在评价研究工作上的作用和引文分析中应注意的问题 袁培国 1998(1)
文摘法与引证法的比较研究 陈广杰 1998(2)
从著者分布看中国图书馆学研究 艾新革,胡明玲 1998(4)
引文支持分析研究论纲 王正兴 1998(4)
二次文献出版物的定量评价 娄策群 1998(5)
论文献老化研究的预测性 俞培果 1998(5)
引用电子文献的分析与探讨 张月萍 1999(5)
近5年我国图书馆学期刊被引情况调查及分析 缪建兰,沈波 2000(4)
引文索引数据质量控制研究 苏新宁 2001(2)
利用CSSCI对我国高等院校人文社科研究状况的分析 韩新民,苏新宁 2001(4)
基于CSSCI对《中国图书馆学报》的载文被引情况分析及专家评价 邹志仁,程刚 2001(5)
国内外1975~1991年间关于中小企业信息管理的研究成果统计分析及建议 冷伏海,冯路 2002(1)
国内外1991~2000年关于中小企业信息管理研究成果的分析及思考 冷伏海 2002(4)
WWW网页的链接分析及其意义 邱均平,黄晓斌 2002(6)
网络计量学研究进展 马建华 2003(1)
平均累积报道时差统计法——MEDLINE CD-ROM报道时差实例分析 邢美园,袁明,苏开颜 2003(4)
江苏、湖北、上海社会科学生产力评析 邹志仁 2003(4)
从我国互联网络宏观状况看数字鸿沟问题——对CNNIC最近6次互联网信息资源调查报告的分析 朱莉,朱庆华 2003(5)

信息化对我国经济增长贡献的测定
——基于经济增长理论和国家信息化指数的研究
顾潇华，郭春丽 2005(1)

网络文献内容增长规律的实证研究
——以PC显卡相关内容主题的增长为例 邱均平，殷之明 2005(1)

网络计量学的理论、方法及应用 王知津，郑红军，张收棉 2005(4)

基于链接分析的网站评价研究 段宇锋，邱均平 2005(4)

共引分析理论与实践进展 王建芳，冷伏海 2006(1)

基于CSSCI的图书馆、情报与档案管理一级学科
文献计量评价研究 邱均平，马瑞敏 2006(1)

共词分析方法理论进展 冯璐，冷伏海 2006(2)

网络信息计量学研究方法的三维框架 沙勇忠，欧阳霞 2006(2)

共现分析在文本知识挖掘中的应用研究
王曰芬，宋爽，卢宁，朱烨 2007(2)

利用SCI进行科研工作者成果评价的新探索
邱均平，马瑞敏，程妮 2007(4)

国家社会科学基金"图书馆·情报与
文献学"立项分析研究 刘文云，耿庆军，李勇 2007(4)

网络信息计量学基本问题研究 赵蓉英，张洋，邱均平 2007(5)

网络信息计量学的学科体系研究 张洋，赵蓉英，邱均平 2007(6)

链接分析与引文分析的比较 邱均平，李江 2008(1)

网络信息计量学方法论 邱均平，张洋，赵蓉英 2008(2)

基于CSSCI的《中国图书馆学报》
h指数及核心作者测定 赵基明，舒明全 2008(2)

学者评价期刊与引文评价期刊异同之思考
——以史学学术期刊评价为例 叶继元 2008(4)

基于文献计量的国内外信息资源管理研究比较分析
邱均平，苏金燕，熊尊妍 2008(5)

近五年来国外图书馆学情报学论文的计量研究 邱均平，侯婕 2008(6)

网络信息半衰期测度的探索性研究 段宇锋 2009(2)

网络引文的可获得性体系之构建 杨思洛,仇壮丽 2009(3)

图书馆网站 Web 页面增长规律研究
——基于美国三种类型图书馆网站的
典型调查分析 邱均平,丁敬达 2009(3)

基于 SNA 的图书情报学期刊互引网络结构分析 宋歌,叶继元 2009(3)

网络引文不可追溯性及其解决方案研究 陆伟,韩曙光,沈祥兴 2009(4)

汉语社会科学文献非相关文献知识发现的实证研究
——以农业经济学文献为例 黄水清,马俊岭 2009(4)

1999~2008 年我国图书馆学研究的实证分析(上)
邱均平,丁敬达,周春雷 2009(5)

1999~2008 年我国图书馆学研究的实证分析(下) 邱均平,丁敬达 2009(6)

我国省级公共图书馆科研产出的 h 指数测度 赵星,黄娟,彭晓东 2009(6)

1999~2008 年我国图书馆评估研究述评
——对图书馆评估研究论文的计量分析 金胜勇,贾东琴 2010(1)

引文的本质及其学术评价功能辨析 叶继元 2010(1)

高品质论文被引数据及其对学术评价的启示 叶鹰 2010(1)

网络影响因子研究综述 张洋 2010(1)

我国"图书馆、情报与文献学"图书学术影响力报告
——基于 CSSCI 的分析 贾洁 2010(2)

JCR 五年期影响因子探析 赵星 2010(3)

当代中国知识分子的图书馆认同变迁研究
——基于《读书》杂志(1979~2009)的文本分析
金武刚,钱国富,刘青华,陈晓亮,俞传正 2010(4)

引文网络分析的方法整合研究进展 韩毅,张克菊,金碧辉 2010(4)

期刊引用认同及其被引评价新指标有效性分析 郑德俊,叶继元 2010(4)

提升图书情报学学科地位的思考
——基于 CSSCI 的实证分析 苏新宁 2010(4)

国外网络引文研究的现状及展望 杨思洛 2010(4)

基于"全景+细节"策略的学术引文信息可视化研究
靖培栋,邱威,牟晟斓 2010(5)

文献计量学发展演进与研究前沿的知识图谱探析 赵蓉英,许丽敏 2010(5)

国外图书馆学研究生学位论文关键词分析 王知津,李赞梅,谢丽娜 2010(6)

国内开放存取的研究热点:基于共词分析的文献计量研究 李武,董伟 2010(6)

中美图书馆学借用知识的比较观察——基于十年引文的分析 陈传夫,王云娣 2010(6)

图书情报学的国际研究态势:基于2000~2009年SSCI研究性论文的实证分析 陈贵梧 2011(1)

从期刊论文分析台湾信息素养主题研究之概况与发展:1970~2008年 于第 2011(1)

图书馆学知识图谱分析 赵蓉英,王菊 2011(2)

近五年来图书情报学研究热点与前沿的可视化分析——基于13种高影响力外文源刊的计量研究 邱均平,温芳芳 2011(2)

引文分析存在的问题及其原因探究 杨思洛 2011(3)

2000~2009年我国数字图书馆研究主题领域分析——基于CSSCI关键词统计数据 苏新宁,夏立新 2011(4)

网络分析方法在引文分析中的整合研究 宋歌 2011(4)

国内人文社会科学文献老化规律对比研究——基于Web新形势下的研究 邱均平,宋艳辉,杨思洛 2011(5)

2001~2010年国外信息管理研究进展——基于相关文献的计量分析和内容分析 柯平,贾东琴 2011(5)

基于作者同被引分析的我国图书情报学知识结构及其演变研究 马瑞敏,倪超群 2011(6)

学术期刊开放获取出版定量研究探析 陈静,孙继林 2011(6)

期刊引用认同指标在期刊评价中的适用性分析 苏芳荔,孙建军 2012(1)

中外图书情报学研究方法量化比较 张力,唐健辉,刘永涛,韩松涛,潘有能,陈丽君,叶鹰 2012(2)

知识交流研究现状可视化分析 邱均平,杨思洛,宋艳辉 2012(2)

作者耦合分析:一种新学科知识结构发现方法的探索性研究 马瑞敏,倪超群 2012(2)

基于F1000与WoS的同行评议与文献计量相关性研究
宋丽萍,王建芳 2012(2)

图书馆学情报学高影响力论文特征及所
反映的学科差异分析 周晓英,董伟,朱小梅,隋鑫 2012(4)

开放存取论文下载与引用情况计量研究 牛昱昕,宗乾进,袁勤俭 2012(4)

我国文科领域知识扩散之引文网络探析
赵星,谭旻,余小萍,闫现洋,叶鹰 2012(5)

中文社会科学引文索引(CSSCI)的设计与应用价值 苏新宁 2012(5)

学科教育

武汉大学图书馆学系举行科学讨论会纪要　　吴瑾 1957(3)

必须消灭图书馆学教育中的资产阶级教学思想
——记北大图书馆学系教学中资产阶级教学思想展览会　　王永厚 1958(3)

图书馆业余大学是大量培养红专干部的一条捷径　　何金铎 1958(4)

苦战四十天,向科学研究大跃进
——记北大图书馆学系暑假科学研究工作　　史永元 1958(5)

批判皮高品先生和徐家麟先生的资产阶级教学思想
——记武汉大学图书馆学系教学中的拔白旗、插红旗的斗争
武大图书馆学系通讯小组 1958(5)

武汉大学图书馆学系课程大检查总结(摘要)
武汉大学图书馆学系 1958(6)

社会主义图书馆学概论(初稿)　　文化学院图书馆研究班 1959(1)

社会主义图书馆学概论(初稿)(续完)　　文化学院图书馆研究班 1959(2)

热烈欢迎"社会主义图书馆学概论"的诞生
北京大学图书馆学系"社会主义,共产主义图书馆学概论"小组 1959(4)

对杜定友先生"地方文献的搜集整理与使用讲稿"的几点意见
李默,方振球 1959(5)

党的教育方针的胜利
——下放浠水总结报告　　中共武大图书馆学系总支委员会 1959(6)

我系科学研究的良好开端(武汉大学)　　黄宗忠 1959(10)

为图书馆教育事业奋斗一生　　王永厚 1959(11)

西安图书馆学业余大学的成长
陕西省图书馆方法研究部,西安图书馆学业余大学教研组 1959(12)

辽宁省文化局红专大学图书馆分校一年来的工作
辽宁省红专大学图书馆分校 1960(1)

北京全国第一中心图书馆委员会图书馆
红专夜大学工作总结 1960(2)

积极开展函授教育,迅速培养图书馆在职干部
武汉大学图书馆学系 1960(4)

大办图书馆业余教育 1960(4)

我系函授教育的初步总结 北京大学图书馆学系函授班 1961(1)

高举毛泽东思想红旗,把我系教学革命进行到底!
中共武汉大学图书馆学系总支委员会 1961(1)

活跃学术空气　提高教学质量
——北大图书馆学系举行传统的“五四”科学讨论会
北京大学图书馆学系通讯组 1961(2)

我系第一届函授工作 武汉大学图书馆学系函授工作组 1963(2)

北京大学图书馆学系函授班的教学情况和几点经验 张树华 1963(2)

图书馆学教育的回顾与展望 黄宗忠,张琪玉 1980(3)

多种形式　多种途径　大力培养图书情报专业人才 本刊编辑部 1980(3)

培养更多的专业图书馆人员 吴尔中 1980(3)

高等学校图书馆学和科技情报专业在校学生统计 1980(3)

美国的图书馆学教育 1980(4)

图书馆学教育改革探讨 王占林,庄子逸 1981(1)

图书馆学教育机构行政管理探索 张君炎,张金芳,陆惠鸿 1981(2)

适应四化需要　加强图书馆学教育 彭斐章 1981(4)

改进我国图书馆学专业教育管见 关懿娴 1982(4)

办好北图职工大学的几点探索 许绵 1983(3)

理工科大学学生的图书情报教育 黎难秋 1984(2)

改革图书馆学教育,迎接新技术革命的挑战 罗友松,栗慧 1984(3)

北美的图书馆学情报学教育　张晓林 1984(3)

中央广播电视大学 1985 年开设图书馆学专业　陈模 1985(1)

中央广播电视大学图书馆学专业教学工作座谈会在京召开　柯寒 1985(1)

教育部关于中央广播电视大学 1985 年招生工作的通知　1985(1)

湖南广播电视大学、省文化厅关于电大 1985 年开设
图书馆学专业及组织报考的通知　1985(1)

关于电大开设图书馆学专业答读者问　1985(1)

一条大路
——祝中央广播电大开设图书馆学专业　1985(1)

关于图书馆学教学与教材改革两题　汀,敏 1985(2)

关于中央广播电视大学开设图书馆学专业招考教学
二答读者　1985(3)

现代图书馆学教育的几个特点　刘邦义,洪彩焕 1985(4)

谈高等院校《文献检索与利用》课程的设计原则　陈宪权 1985(4)

信息革命与图书馆学教育　华勋基 1985(4)

中央电大图书馆学专业教育工作会议纪要(摘登)　1986(2)

图书馆学函授教育三十年　朱天俊 1986(4)

交流与探索
——访出席图书馆学情报学教育与
研究学术研讨会的专家们　文津乐 1986(4)

情报信息教育面面观　樊松林 1987(1)

从文献交流事业的需要看大学本科图书馆学课程改革　刘苏雅 1988(1)

当代苏联的图书馆学教育和研究　王嘉陵 1988(1)

美国图书馆学会对本学科研究生教育的认可制度　林钧跃 1989(1)

中国图书馆学情报学教育 40 年(1949～1989)　肖东发 1989(1)

论我国图书馆学教育发展的大趋势　华勋基 1989(3)

大学情报普及教育的发展态势　樊松林 1990(3)

日本图书馆学情报学教育分析比较　赖茂生 1993(2)

走向信息时代的图书馆学情报学教育　岳剑波 1993(2)

加强图书馆学情报学中等教育刻不容缓　秦铁辉,吴小红 1994(5)

70 年代以来美国图书馆学和信息科学教育的
　发展与走向　程焕文 1994(5)

对图书馆学教育几个问题的思考　慕岳,永利,玉玮 1995(2)

信息化是图书馆学教育的必然走势　李景正 1995(2)

美国图书情报教育管理体制初探　谢阳群 1995(4)

论高校文献课教学的发展规律　朱育培 1995(6)

我国图书馆学情报学教育的转型及其问题　董小英 1996(1)

韩国图书馆学情报学教育　段明莲 1996(3)

从图书馆学情报学专业毕业生就业去向看专业教育改革　许铮 1996(3)

走向深入走向辉煌
　——近年来文献检索课教学研究综述　敬卿,龚晓林,范真祥 1997(1)

关于图书馆学情报学专业核心课程建设的思考　罗式胜 1998(1)

网络时代图情专业的计算机教育　齐向华 1998(2)

中美两国图书馆学信息学课程设置的比较研究　谢汝 1998(2)

大学信息管理专业培养目标的思考　倪晓建 1998(3)

狭义图书馆教育职能论　袁昱明 1998(3)

美国高等院校图情学教育的危机与困惑　金旭东,宁苹 1998(4)

塑造学科的未来
　——美国图书馆与信息学教育协会 1998 年年会侧记　符绍宏 1998(4)

日本近代图书馆学教育的诞生　李常庆 1998(5)

回顾过去　展望未来　开拓前进
　——建设面向 21 世纪的图书馆学学科体系　吴慰慈 1998(5)

关于图书情报学教育改革的实践与思考　詹德优 1998(5)

关于信息管理学学科建设和专业教育的若干思考　杨文祥,王景明 1999(3)

面向 21 世纪的信息管理专业课程设置探讨　李颖,钟守真 1999(4)

专业目录调整后信息学本科教育走向浅议　徐建华,张素芳 1999(5)

论图书馆学专业继续教育体系改革　范并思 1999(5)

关于信息管理与信息系统专业若干问题的思考　顾小华，金胜勇 2000(1)

中美图书馆与情报学教育变革的比较与启示　陈传夫 2000(1)

信息管理学专业教育向何处去?
——从信息管理人才信息结构谈起　陈耀盛 2000(1)

迈向21世纪的我国图书馆学情报学研究生教育　彭斐章 2000(1)

新技术革命对图书馆学情报学教育体系变革的影响　吴慰慈，董焱 2000(2)

中美图书信息教育改革与发展述评　柳晓春，方平 2000(2)

面向21世纪图书情报学继续教育的发展趋势　詹德优，党跃臣 2000(3)

论信息管理系教学改革的关键和主要方向　肖明 2000(3)

从文献检索到信息检索
——网络环境下检索课教学内容与方法的调整　焦玉英 2000(4)

图书情报学专业网络远程教育初探　黄晓斌 2000(5)

面向21世纪的大学生信息素质教育　孙建军，郑建明，成颖 2000(6)

高涨的事业与低落的教育
——关于图书馆学教育逆向发展的思考　程焕文 2001(1)

论图书馆学档案学专业人才培养整合模式　荀昌荣 2001(1)

中国图书情报学教育20年评述　王知津 2001(2)

论图书情报学课程体系的构建　詹德优 2001(2)

实验教学在图书情报学专业教育中的作用　沈祥兴，陈远，黄如花 2001(5)

基于web的信息检索虚拟课堂设计　王云娣 2001(5)

图书情报专业课程体系建设的综合化原则　崔旭 2002(6)

美国高校中信息素质教育项目的实施及经验分析　李晓娟 2003(2)

英国图书馆学情报学研究生教育及其对我国的借鉴意义
冷伏海，安新颖 2003(3)

论我国竞争情报教育体系的建立　沈丽容，倪波 2003(3)

信息管理学教育的崛起及其课程体系的探讨　乔好勤，邹国荣 2003(3)

中国图书馆学专业教育体制改革探讨　张广钦 2003(3)

图书馆学情报学园地中的又一朵奇葩
——写在《信息管理科学博士文库》诞生之时　刘兹恒 2003(4)

教育部高等学校图书馆学学科教学指导委员会
第二次工作会议纪要 2003(4)

本科生研究生信息能力教育调查研究 王琼,林小露,毛瑞 2003(6)

中外在校学生信息素养教育比较研究 陆宝益 2003(6)

开发高校图书馆心理优化功能
促进大学生心理素质教育 庄淑针 2003(6)

论现代远程教育信息资源系统的建设 李富玲,吴慰慈 2004(1)

情报学专业教育改革思路 孙建军,成颖 2004(2)

文献检索课网上自学系统功能设计与实现 钱智勇 2004(2)

图书馆学、情报学与信息科学、
信息管理学等学科的关系问题 叶继元 2004(3)

教育部高等学校图书馆学学科教学指导委员会第三次工作
会议暨系主任联席会议纪要 2004(4)

提升数字图书馆课程教学质量的对策 黄如花 2005(6)

高校信息素质教育发展的基本架构 曾晓牧,孙平 2006(2)

“信息资源共享”课程的立体化建设 潘燕桃 2006(3)

如何加强高校学生的信息素养教育 刘纪菲 2006(4)

教育部高等学校图书馆学学科教学指导委员会工作小结 2007(1)

中国图书情报与档案学类教育发展方向及行动纲要 2007(1)

坚守与拓展:中美图书馆学情报学教育科学定位的思考
叶继元,Chaomei Chen 2007(2)

2007~2011年教育部高等学校图书馆学学科教学指导
委员会成立大会暨第一次工作会议纪要(摘要) 2008(1)

面向职业的图书馆学教育研究 肖希明 2008(2)

我国图书馆学专业教育与职业需求的调查与分析
肖希明,黄如花,司莉 2008(3)

中国图书馆学情报学档案学教育最新进展 潘燕桃 2008(4)

新时期图书馆学组编教材的质量控制 王友富 2008(4)

关于图书馆学教育与实践相结合的思考 杨勇 2008(4)

台湾大学校院资讯素养相关课程之现况　邱子恒 2008(5)

国内外知识管理教育发展研究　储节旺,郭春侠,朱永 2008(6)

美国信息学院理念及其延伸(英文)　C. Olivia Frost 2008(6)

迈向数字时代的图书馆学教育:在规范中寻求发展
——教育部高校图书馆学学科教指委 2008 年
工作会议暨系主任联席会议观察　沙勇忠 2009(1)

中国大陆图书馆学教育发展现状及社会需求调查　潘燕桃 2009(6)

中国图书馆学教育九十年回望与反思　王子舟 2009(6)

教育部高等学校图书馆学学科教学指导委员会第三次工作
会议暨系主任联席会议召开　2010(1)

图书情报学(LIS)核心内容及其人才培养　叶继元 2010(6)

LIS 面向更宽广的信息职业行动倡议　2010(6)

图书情报硕士"双学位"教育的一点思考　沈固朝,周志远 2011(1)

教育部高等学校图书馆学学科教学指导委员会第四次工作
会议暨专业主任联席会议召开　2011(1)

图书情报与档案管理学科未来五年重点研究领域与选题
——《高校哲学社会科学管理学部图书情报与档案管理
学科战略规划研究报告》解读　叶继元 2012(1)

书评与译介

匈牙利颁布新图书馆法令 彭道襄 1957(3)

四十年来的苏联图书馆事业

H·加甫利罗夫,苏大悔,马龙璧,李希泌 1957(4,5)

介绍苏联全苏中央书库 恩·库哈科夫,彭道襄 1957(4,5)

介绍保加利亚目录学研究院 林德海 1957(4,5)

联合国文教组织“图书馆通报”刊行俄文版 王宝贵 1957(4,5)

“医学图书馆实践手册”评介 吴尔中 1957(4,5)

苏联关于区、市、农村和儿童图书馆目录和卡片的指示 世光 1957(4,5)

匈牙利国立农业图书馆 拉爵斯·丁尼耶士,崔慎之 1958(3)

提高图书馆的思想教育作用 伊·查列格拉茨基,金初高 1958(3)

苏维埃目录学的几个问题 弗·奥里谢夫,万培悌 1958(3)

“中国史学论文索引”上编读后记 厉鼎煃 1958(3)

图书馆员的政治学习是他们工作胜利的决定性条件

B·也林,E·特洛依茨卡娅,张树华 1958(4)

全苏列宁农业科学院中央农业科学图书馆简介 陈士宗 1958(4)

匈牙利科学院图书馆概况 古·哈那芝蒂,崔慎之 1958(4)

根据什么指标来判断图书馆工作 伊·察列格拉德斯基,王名超 1958(4)

图书介绍二则 彭斐章 1958(4)

朝鲜人民民主共和国国立中央图书馆 朴昌寔,崔永林 1958(5)

列宁图书馆馆藏的亚非国家图书 保加契夫,苏大悔 1958(5)

苏联出版事业的辉煌成就(小统计) 朱立人 1958(6)

东京日苏图书馆 佛明采夫,B. 1959(1)

保加利亚的图书宝库 И. 加尔戈夫,范生翔 1959(2)

书架旁的读者 格列宾妮可娃,J.,范文津 1959(3)

如何在图书馆的咨询工作中利用期刊 克拉拉·谢凯维奇,何政安 1959(3)

开架借书式(捷克斯洛伐克图书馆经验) 马莱克,P.,王宝贵 1959(3)

论图书分类法问题

凯德洛夫,Б. М.,中国人民大学图书馆方法研究科索引组 1959(3)

苏联图书馆系统中的大学图书馆 С. К. 维林斯卡娅,陈国英 1959(4)

评介"社会主义图书馆学概论(初稿)" 王永厚 1959(4)

蒙古人民共和国最大的图书馆 В. 别尔盖尔,长春 1959(5)

一种新型的预告书目

——介绍"外文图书报导(苏联图书部分)" 何善祥 1959(5)

我对"全国新书目"的看法 黎盛荣 1959(5)

新的读者服务制度在实施中 特鲁德涅娃,И. В.,范先翔 1959(6)

华沙波兰国家图书馆 雅·派尔措娃,何政安 1959(6)

由部分开架到全部开架 拉克辛娜,Р. М.,武宁生 1959(6)

实行开架式的第一步 兹洛特尼科夫,В. Г.,武宁生 1959(6)

苏联的报纸、杂志和书籍 苏联真理报 1959(7)

俄罗斯联邦文化部关于在大众图书馆

组织开架式的指示(资料) 1959(8)

论图书和论文统一编目的读者目录

科培洛夫,С. И.,武宁生,何政安 1959(9)

论推荐书目的几个任务 格努切娃,В. В.,范先翔 1959(9)

工人用书目参考材料应当是什么样的? 格兰斯基,В. И.,苏大悔 1959(9)

"苏联普通目录学"讲座

——第一讲:苏联目录学的任务和原则 唯学 1959(9)

俄罗斯联邦文化部通过苏联新图书分类法的基本序列(资料) 1959(9)

苏联图书馆建设的伟大成就 А. А. 赫连科娃,何政安 1959(11)

"苏联普通目录学"讲座
——第二讲:苏联目录学的方法和种类 唯学 1960(1)

捷克斯洛伐克最大的图书馆
梅里哈罗娃,徐文绪,捷克斯洛伐克大使馆 1960(2)

当前七年计划中苏联目录学的任务 В·И·顺科夫,范先翔 1960(2)

"苏联普通目录学"讲座
——第三讲:图书馆书目工作的组织 唯学 1960(2)

苏联共产党、中央委员会论国内图书馆事业的现状和改进办法 赵琦 1960(2)

乌里扬诺夫省各图书馆是如何宣传列宁著作的
M. B. 切尔诺夫,韩维,鲍振西 1960(3)

"苏联普通目录学"讲座
——第四讲:图书馆的书目参考工具 唯学 1960(3)

关于毛主席著作书目
——并介绍"建国十年来毛主席的著作和重要讲话目录" 赵琦 1960(3)

"苏联普通目录学"讲座
——第四讲:图书馆的书目参考工具(续) 唯学 1960(4)

谈谈德意志民主共和国的农村图书馆工作 3·果里茨,崔永林 1960(5)

"地方文献"这一概念的内容 A. H. 布钦科夫,武宁生 1960(5)

"五四时期期刊介绍"简介 鲍振西 1960(5)

"苏联普通目录学"讲座
——第四讲:图书馆的书目参考工具(续) 唯学 1960(5)

苏联科学院图书馆与国外的国书交换 徐文绪 1960(5)

苏联普通目录学讲座
——第四讲:图书馆的书目参考工具(续完) 唯学 1960(6)

图书馆的书目报道工作 (苏)加斯脱斐尔,M. П.,唯学 1961(2)

"列宁论图书馆事业"一书的简介 刘振邦 1961(2)

苏联技术图书馆为生产技术发展服务的工作 O. C. 丘巴粱,令承 1961(3)

值得图书馆界注意的一本书目资料书
——"左联五烈士研究资料编目" 管一丁 1961(3)

探索古籍的有效工具
——“中国丛书综录” 井文 1961(3)

苏联国立列宁图书馆的书目工作 弗·斯·阿布里柯索娃,之钢 1962(2)

试评“中国丛书综录” 俞海蓝 1962(2)

外国图书馆藏书补充方面的一些问题 Ю. В. 果里戈利耶夫,令承 1962(3)

常用外国百科全书简述 丁克刚,龙顺宜 1962(3)

在弗拉基米尔·伊里奇的图书馆里 苏·尼·马奴察里扬,洪丕熙 1963(1)

认真学习毛泽东同志的著作,
为保卫马克思列宁主义的纯洁性而斗争
——向图书馆工作者介绍三种毛泽东著作 凤岐 1963(1)

方志遗产的目录学总结
——谈“中国地方志综录”、“中国古方志考”及其他 胡道静 1963(1)

《陈旉农书》评介 万国鼎 1963(1)

评介杜信孚编《同书异名通检》 缪诛禾 1963(2)

读《战争和战略问题》 丁赞 1963(4)

重读《中国社会各阶级的分析》 齐正 1963(4)

读《共产党宣言》 齐正 1964(1)

外国人物传记资料述要(一) 丁克刚,龙顺宜 1964(2)

列宁著《国家与革命》介绍 迟绍庆 1964(2)

一本适合对少年进行阶级教育的书
——介绍《万恶的地主阶级》 文宜 1964(3)

书评与译介　优秀的队史
——《看愚公怎样移山》 耕云 1964(3)

冯定同志在他的几本书中宣传了一些什么
——《共产主义人生观》等书读后 项冬 1964(4)

谈谈英美版大型百科全书 梁思庄,陈永良 1979(1)

《摩尔和将军》一书简介 Yang Weili 1979(2)

浅谈《图书馆学辞典》 张文彬 1979(2)

闪耀世界的“红星”
——介绍斯诺和他的《西行漫记》 张小鼎 1980(1)

把道路照亮
——卡特总统在美国图书馆
和情报工作白宫会议上的书面发言 卡特,琬 1980(2)

罗素和他的《自由与组织》 1980(3)

《马尔克款式说明书资料汇译》译者引言 刘国钧 1980(4)

图书馆学 丘东江 1981(1)

图书馆学(二) 丘东江 1981(2)

国际书目管理的现状与展望 多罗西·安德森,琼訳 1981(3)

不列颠百科全书第 15 版　图书馆学(三) 丘东江 1981(3)

关于《图书馆学》条目的通信 R·H·A·Cheffins 1981(4)

不列颠百科全书第 15 版　图书馆学(四) 丘东江 1981(4)

不列颠百科全书第 15 版
——图书馆(一) 王培章,耿济安 1982(1)

关于图书馆学的基本原理 J·H·谢拉,孔青,况能富 1982(2)

不列颠百科全书第 15 版
——图书馆(二) 王培章,耿济安 1982(2)

《〈不列颠百科全书〉1981 年年鉴》:图书馆
——一九八〇年世界图书馆动向 阿瑟·普洛特尼克,章宇 1982(2)

不列颠百科全书第 15 版图书馆(续完) 王培章,耿济安 1982(3)

介绍《北京现存彝族历史文献的部分书目》 王梅堂 1982(4)

《不列颠百科全书》第 15 版(详编)
——《图书馆学》《图书馆》条目论及人物简介 文新秋 1982(4)

一九八一年世界图书馆动向 拉塞尔·鲍登,卡尔·尼伦,章宁 1983(1)

《图书馆学》《图书馆》条目论及人物简介 文新秋 1983(1)

《苏联大百科全书》第三版(1969~1978)
——〈目录学〉〈俄罗斯目录学〉〈苏维埃目录学〉 乔好勤,彭斐章 1983(2)

提高公共图书馆的工作效率计划 霍华德·塞缪尔森,谢慎初 1983(2)

《不列颠百科全书》第 15 版
——〈图书馆学〉〈图书馆〉条目论及人物简介 文新秋 1983(2)

哥伦比亚大学中国文献中心的藏书 宋琳 1983(3)

《苏联大百科全书》第三版 苏联目录学
T·П·弗诺托夫,乔好勤,彭斐章 1983(4)

喜读“高文典册”之余 徐自强,丁瑜 1984(1)

谢拉及其社会认识论 庄义逊 1984(1)

关于《〈汉语主题词表〉的理论和使用》
一书中维恩园和布尔代数式的质疑 苗绍武 1984(2)

《苏联大百科全书》目录学词条译校后记 乔好勤 1984(2)

《中国善本书提要》序 谢国桢 1984(2)

许力以同志给《学点目录学》一书作者的一封信 1984(2)

国会图书馆在国际国内的合作计划和网络中的作用 H. D. 艾弗拉姆,李美 1984(3)

《1911~1949 年全国中文图书总目》概况和
在编辑工作中的几个问题 王润华 1984(3)

新技术对图书馆的冲击
——无纸社会的神话 (美)R. W. 博斯,刘学和,邵国德 1984(4)

情报与用户心理学 (英)D. J. 福斯凯特,王绍平,季绿琴 1985(1)

美国、英国、印度的图书馆与情报科学研究工作综述
(印)P. B. 曼格拉,戈松雪 1985(1)

哈佛燕京学社所编引得评述 朱积孝 1985(1)

图书馆自动化和网络化:对三个十年的透视
(美)理查德·德勒纳罗,胡启宽 1985(3)

《民国时期总书目》序 吕叔湘 1985(4)

《〈不列颠百科全书〉1985 年年鉴》:
图书馆一九八四年世界图书馆动向 Arthur Plotnik,顾耀,韩荣宇 1986(1)

印度的国家书目
——现状与展望 JoelC·Downing,方子丽 1986(1)

介绍《大变动时代的建设者》一书 白化文 1986(1)

谈《珍本的研究》 费毓龙 1986(1)

在参考工作中非专职人员的使用
马丁·P·考特诺斯,洛利·A·戈希,董广文 1986(2)

《南海康先生法书》简介 李耀彬 1986(2)

苏联出版《图书馆员手册》 明德 1986(3)

日本出版《新图书馆学手册》 朱明德 1986(3)

图书馆学的科学方法 阮冈纳赞,文乐 1986(4)

《图书馆学五法则》(选载)
——第一则　书是供使用的
希雅里·拉马尼塔·阮冈纳赞,文津乐 1987(1)

国际图联世界书目管理和国际 MARC 合并为 UBCIMP Julia Pratt 1987(1)

《朱翼厂先生百岁诞辰纪念集》书后 希文 1987(1)

《图书馆学五法则》
——第二则　书是供所有人使用的及其斗争
希雅里·拉马尼塔·阮冈纳赞,文津乐 1987(2)

《图书馆学五法则》
——第三则　每部书有其读者
希雅里·拉马尼塔·阮冈纳赞,文津乐 1987(2)

《西文文献著录条例》评介 谢宗昭 1987(2)

苏联的图书馆网 Л. А. 格维希阿里·科斯吉娜,邢淑贤 1987(3)

《图书馆学五法则》
——第四则　节省读者的时间
希雅里·拉马尼塔·阮冈纳赞,文津乐 1987(3)

《图书馆学五法则》
——第五则　图书馆是个生长中的机体
希雅里·拉马尼塔·阮冈纳赞,文津乐 1987(4)

喜读《为繁荣中华民族的文化做出贡献》一文 苑学文 1987(4)

《外国图书馆学著作选读》序 吕叔湘 1988(2)

"化身千百　以垂久远"
——读《书海五十年》后有感于《汪康年师友书札》的出版 汪家熔 1988(2)

《外国图书馆学著作选读》编选说明 袁咏秋 1988(2)

布莱兹和《书的敌人》 1988(2)

小型公共图书馆建筑计划 安德斯·达尔格伦 1988(3)

苏联统一图书馆网的发展 H. C. 卡尔塔绍夫,滕义勇 1988(3)

一九三八年中译本作者序 埃德加·斯诺 1988(3)

《西行漫记》中文重译本序 胡愈之 1988(3)

《毛泽东 1936 年同斯诺的谈话》
——关于自己的革命经历和红军长征等问题 吴黎平 1988(3)

阿契·泰勒:《关于创建图书馆的建议》导论 1988(3)

《西方图书馆史》 1988(4)

《布利斯书目分类法》第二版评介 戴维民 1989(1)

1988 年世界图书馆趋向
阿瓦尔·威廉姆斯,阿瑟·普洛特尼克,王培章 1989(4)

图书馆学自学指南
——评"图书馆学引论" 傅朗云 1989(4)

中国图书馆界早期在国际图联活动的追溯
A·J·埃文斯,李冰 1989(4)

当今图书馆学教育的国际趋势 保尔·凯格拜因著,王卫国译 1990(1)

书海航行一指南
——介绍《图书馆文献编目》 石丛珍,傅西平 1990(2)

永不忘却的谈话 瓦·亚·莫杰斯托夫,李哲民译 1990(2)

新书推荐:《中国文化小百科》 1990(2)

中国书文化之光 高占祥 1992(1)

《图书馆藏书》评介 孔令乾 1992(2)

一部很有价值的书籍《中国图书文史论集》 岑桦 1993(2)

中国书籍及有关印刷史研究的重要收获
——钱存训教授《中国书籍、纸墨及印刷史论文集》读后
陈翔华 1993(2)

走出象牙之塔,综览科学新潮:《新学科文献分类手册》评介 肖燕 1993(4)

《通用汉语著者号码表》评介 候用德,张宇宏,游春山 1994(1)

学科史的拓荒之作
——评吴仲强等的《中国图书馆学史》 黄艺农,黄治正 1994(1)

《当代中国的图书馆事业》序 万里 1994(1)

评《文献计量学》及其他 汤兆魁 1994(2)

保存古代典籍 研究传统文化
——《四库全书存目丛书》笔谈会 1995(1)

英国《文献学杂志》评析 冀红梅,林丽莹,薛美华 1995(4)

《国际图联杂志》述评 胡雅君,叶蓓蓓,赵丽莘 1995(4)

日本《现代图书馆》剖析 蔡捷,王永厚 1995(4)

美国《大学与研究图书馆》评介 韩圣龙,张春波 1995(4)

执著、广博与才华的结晶
——评《金恩辉图书馆学文选》 梁邻德 1995(4)

《清以来文献家传略》的撰写 郑伟章 1995(4)

《三国志演义古版丛刊》首辑评介 厚艳芬 1996(1)

试评《中国分类主题词表》 尚克聪 1996(2)

周防与利涉
——略谈中国和国际图联的关系 利奥·福赫德,顾犇 1996(3)

《四库全书献书人丛考》前言 郑伟章 1996(4)

一部深受欢迎的专业工具书
——评《俄汉、汉俄图书馆学情报学词汇》 里边 1996(5)

清差苦旅 追本溯源
——评介《中国历代图书著录文选》 沈友益 1996(5)

旷古均帙学术真存
——略谈《续修四库全书》 李致忠 1996(6)

策略规划 + 精心实施和持续评估
=改进的全球信息产业基础设施 唐纳德·瑞格斯,张沙丽 1997(3)

中西编结合的成功探索
——评《文献编目教程》 陈树年 1997(5)

从伟大的长城到伟大的图书馆
——对当前国际上电子出版物、书本式出版物
及图书馆建筑的一些看法 利奥·福赫德 1997(5)

一部半个世纪的总结性著作　　陈翔华 1997(6)

披览前踪　鉴往开来
——读《中国图书馆年鉴》随笔　　李久琦 1998(2)

关于电子图书馆问题的全面探讨
——评汪冰博士《电子图书馆理论与实践研究》　　李万健 1998(5)

中国图书文化资证
——《中国历代图书著录文选》、《中国历代国家藏书机构及名家藏读叙传选》编审记　　胡双宝 1999(1)

一本值得推荐的专业理论读物
——序论《现代图书馆学理论》　　孟广均 1999(2)

法国国立图书馆未来的网上图书馆伽里卡计划
J. P. 安格密 1999(3)

中国传统文化研究的可喜收获
——读《中国藏书楼》　　臧永清 1999(3)

全新的思路　全新的事业
——《特色图书馆论》评介　　罗德运 1999(4)

中国图书馆事业史上辉煌的一页
——评《陕甘宁边区的图书馆事业》　　武德运 1999(4)

《当代英语习语大词典》
——一部值得骄傲的工具书　　刘国明 2000(2)

《中国蒙古文古籍总目》
——中国第一部大型少数民族古籍全国联合目录
孙蓓欣，申晓亭 2000(6)

图书馆实践与理论研究的新创获
——《知识信息管理》评介　　黄宗忠 2001(2)

国际图联《中小学图书馆宣言(1999)》解析　　徐斌 2001(5)

《文献学导论》的特色　　王贵彬 2001(6)

打开方志文献宝库的钥匙
——《中国地方志总目提要》出版　　毛昨非，付郎云 2002(1)

心血的凝集　智慧的结晶
——评《毛坤图书馆学档案学文选》　　程焕文 2002(2)

展现悠久的中国图书出版印刷历史
——评《中国图书出版印刷史论》 张志强 2002(2)

《图书馆使命与文化视野》序 周文骏 2002(2)

中国丛书目录的又一力作
——介绍《中国丛书综录续编》 宋安莉 2002(6)

读《校雠通义通解》
——纪念先师王重民教授诞辰100周年 周文骏 2002(6)

图书馆学情报学研究的新进展
——《当代图书馆学情报学前沿探寻》述评 马恒通 2003(2)

技能培养
——一项面向未来的任务:变化中的德国图书馆员培养
乌特·克劳思－莱西特 2003(6)

版本学乃求知致用之学
——写在《中国版本文化丛书》问世之际 谭华军,徐雁 2004(2)

中国图书馆事业的绚丽画卷
——评《中国图书馆事业十年(1978～1987)》
及其续编、三编 罗德运 2004(2)

信息管理科学研究的新领域、新成果
——评《网络时代的知识产权信息管理》 贺延辉 2004(3)

系统 精审 实用
——《参考咨询新论》的特点 詹德优 2005(3)

一部崭新的目录学教材
——《目录学教程》评介 罗德运 2005(5)

图书馆学教学改革的新成果
——《图书馆学基础》述评 马恒通 2005(6)

史、论与方法的统一
——读《20世纪西方与中国的图书馆学
——基于德尔斐法测评的理论史纲》 胡立耘 2006(2)

一部记录区域性家谱的典范之作
——评《浙江家谱总目提要》 胡绍军 2006(6)

天堂,图书馆的模样
——读博尔赫斯《巴别图书馆》 张靖 2006(6)

在继承中创新　在变革中发展
——评《数字时代的图书馆信息服务》　夏侯炳 2007(2)

重读《图书馆学要旨》
——也谈图书馆学前辈学术著作的传与读　陈源蒸 2008(1)

民众图书馆的现代意义
——读李小缘先生的《民众图书馆学》　沈固朝 2008(1)

政府信息定位服务与美国政府信息管理
G. Brian Burke,杜鹏,郑磊 2008(4)

关于信息与信息科学
——《信息科学》评介　汪冰 2008(4)

全面展示新世纪图书馆学的研究前沿
——试评吴慰慈《图书馆学新探》　马恒通 2009(1)

建构图书馆学的知识系统
——读王子舟的《图书馆学是什么》　马晓声 2009(4)

特许阅读?
——国际图联在推进全球图书馆建设中的作用
Harald von Hielmcrone,王兴,邹永利 2010(6)

生存无从强制　F. W. 兰开斯特,王兴,邹永利 2011(1)

数字图书馆员教育:LIS 课程面向国际化
Anna Maria Tammaro,杜然,邹永利 2011(3)

古典目录学研究的新境界
——徐有富教授《目录学与学术史》评介　孙振田 2011(5)

编辑出版

论"医学文献累积索引季刊"	张敬斋 1957(4,5)
谈中国近代第一份女报 ——《女学报》	潘天祯 1963(3)
再谈《女学报》	杜继琨 1963(4)
世界各国出版的图书馆学期刊	兹 1979(2)
由统一书号到国际标准书号 ——兼谈 ISBN 的应用问题	伍鸣 1980(1)
对有的图书馆专业刊物刊名的一点意见	杨华 1980(4)
编委会侧记	1981(1)
裴丽生谈如何办好学术期刊问题(节录)	1982(1)
辛勤笔耕　传播火种	胡永钦 1983(1)
建议图书馆专业刊物开辟"出版社园地"栏目	杨华 1982(2)
商务印书馆今昔梗概	高崧 1982(2)
回顾 1955～1965 年北京图书馆主编的三个专业刊物	1982(3)
编辑出版工具书要把好质量关 ——对《英汉图书馆学词典》的一些意见	王竟武 1983(1)
在艰苦战斗中建立的团结 ——纪念生活、读书、新知三联书店致力 革命出版事业五十年	徐伯昕 1983(1)
中国图书馆学会编辑出版工作委员会和 《图书馆学通讯》编委会召开第一次会议	新文 1984(2)

中国图书馆学会会刊编辑工作座谈会在旅顺召开　新乐 1984(4)

《图书馆理论与实践》创刊　1985(3)

中国"地震学报"初探　耿秀英 1986(1)

《图书馆学文摘》复刊　文哲 1986(2)

中国图书馆学报《图书馆学通讯》刊行三十期感言　杨威理 1986(3)

三十而立
——祝《图书馆学通讯》成为我国图书馆学期刊群花之首　陈誉 1986(4)

海外论评:《图书馆学通讯》刊行三十期　1986(4)

重负下的追求
——《图书馆学通讯》印象　范并思,刘炜 1988(3)

图书馆学期刊编辑与百家争鸣　马恒通 1989(3)

全国图书馆学期刊编辑研讨会在桂林召开　全 1989(3)

浅议我国图书馆学期刊的编辑出版质量　何建新,胡方方 1989(4)

全国期刊管理与利用培训研讨会在北戴河举行　张国治 1989(4)

中国图书馆报刊工作史述略　吉士云 1990(1)

期刊开发的深化及其理论依据　夏旭初 1990(1)

《图书馆学通讯》召开编委座谈会　徐苇 1990(1)

北京地区高校图书馆在京举办期刊工作理论研讨会　武振江 1990(4)

我国 32 种图书馆学期刊栏目设置的调查分析　吴伟民,倪剑萍 1991(1)

《纪念刘季平文集》首发式在江苏如东举行　闻仁 1991(2)

《中国图书馆学报》的过去、现在与未来　丘峰 1991(3)

我国图书馆学情报学期刊编排情况调查　何荣利 1992(1)

狠刹一稿多投歪风　刘荣祈 1992(1)

第三届全国图书馆学期刊编辑工作研讨会会议纪要　1992(1)

关于《中华大典》框架与索引的探讨　陈大广 1992(4)

中文工具书指南的历史发展及编纂　张锡高 1993(4)

1991~1992 年度全国九种优秀图书馆学期刊　1993(4)

全国第四届图书馆学期刊编辑工作研讨会会议纪要　1994(1)

要尊重著作权人的权利
——谈编辑出版与著作权法 冯锦生 1994(2)

期刊管理研究的过去、现状与未来 叶继元 1994(2)

我国图书馆学期刊 1993 年基本状况 丘峰,徐苇 1994(4)

试论图书馆学情报学学术期刊的质量管理
——从《图书情报知识》的编辑工作谈起 汪华明 1994(4)

全国第五届图书馆学期刊编辑工作研讨会纪要 1994(4)

我国图书馆学期刊 1995～1996 年宣传要点 1994(5)

中文工具书编纂出版及其理论研究 彭斐章,何华连 1994(6)

全国图书馆学期刊联合征订研讨会 丘峰,翟凤岐 1995(1)

《全国报刊索引》和美国《读者期刊文献指南》之比较 邵金丽 1995(2)

我国图书馆学期刊 1994 年排名表 丘峰,徐苇 1995(3)

中国图书馆学会编译出版委员会增设新机构 1995(3)

全国 1993～1994 年优秀图书馆学期刊 1995(6)

推荐一份重要学术期刊
——《文献》 1996(2)

《中国图书馆学报》:稿源·选稿及其引发的思考 丘峰,赵世华 1996(3)

我国图书馆学期刊编辑规范化的现状分析与思考 汪华明 1996(3)

别开生面　独树一帜
——对人大《复印报刊资料》的研究 陶炼,张春梅,柯碧云 1996(5)

《复印报刊资料》G9 分册收录文献情况分析 张芝兰 1996(5)

书目文献出版社更名为北京图书馆出版社 1996(6)

核心期刊研究纵横 叶继元 1997(1)

《中国图书馆学报》入选《核心期刊目录》
并被评为“一流期刊” 西早 1997(3)

不负厚望　再创辉煌
——贺《中国图书馆学报》创刊 40 周年 彭斐章,刘磊 1997(4)

刊物求质量　学林显风骚
——《中国图书馆学报》40 年感言 黄俊贵 1997(4)

不惑之年又逢时
——祝贺《中国图书馆学报》创刊40周年 李致忠 1997(4)

迎接挑战 开创未来
——纪念《中国图书馆学报》创刊40周年 马费成 1997(4)

喜迎《学报》40华诞 孟广均 1997(4)

期刊工作要信息化学术化 汪继南 1997(4)

《中国图书馆学报》40年 叶继元 1997(4)

老读者的心声 周文骏 1997(4)

中国中文核心期刊的分布及其规律探讨 李金荣,陈学芬 1997(5)

《图书馆建设》召开创刊20周年暨100期纪念研讨会 岐 1997(6)

庆祝《中国图书馆学报》创刊40周年座谈会召开 赵薇 1997(6)

《国外情报科学》更名为《情报科学》 1998(1)

让南京大学《核心期刊目录》更完美 夏明顺 1998(2)

论学术期刊的固有特性 汪华明 1998(5)

《图书馆杂志》1999年改为月刊 1998(6)

中国图书馆学期刊的发展现状及未来取向 李万健 1999(1)

第七次全国图书馆学期刊工作会议在长沙召开 里边 1999(1)

1995~1997年全国优秀图书馆学期刊名单 1999(1)

论发挥图书情报专业动态类期刊的特色作用 林曦 1999(2)

近10年来我国书目出版述评 张志强,王蕾 1999(3)

《图书馆理论与实践》2000年起改为双月刊 1999(5)

我国网上科技期刊的现状及发展之思考 丁丁 2000(2)

第八次全国图书馆学期刊工作会议纪要 2000(4)

《中国图书馆学报》入选CSSCI
论文被引用率在中国社会科学期刊中名列第二 徐苇 2001(3)

海峡两岸图书馆年鉴之比较 肖东发,王彦祥 2001(4)

国外图书馆学情报学期刊概析 高英兰,孙炜 2001(5)

中文核心期刊研究的现状及其走向 王玲,叶继元 2001(5)

《中国图书馆学报》入选中国期刊方阵 徐苇 2002(1)
中文核心期刊有效时域的分析与界定 何荣利 2002(3)
本刊明年增加版面　改善用纸和装帧　欢迎订阅和投稿 2002(4)
本刊明年增加版面　改善用纸和装帧　欢迎订阅和投稿 2002(5)
第九次全国图书馆学期刊工作研讨会召开 徐苇 2002(6)
本刊明年增加版面　改善用纸和装帧　欢迎订阅和投稿 2002(6)
谈《中国图书馆学报》的办刊特色 徐苇 2003(1)
网络电子期刊出版模式研究 臧国全 2003(1)
《中国图书馆学报》荣获第2届国家期刊奖重点期刊奖 2003(2)
期刊生产、管理与利用的整合研究 方宝花 2003(5)
SSCI收录信息科学与图书馆学期刊的情况及我国的机遇 赵基明 2003(5)
媒体竞争时代中国期刊业的发展与前景 戴维民 2003(6)
中国图书馆学会图书馆学期刊编辑出版专业委员会工作会议召开 2003(6)
中国近代的图书馆和图书馆刊——写在《近代著名图书馆馆刊荟萃》出版之际 李万健 2004(1)
全国图书馆学期刊优秀编辑、老编辑表彰暨经验交流会召开 徐苇 2004(6)
学术期刊国际化的内涵与保障措施 赵基明 2004(6)
图书情报学电子期刊及其学术影响分析 马景娣 2005(1)
关于来稿中"参考文献"著录的两点说明 2005(1)
关于来稿中"参考文献"著录的两点说明 2005(2)
关于来稿中"参考文献"著录的两点说明 2005(3)
国外电子出版物研究与发展综述 李丹,乔冬梅 2005(4)
本刊编委会在桂林召开 徐苇 2005(5)
关于来稿中"参考文献"著录的两点说明 2006(3)
国内预印本系统比较研究 张丽 2006(4)

CSSN,ISSN,CN 号称谓、含义的变化及其影响
——兼论中国“学术集刊”问题 叶继元 2006(5)

我国全文期刊库收录文科核心期刊的完整性研究 方宝花 2006(6)

第十次全国图书馆学期刊工作会议召开 徐苇 2006(6)

贺词(庆祝《中国图书馆学报》创刊 50 周年) 周和平 2007(5)

筚路蓝缕惠学人　薪火相传俱求新
——贺《中国图书馆学报》创刊 50 周年 吴慰慈,蔡箐 2007(5)

继承优良传统再创美好未来
——为《中国图书馆学报》创刊 50 周年而作 彭斐章,武利红 2007(5)

推动图书馆核心价值研究的《中国图书馆学报》 范并思,周吉 2007(5)

学术良知、学术启蒙与学术期刊
——写给《中国图书馆学报》创刊 50 周年 蒋永福 2007(5)

《学报》办得有“格”
——祝贺《中国图书馆学报》创刊 50 周年 李致忠 2007(5)

半世纪的峥嵘岁月　50 年的非凡业绩
——祝贺《中国图书馆学报》创刊 50 周年 刘兹恒 2007(5)

关注现实问题:图书馆学研究永恒的方向
——贺《中国图书馆学报》创刊 50 周年 肖希明 2007(5)

辛勤耕耘结硕果,再接再厉立新功
——贺《中国图书馆学报》50 周年 徐引篪 2007(5)

学术研究导引是一流学术期刊的重要使命
——纪念《中国图书馆学报》创刊 50 周年 叶继元 2007(5)

《中国国书馆学报》大印象 张欣毅 2007(5)

我心目中的《中国图书馆学报》 周文骏 2007(5)

贺信(庆祝《中国图书馆学报》创刊 50 周年) 2007(5)

省市图书馆贺词 2007(5)

高校和专业图书馆贺词 2007(5)

信管院系贺词 2007(5)

同业期刊贺词 2007(5)

纪念《中国图书馆学报》创刊 50 周年座谈会召开 许欢 2007(6)

明确定位　把握方向　积极进取
——《中国图书馆学报》编委会会议纪要　本刊编辑部 2008(3)

北京图书馆出版社更名为国家图书馆出版社　2008(4)

图书情报学期刊的分层结构:基于同行评议的实证研究
刘宇,叶继元,袁曦临 2011(2)

其他

联合国文教组织在目录学领域内的各项活动	鲁文 1957(1)
“中文图书馆学资料目录”计划出版	1957(1)
编者的话	1957(1)
“上海图书馆善本书目”出版	汉 1957(4,5)
编者的话	1957(4,5)
全国书目索引简报	冯秉文 1957(6)
试述中华人民共和国法规、文件的出版品	李凤 1957(6)
编者的话	1957(6)
1957 年中外文图书馆学图书资料选目	韩维,陈霖生,丁典 1958(1)
我们与上海图书馆向全国老大哥图书馆提出友谊竞赛	蔡放 1958(2)
河北省图书馆陈辉光同志的发言	陈辉光 1958(2)
向上海市六个公共图书馆、山东省图书馆应战	冯彦章 1958(2)
竞赛书	黄钰生 1958(2)
决心书	贾玉书 1958(2)
向吉林、山西两个兄弟馆提出友谊竞赛	鞠占屏 1958(2)
跃进挑战书	李楚琴 1958(2)
首都图书馆刘德元同志的发言	刘德元 1958(2)
跃进应战书	陆泰安 1958(2)
跃进决心书	任以慧 1958(2)

倡议书(中国图书馆学会成立大会) 荣怀政 1958(2)

跃进书(中国图书馆学会成立大会) 王重 1958(2)

向全国省市以上图书馆展开友谊竞赛倡议书 萧桂兰 1958(2)

坚决拥护钱部长报告,并响应上海市六个兄弟馆的倡议,起而应战! 肖亨葆 1958(2)

浙江省图书馆许振东同志的发言 许振东 1958(2)

浙江省图书馆向上海六大公共图书馆及山东省图书馆竞赛的主要工作指标 张英田 1958(2)

湖北省图书馆张遵俭同志的发言 张遵俭 1958(2)

迎接全国图书馆会议,争取大跃进! 周天任 1958(2)

倡议书 1958(2)

联合应战书 1958(2)

联合倡议书 1958(2)

联合发言 1958(2)

北京市各图书馆的贺词 1958(2)

附:省、市、自治区图书馆先进指标及浪费数字调查表 1958(2)

赶先进,再先进! 映,夏震雷,周鼎,张羽,郭成斌,李尚德,王忭 1958(3)

图书馆学、目录学新图书资料选目 丁典 1958(3)

拔掉白旗,插上红旗——本刊编辑部召开座谈会的综合报导 1958(3)

展开十比运动,加强劳动锻炼——遵化县鸡鸣村中央文化部北京图书馆下放干部1958年劳动锻炼规划 北京图书馆下放干部 1958(3)

图书馆学目录学新图书资料选目 丁典 1958(4)

北京师范学院图书馆积极展开“反对美英武装侵略中东”的图书活动 铁丁 1958(4)

上海图书馆跃进情况简报 赵兴茂 1958(4)

北京图书馆跃进情况简报 1958(4)

跃进声中迁新居 跃进,世敏,保良 1958(5)

图书馆学目录学新图书资料选目　丁典 1958(5)

迁馆小记　仲宇 1958(5)

青春的火力　1958(5)

文艺之页　1958(5)

图书馆学目录学新图书资料选目　丁典 1958(6)

文艺之页　云路，陈晓华 1958(6)

本刊 1957～1958 年总目录　1958(6)

本刊征稿启事　1958(6)

"图书馆学辞典"是我国图书馆界的一株毒草
北京大学图书馆学系 1957 年级"图书馆学辞典"批判小组 1959(1)

一部推销资产阶级学术观点的图书馆学辞典　陈霖生 1959(1)

应该彻底检查、批判和重新审改这一重要的工具书　王鬲 1959(1)

"图书馆学辞典"是一部有毒害的书　于声 1959(1)

文艺之页　1959(1)

本刊征稿启事　1959(1)

图书馆学目录学新图书资料选目　丁典 1959(2)

文艺之页　王永厚 1959(2)

首都图书馆进行关于批判资产阶级图书馆学术思想的学习
首都图书馆辅导部 1959(3)

图书馆学目录学新图书资料选目　丁典 1959(4)

文艺之页(小小说:他变啦!)　余谷美 1959(5)

文艺之页(木刻)　谷声 1959(6)

下放浠水教学劳动中的一些体会　徐家麟 1959(6)

图书馆文艺(歌曲)　鞍山市图书馆，康健 1959(7)

图书馆学目录学新图书资料选目　丁典 1959(7)

郭沫若题诗　1959(10)

图书流通在铁路工地上(木刻)
——甘肃图书馆　1959(10)

我在函授学习中的几点体会 辛雨时 1959(11)

福建省图书馆对全国兄弟馆开展
社会主义劳动竞赛的倡议书 福建省图书馆 1959(12)

本刊 1959 年总目录 1959(12)

书目工作报导(一) 北京图书馆书目索引组 1960(1)

倡议书 辽宁地区图书馆工作经验交流会全体代表 1960(1)

跨上骏马,以卓越的成绩迎接 1960 年! 孙健 1960(1)

继续高举总路线的红旗进入 1960 年(社论) 1960(1)

反右倾,鼓干劲,更出色地为社会主义建设服务 1960(1)

书目工作报导(二) 北京图书馆书目索引组 1960(2)

图书馆学目录学新图书资料选目 丁典 1960(2)

谈评比 丁志刚 1960(2)

首夺开门红,乘胜再夺二月满堂红 骆德苏 1960(2)

先进工作者运动在北京图书馆 1960(2)

书目工作报导(三) 北京图书馆书目索引组 1960(3)

纪念列宁诞生九十周年 姜椿芳 1960(3)

文教工作必须高举毛泽东思想的红旗前进 1960(3)

中华人民共和国文化部发表声明
严重警告美国劫夺我国在台湾文物
——美国政府同蒋介石集团签定的一切劫夺
我国历史文物的“合同”均属无效 1960(3)

首都文化界谴责美国图谋劫夺我国文物的抗议书 1960(3)

北京图书馆抗议美帝阴谋劫夺我国珍贵文物 1960(3)

坚决制止美国政府劫夺我国文物的罪恶行为 1960(3)

学习毛主席著作,宣传毛泽东思想 1960(3)

进行多种多样宣传 推动学习运动高涨
图书馆开展学习和宣传毛主席著作的活动
——首都 20 多个图书馆就如何学习宣传
毛主席著作问题交流了经验 1960(3)

北京图书馆组织了毛主席著作的专题讲座加强了
　马列主义毛主席著作阅览室的工作 1960(3)

宣传大跃进的形势是宣传毛泽东思想最生动的方法之一
　——北京航空学院图书馆宣传毛主席著作的几项方法 1960(3)

大力宣传毛泽东思想积极流通毛主席著作 1960(3)

学习毛主席著作最新书目 1960(3)

跃进,再跃进,用更出色的成绩迎接全国群英会
　——北京市文教战线群英大会胜利闭幕 1960(3)

为更好地开展图书馆的理论研究工作
　北京图书馆向全国兄弟馆提出挑战 1960(3)

图书馆学目录学新图书资料选目
　甘肃省图书馆工作组,武威县图书馆工作组 1960(4)

书目工作报导(四) 北京图书馆书目索引组 1960(4)

学习毛主席著作运动在山东 林凤五 1960(4)

学习列宁关于目录学的宝贵遗产
　——为纪念伟大的列宁诞辰九十周年 彭斐章 1960(4)

中国人民大学图书馆答复北京图书馆百篇论文运动挑战书的信 1960(4)

图书馆学目录学新图书资料选目 1960(4)

书目工作报导(五) 北京图书馆书目索引组 1960(5)

江西省图书馆积极地学习和宣传毛泽东著作 贺璋 1960(5)

大红公鸡一声叫 刘俊英 1960(5)

南通市图书馆开展多项活动配合“学习毛主席著作”运动
　裘名震 1960(5)

北京师范学院图书馆积极配合学习毛主席著作运动 铁丁 1960(5)

“电气化”到咱村 扬天福 1960(5)

毛主席思想指导我们前进 重庆大学图书馆采编组 1960(5)

书目工作报导(六) 北京图书馆书目索引组 1960(6)

大闹技术革新,更好地为社会主义建设服务 陈清 1960(6)

掀起图书馆工作的技术革新和技术革命的新高潮 顾家杰 1960(6)

哈尔滨市图书馆界"双革"动运蓬勃开展　哈尔滨市图书馆参考辅导组 1960(6)

吉林地区图书馆大闹技术革命和技术革新
吉林地区中心图书馆委员会 1960(6)

春逢盛世革新花开　柯秀桐 1960(6)

图书馆必须大力开展技术革新运动　李易 1960(6)

馆馆革新技术,处处开花结果
(江苏省各系统图书馆掀起技术革新和技术革命运动高潮)
南京图书馆 1960(6)

宣传毛泽东思想是图书馆工作者的首要任务　潘天祯 1960(6)

向机械化、半机械化、自动化、半自动化进军
——北京各系统图书馆技术革新展览会报导　彭竹 1960(6)

将我馆技术革新运动推向新的高潮　山东省图书馆 1960(6)

思想大解放,技术大革命
——记四川地区各图书馆的技术革命和技术革新运动
四川省图书馆通讯组 1960(6)

加强党的领导、坚持政治挂帅是一切工作取得胜利
的根本保证　学习毛主席著作的一点体会　孙健 1960(6)

关于开展武汉地区图书馆工作的技术革新运动的意见
武汉地区中心图书馆委员会 1960(6)

武汉地区图书馆工作者热烈掀起技术革新运动
武汉地区中心图书馆委员会通讯组 1960(6)

充分发动群众,大闹技术革新和技术革命　重庆市图书馆 1960(6)

图书馆学目录学新图书资料选目　1960(6)

国内图书馆动态　1960(6)

江西省图书馆开展邮寄借书工作的初步体会　璋 1961(1)

斥责美帝一贯掠夺我国珍贵图书的无耻行为　朱家濂 1961(2)

业务学习札记三则　张遵俭 1961(4)

关于《中医图书联合目录》　张玄浩 1962(1)

苏联新出版的各种百科全书　哲民 1962(3)

中国历代农具图一览表　北京图书馆参考部 1963(3)

解放前革命书刊的反统治斗争 曹予庭 1963(3)

本刊 1963 年篇名索引 1963(4)

几种主要外文期刊总目介绍 马龙璧 1964(1)

从主席著作中吸取力量 黄贤虞 1964(3)

学习毛主席著作,认真改造思想 郭祖超 1964(3)

在毛泽东思想指导下前进 张万钧 1964(3)

立志做又红又专的革命事业接班人 李翠绵 1964(4)

寄语新刊 丁志刚 1979(1)

祝贺和希望 刘国钧 1979(1)

鱼水相依　藏用相得
——记中国大百科全书出版社在北图外文工具书阅览室的同志们 秋思 1979(1)

中国大百科全书出版社给北京图书馆的一封信 1979(1)

编后 1979(1)

在北京高等师范图书馆二周年纪念会的演说辞 李守常,予同 1979(2)

中国图书馆学会编译委员会第一次会议纪要 楚 1979(2)

从《十日谈》的遭遇谈起 方达 1979(2)

一九七九年夏图书馆学会成立　赋七绝二首 李长路 1979(2)

《我是怎样学外语的?》一书第 14 章:是拐杖,还是辅助工具 1979(2)

名誉理事名单 1979(2)

中国图书馆学会理事名单 1979(2)

常务理事名单 1979(2)

理事长、副理事长、秘书长及工作机构负责人名单 1979(2)

学术委员会名单 1979(2)

编译委员会名单 1979(2)

编后 1979(2)

重温周总理教导　加强图书馆的情报工作 本刊编辑部 1980(1)

配合中国科协“二大”召开　我学会举办展览　王张 1980(1)

中美两国联合举办图书馆业务研讨会　杜克 1980(2)

马克思恩格斯的藏书在找寻中　京祚 1980(2)

漫话卷册
——并为出版大部头书者进一言　李长路 1980(2)

中国图书馆学会召开第一次学术委员会议　徐文绪 1980(2)

深受鼓舞　满怀信心
——参加全国文物工作会议有感　鲍振西 1980(3)

学思录　高尔基 1980(3)

图书馆事业发展的新起点
——记全国文物工作会议　曾祥集 1980(3)

参加“国际图联”第46届大会散记　丁志刚 1980(4)

美国专家罗杰斯、哈斯讲学期间陪同人员记事　杜 1980(4)

短评
——扬长避短　发挥优势　1980(4)

“六律正五音　规矩成方园”何解?　1980(4)

本刊一九七九～一九八〇年篇名索引　1980(4)

中国图书馆学会第二次编译委员会纪要　楚 1981(1)

故宫博物院院刊　1981(1)

《世界建筑》杂志出版教育科学和文化建筑专刊　1981(2)

曹靖华同志为本刊手书鲁迅早年诗《别诸弟》之三　曹靖华 1981(3)

嘉业藏书楼访游　李广德 1981(3)

不望洋兴叹,振兴我中华　李家乔 1981(3)

希望图书馆刊物准确运用数字　陆钟其 1981(3)

红梅今又展新姿　许培基 1981(3)

海外来鸿　一片丹心　阎立中 1981(3)

喜看图书馆设备展览　兆云 1981(3)

在党的光辉照耀下,我与“我馆”共成长　赵琦 1981(3)

为促进国际图书馆事业的发展而努力 1981(3)

《图书馆学通讯》一九八一年篇名索引 1981(4)

国际图联历次大会主席简介 1981(4)

本刊启事·稿约·予告 1981(4)

黄钰生致台湾图书馆界贺壬戌春节的信 黄钰生 1982(1)

贺湖南省少年儿童图书馆、广州图书馆成立 刘岐云 1982(1)

图书馆业务职称考核用书《图书馆专业
基本科目复习纲要》即将出版 维克 1982(1)

来函照登 谢群宗 1982(1)

全国农村文化艺术工作先进集体先进工作者表彰大会剪辑
——全国农村文化艺术工作先进集体、先进工作者获奖名单 1982(1)

中国图书馆学会致台北图书馆学会的信 1982(1)

今日中国图书馆大事(1978～1981) 1982(1)

关于《论我国新时期的图书馆学研究》
一文的来信(选登) 况能富,吴棠 1982(2)

兴山县副县长刘世义给县图书馆的一封信 刘世义 1982(2)

图书馆业务职称考核用图书馆专业基本科目复习纲要提纲 1982(2)

学思录:《张元济书札》与源侄 1982(2)

北京图书馆成立七十周年纪念
——为《图书馆学通讯》题
林默涵,周而复,周叔弢,胡絜青,
高士其,曹靖华,贺敬之,臧克家 1982(3)

记一件事
——庆祝北京图书馆成立七十周年为
《图书馆学通讯》而作 华罗庚 1982(3)

中华书局的七十年 李侃 1982(3)

随感数则
——纪念北京图书馆成立七十周年为
《图书馆学通讯》而作 杨乐 1982(3)

景仰北京图书馆 岳良木 1982(3)

祝贺北京图书馆成立七十周年纪念
——为《图书馆学通讯》而作 张光斗 1982(3)

新的尝试
——电视片“书苑指南”问世 姜伯炎 1982(4)

来函更正 吕叔湘 1982(4)

“红领巾读书奖章”活动进行评奖 唐侣 1982(4)

一九八二年本刊篇名索引 1982(4)

岛国图书传友情 戚志芬 1983(1)

纪念马克思逝世一百周年
马克思主义中文文献传播之最(书影) 苏爱荣 1983(1)

迎新春　庆中兴　求改革
——记中国图书馆学会1983年迎春学术座谈会 袁丁 1983(1)

读者·作者新年寄语 1983(1)

“三新”和“三勤” 1983(1)

马克思著作传遍全世界 1983(1)

从不反抗历史发展规律 1983(1)

攀登(照片) 1983(1)

【菲】黎萨尔诗句 1983(1)

书香留百世　品德育千秋
——在徐特立同志藏书交接仪式上致词(摘要) 徐乾 1983(2)

徐特立同志手迹和眉批注记 周湘媛 1983(2)

全国少年儿童图书馆(室)先进集体先进工作者表彰名单 1983(2)

出席全国少年儿童图书馆工作先进集体先进个人表彰会的边远山区和少数民族地区代表事迹(摘要)
——受社会尊敬的光荣劳动 1983(2)

马克思在图书馆(图片) 楚 1983(3)

“人生有限　学海无涯” 谈金铠 1983(3)

中共中央批示全总报告　号召职工参加读书活动 1983(3)

英国博物馆阅览室 1983(3)

学习《邓小平文选》(篆书) 1983(3)

马克思在图书馆(图片一组)　1983(3)

张宗祥先生抄校的(部分)古书(书影)　1983(3)

说话算数的沔阳县科委　胡铁树 1983(4)

喜登厦门鼓浪屿日光岩并祝学会二次会员代表大会　李长路 1983(4)

《小说月报》影印版序　茅盾 1983(4)

一九八三年《图书馆学通讯》篇名索引　1983(4)

西谛藏书罕见本插图一组　1983(4)

图书馆缩微复制工作座谈会在成都召开　白国庆 1984(1)

丹麦的公共图书馆(照片)　文新秋 1984(1)

海上花园
——鼓浪屿(素描)　小宇 1984(1)

王重民著《中国善本书提要》出版　1984(1)

毛主席致高亨书信手迹　1984(1)

文化部图书馆事业管理局关于要求各级图书馆
积极配合读书活动的通知　1984(1)

今日中国图书馆大事(1982～1983)　1984(1)

中国图书馆学会第二次会员代表大会:
第二届理事会·领导机构·工作机构名单　1984(1)

图书馆百科文摘(9 则)　1984(2)

沧海一粟　陈尺楼 1984(3)

乐在书海学泛舟　戚明君 1984(3)

我们热爱图书馆　魏兰新 1984(3)

图书馆给了我思想的启迪　杨海涛 1984(3)

图书馆是我们的第二课堂　杨松 1984(3)

信息革命与图书情报工作　庄义逊 1984(3)

清华大学图书馆 QBRS 多用户联机西文书目
检索系统(图片一组)　1984(3)

山那边　是大海　田特平 1984(4)

生活在充满光和热的天地间(一封读者来信) 杨晓华 1984(4)

新中国图书馆建筑一瞥(图片一组) 1984(4)

一九八四年本刊篇名索引 1984(4)

新版图书情报专业书刊(书影) 1984(4)

启事·稿约 1984(4)

沔阳县读者来信 1985(1)

信息·知识 1985(1)

中、外文目次·提要 1985(2)

学习一点世界近代史尤其是法国史的知识 刘宗绪 1985(3)

关于制定社会科学成果评价细则的说明 陕西省社会科学院科研处 1985(3)

社会科学成果评价细则 陕西省社会科学院科研处 1985(3)

傅雷的生平介绍 叶永烈 1985(3)

《乡镇图书馆工作》出版 1985(3)

编辑说明 1985(3)

随书配片工作已在全国逐步开展 1985(3)

傅译·家书·墨迹(图片一组) 1985(3)

抗日战争时期蔡元培袁同礼来往信札(手迹) 1985(3)

《西文文献著录条例》出版 文宣 1985(4)

中、外文目次、摘要 1985(4)

编者附言 1985(4)

一九八五年本刊篇名索引 1985(4)

来信摘登 谢大桥 1986(1)

记北图首届外语(英、日)演讲会 姚家华 1986(1)

中国科学院图书馆改名为中国科学院文献情报中心 应 1986(1)

今日中国图书馆大事(1984～1985) 1986(1)

介绍《农业图书馆》 1986(1)

稿约 1986(1)

《中国古籍善本书目》出版　1986(3)
读者祝贺本刊刊行三十期　1986(3)
编者的话　1986(3)
书录郭沫若一九五九年秋题《图书馆学通讯》　1986(3)
《中国古籍善本书目》〈经部〉正式出版发行　陈 1986(4)
出席国际图联北京会后会的感受　阎立中 1986(4)
一九八六年《图书馆学通讯》篇名索引　1986(4)
愚公移山　1986(4)
论文目次　1986(4)
华东师大图书馆学情报学系举办 1987 年研讨会征文通知　1987(1)
启事·稿约　1987(1)
微机《出版业务管理系统》　岳敏,丁朝汉 1987(2)
本刊编辑部关于“方向”问题的讨论复读者作者　1987(2)
“民族交融　业广心红”　柯寒 1987(3)
刘季平家属致谢　吴瀚 1987(3)
“学术论评”专栏编者的话　1987(3)
文件处理情况报表　1987(3)
还要走更远的路　阿明 1987(4)
文明风貌与文化素养　适度 1987(4)
探索读者心理学作“灵魂工程师”　苇 1987(4)
书城书香——记北京图书馆为新馆开馆举行的记者招待会　予文 1987(4)
北图开馆　世界称誉　1987(4)
美国把 1987 年定为“读者年”　1987(4)
一九八七年本刊篇名索引　1987(4)
《外国图书馆学著作选读》征订预告　1987(4)
《外国图书馆学著作选读》征订启事　1988(1)

有益的交流
——记《图书馆学通讯》主编与沈已尧教授一席谈 文斯 1988(4)
王蒙等部领导视察北京图书馆并发表重要讲话
北图是一颗耀眼的明珠 要严格要求,强化管理 张季华 1988(4)
《外国图书馆学名著选读》 1988(4)
《图书馆学通讯》一九八八年本刊篇名索引 1988(4)
北堂藏书 十六、十七世纪两种珍本书著录及书影 1988(4)
本刊启事 1988(4)
用户·图书馆·新技术 周文骏 1989(1)
报刊文摘(1～30) 1989(1)
在版编目(1～16) 1989(1)
关于举办"新中国公共图书馆事业四十年"征文活动的通知
图书馆事业管理局 1989(2)
英国《图书馆评论》聘关懿娴教授为编委 伊人 1989(2)
纪念中国民族图书馆成立十周年(照片) 1989(2)
报刊文摘(31～60) 1989(2)
在版编目(16～30) 1989(2)
中国图书馆学会将编辑出版论文选丛 卢山 1989(3)
读者来信 王才 1989(3)
信息反馈 1989(3)
报刊文摘(61～70) 1989(3)
在版编目(31～46) 1989(3)
在版编目(47～62) 邸向红,佟富 1989(4)
《纪念刘季平文集》出版发行 刘昌年 1989(4)
新思维·新技术·新方法(71～80) 卢山 1989(4)
图书情报工作简讯 张永华 1989(4)
《图书馆学通讯》1989 年年度索引 1989(4)
书讯 1989(4)
《图书馆学通讯》启事 1989(4)

篆刻:祝贺亚大地区国家图书馆馆长国际会议圆满成功　郑彦伟 1990(1)

况能富当选 EFLA 历史圆桌理事会执委　1990(1)

新思维·新技术·新方法(81~92)　1990(1)

在版编目(63~78)　1990(1)

万里委员长接见参加亚大地区国家图书馆
馆长会议代表(图片一组)　1990(1)

在版编目(79~96)　予文、邸向红译,马同俨校 1990(2)

新思维·新技术·新方法(93~104)　木早 1990(2)

第三次全国少数民族地区图书馆研讨会概述　徐苇 1990(2)

图书情报工作简讯　1990(2)

第三次全国少数民族地区图书馆研讨会剪影　1990(2)

新思维·新技术·新方法(105~116)　1990(3)

在版编目(97~116)　1990(3)

本刊更名启事　1990(3)

新思维·新技术·新方法(117~130)　卢山 1990(4)

《图书馆学通讯》1990 年年度索引　1990(4)

在版文摘(117~131)　1990(4)

本刊更名启事(英文)　1990(4)

新思维·新技术·新方法(131~140)　黄山 1991(1)

编后话　1991(1)

在版文摘(132~146)　1991(1)

新思维·新技术·新方法(141~150)　卢山,滇苇 1991(2)

明确方向　认清职责　充分发挥公共图书馆在
社会主义精神文明建设中的作用
——在全国公共图书馆为社会主义精神文明建设
服务经验交流会上的讲话摘要　鲍振西 1991(2)

关于对在为社会主义精神文明建设服务工作中
作出成绩的图书馆予以表扬的通知　中华人民共和国文化部 1991(2)

在版文摘(147~158)　1991(2)

新思维·新技术·新方法(151～160) 羽佳,黄山 1991(3)

1990年中国图书馆事业纪事 姜亚沙 1991(3)

读者之声 1991(3)

本刊启事 1991(3)

在版文摘(159～173) 1991(3)

彭冲为金陵图书馆题词 1991(3)

新思维·新技术·新方法(161～170) 滇苇,卢山 1991(4)

在版文摘(174～192) 周钰萍,张木早 1991(4)

加强协作　推动图书馆事业的发展
——全国首届图书馆馆长联席会议在
河北省昌黎北图培训中心举行 李致忠 1991(4)

《中国图书馆学报》1991年年度索引 1991(4)

本刊启事 1991(4)

出席全国文化系统表彰大会的图书馆界代表名单 白国庆 1992(1)

王崇德教授入选《学术带头人国际指南》 花彦 1992(1)

努力搞好图书馆工作为建设有中国特色的社会主义服务
——学习江泽民同志"七一"讲话的体会 肖柏 1992(1)

新思想·新技术·新方法(171～180) 羽佳 1992(1)

在版文摘(193～206) 郁频 1992(1)

新思维·新技术·新方法(181～190) 卢山,滇苇 1992(2)

在版文摘(207～225) 频萍 1992(2)

《中国图书馆学报》优秀发文(1957～1991) 1992(2)

1991年中国图书情报事业纪事 姜亚沙 1992(3)

王崇德教授的《情报科学原理》在台湾出版 卢山 1992(3)

范铮教授获美国ABI荣誉奖章 吕超英 1992(3)

建议设立中国图书馆节 于安义 1992(3)

新思维·新技术·新方法(191～200) 羽佳 1992(3)

重庆图书馆研制的两种新产品 羽佳 1992(3)

在版文摘(226～241)　周钰坪 1992(3)
致著作者的信　1992(3)
本刊启事　1992(3)
新思维·新技术·新方法(201～210)　卢山,滇苇 1992(4)
农民的"活财神"　吕桂林 1992(4)
新书展阅　宋学忠 1992(4)
在版文摘(242～261)　郁频 1992(4)
振奋精神团结奋斗开创图书馆事业新局面　1992(4)
《中国图书馆学报》1992 年年度索引　1992(4)
姜继获美"学术金像奖"提名　岐 1993(1)
新思维·新技术·新方法(211～220)　羽佳 1993(1)
在版文摘(262～278)　钰坪 1993(1)
《中国图书馆学报》1992 年优秀论文　1993(1)
新思维·新技术·新方法(221～230)　卢山,滇苇 1993(2)
信息技术与信息服务国际研讨会征文启事　羽佳 1993(2)
在版文摘(279～298)　钰坪 1993(2)
《中国图书馆图书分类法二三版改版实用手册》出版　1993(2)
更正·启事　1993(2)
林业科技论文与中国林业学科发展关系研究获重要进展　黄鹤羽 1993(3)
1992 年中国图书情报事业纪事　姜亚沙 1993(3)
新思维·新技术·新方法(231～240)　羽佳 1993(3)
北京图书馆将出版《中国国家书目(1992)》　1993(3)
论文集《图书馆学研究》一书征稿　1993(3)
本刊启事　1993(3)
在版文摘(299～314)　1993(3)
新思维·新技术·新方法(241～250)　滇苇,卢山 1993(4)
台湾将出版丘峰的《情报检索语言理论与实践》专著　东江 1993(4)

在版文摘(315～335) 玉萍 1993(4)

本刊启事 1993(4)

中国图书馆学报1993年年度索引 1993(4)

国外图书展销谈 郭复威 1994(1)

《中国分类主题词表》将出版 1994(1)

祝成人教育图书馆事业更上一层楼 1994(1)

新版《科技文献检索》教材(赖茂生、徐克敏等编著)问世 1994(3)

"全国图书馆系统书画摄影展"征稿启事 1994(3)

关于撰写IFLA大会论文的几个问题 李丛 1994(6)

《中国图书馆学报》1994年年度索引 1994(6)

希望有更多这样的"文化书使"
——全国政协副主席叶选平称赞石景宜赠书义举 丘峰 1995(1)

一次广受欢迎的研讨会 1995(1)

《元咸阳王赛典赤·赡思丁世家》再版发行 1995(2)

本刊启事 1995(2)

中国情报学会学术研讨会征文通知 1995(3)

95年信息资源与社会发展国际学术研讨会征文通知 1995(3)

《新编英汉科技文献缩略语大词典》出版 1995(4)

庄守经荣获美国华人图书馆员协会"杰出服务奖" 朱强,吴晞 1995(6)

《社会科学文献信息检索概论》出版 无为 1995(6)

《中国图书馆学报》1995年年度索引 1995(6)

集体智慧的结晶　认真求实的总结
——祝贺《当代中国的图书馆事业》出版
鲍振西,李哲民,白国庆 1996(1)

开阔视野　促进交流
——参加国际图联活动回顾 朱成功 1996(1)

北京大学信息管理系函授教育40年学术研讨会征文通知 1996(2)

《中国图书情报(信息)工作文库》即将出版 白国应 1996(4)

黄宗忠《图书馆学导论》等书繁体字版在台出版　海峡 1996(5)

学会是连接各民族同仁的纽带
——祝贺中国图书馆学会民族图书馆委员会成立　李久琦 1996(5)

《中国图书馆发展战略研讨会论文集》出版　1996(6)

《中国图书馆学报》1996 年年产度索引　1996(6)

《文献信息学导论》出版　健岐 1997(1)

大型画册《中国图书馆建筑集锦》出版　1997(1)

97 年北京大学信息管理系 50 周年系庆学术
研讨会征文启事　1997(2)

《文献》1997 年 2 期要目　1997(3)

贺信摘登(庆祝《中国图书馆学报》创刊 40 周年)　1997(4)

《中华人民共和国涉外法律法规检索系统》97 年光盘出版　羽佳 1997(5)

《中国图书馆学报》1997 年年度索引　1997(6)

中国图书馆学会第五届理事会组织机构及领导成员　1997(6)

《图书馆管理综论》出版　1998(1)

《中国图书馆年鉴》(首卷本)出版　1998(1)

《一代枭雄袁世凯》出版　1998(1)

《中华人民共和国涉外法律法规检索系统》97’光盘出版　1998(1)

《北京图书馆馆刊》简介　1998(1)

《文献资源共享理论与实践研究》出版　1998(2)

《北京大学学报》(哲学社会科学版)全文检索
光盘资料库(1955～1997)即将出版　1998(2)

《图书馆社会教育学》出版　1998(2)

中国图书馆学会第五届理事会名誉理事名单　1998(4)

中国图书馆学会第五届学术研究委员会及
专业委员会组成人员名单　1998(4)

《中国图书馆事业 20 年》编辑出版计划要点　1998(6)

刘国钧先生百年诞辰学术研讨会征文启事　1998(6)

山东省烟台当代文化艺术书院《全国图书档案资料管理经验论文集》征文 1998(6)

《中国图书馆学报》1998年年度索引 1998(6)

《科学研究与开发中的信息保障》出版 1999(2)

全国第三次情报检索语言发展方向研讨会——面向21世纪情报语言学研究征文启事 1999(2)

关于举办中国图书馆学会1999年年会暨学会成立20周年纪念活动的征文通知 1999(2)

《中国学术期刊(光盘版)·专题文献数据库》系列光盘一览表(第一期) 1999(2)

《当代英语习语大词典》出版 1999(6)

《中国图书馆学报1999年年度索引》 1999(6)

“世纪之初的图书馆”学术研讨会征文启事 2000(2)

“世纪之初的图书馆”学术研讨会征文 2000(3)

上海大学图书馆新馆开馆典礼暨学术研讨会征文启事 2000(3)

北图出版社年内将陆续推出《图书馆岗位培训教材》 2000(6)

江苏省高校文献信息保障系统文献资源建设专家组及馆长联席会议纪要 叶继元 2001(2)

《中国藏书楼》出版座谈会发言纪要 2001(2)

北京图书馆出版社即将推出《中图法》(第四版)电子版 2001(2)

关于召开计算机数字图书出版技术研讨会的通知 2001(4)

全国图书馆特色服务与实践研讨会征文 2001(4)

吴建中当选国际图联管理委员会委员 2001(5)

中国图书馆学会第六届理事会组织机构及领导成员名单 2001(6)

2002“数字图书馆——新世纪信息技术的机遇与挑战”国际研讨会征文通知 2001(6)

《中国图书馆学报》2001年年度索引 2001(6)

中国图书馆学会第6届编译出版委员会及各专业委员会名单 2002(2)

《信息法教程》出版 2002(3)

中国图书馆学会第 6 届学术研究委员会
　主任委员、副主任委员、委员名单　2002(3)

中国图书馆学会第 6 届学术研究委员会各
　专业委员会主任、副主任和委员名单　2002(3)

王重民先生百年诞辰学术研讨会征文　2002(3)

纪念“古越藏书楼”创建百年研讨会征文　2002(3)

中国图书馆学会第 6 届图书馆交流与合作委员会名单　2002(3)

《市场信息资源与市场信息行为》出版　袁慧 2002(4)

2002 年全国图书馆学情报学研究生学术研讨会征文通知　2002(4)

《伪满洲国史料》首次汇编影印出版　2002(5)

《湖南名人家谱丛刊》将影印出版　2002(5)

北京图书馆出版社“红学”书系　2002(6)

《图书馆管理:协调图书馆人行为的艺术》出版　2002(6)

《中国图书馆学报》2002 年年度索引　2002(6)

《21 世纪中国图书馆建设与发展》论文集即将出版　2003(1)

贴近读者关注实践　追踪前沿　启迪创新
　欢迎订阅 2003 年度《大学图书馆学报》　2003(1)

专题讲座暨学术研讨会征文通知　2003(2)

《西文文献著录条例》即将出版　2003(4)

中国图书馆学会发行部 2003 年部分推荐书目　2003(4)

声明　2003(5)

《中国图书馆学报》2003 年年度索引　2003(6)

北京图书馆出版社即将推出《中国少年儿童文献分类主题词表》　2004(2)

第 2 届上海国际图书馆论坛(SILF 2004)征文通知　2004(2)

《中国历代美学文库》出版　2004(3)

第三届“信息化与信息资源管理”学术研讨会征文启事　2004(3)

北京图书馆出版社隆重推出《中国分类主题词表》
　(第二版,电子版)　2004(5)

倪晓建馆长荣获首都劳动奖章　2004(5)

《中国图书馆学报》2004 年年度索引 2004(6)

"21 世纪信息资源采访工作"论文征稿启事 2004(6)

敬告读者 2005(2)

国家图书馆培训中心 2005 年系列培训(研讨)班 2005(2)

倪晓建馆长荣获北京市先进工作者称号 首图 2005(4)

中国图书馆学会第七届理事会组织机构及领导成员名单 2005(5)

《中国图书馆学报》2005 年年度索引 2005(6)

理性、开放、和谐的图书馆 2006 长春国际图书馆学术会议征文通知 2006(1)

《中国图书馆学报》2006 年年度索引 2006(6)

《信息资源价值论——信息文明的价值思考》出版 2007(4)

《中国图书馆学报》优秀论文目录(1979~2006) 2007(5)

ISO 将发布国家图书馆绩效指标 张红霞 2008(6)

补遗 2008(6)

中国图书馆学报 2008 年第 34 卷总目次 2009(1)

ISSN 希望发挥更多作用 顾犇 2009(4)

《中国图书馆学报》英文年刊创刊发行 2009(5)

中国图书馆学报 2009 年第 35 卷总目次 2010(1)

《信息与文献术语》国家标准正式出版 顾犇 2010(3)

第六次全国图书馆学基础理论研讨会征文启事 2010(6)

《任继愈文集》征稿启事 2010(6)

国家图书馆出版社维权公告 2011(1)

中国图书馆学报 2010 年第 36 卷总目次 2011(1)

敬告作者 2011(3)

敬告作者 2011(4)

敬告作者 2011(5)

《中国专业图书馆发展报告 2010》出版 2011(5)

启事　2011(6)

启事　2012(1)

作者指南　2012(1)

中国图书馆学报 2011 年第 37 卷总目次　2012(1)

启事　2012(2)

作者指南　2012(2)

作者指南　2012(3)

启事　2012(3)

启事　2012(4)

作者指南　2012(4)

作者指南　2012(5)

启事　2012(5)

作者指南　2012(6)

启事　2012(6)

信息动态

北京图书馆举办干部业务学习训练班　白露 1957(1)

日本图书馆的动态　霖生 1957(1)

第一届全国省市图书馆工作人员进修班开学　李钟履 1957(2)

图书馆工作机械化消息　陆世光 1957(2)

苏联把歌德图书馆藏书送还给德意志民主共和国　世光 1957(2)

德意志民主共和国图书馆工作者代表团到苏联访问　1957(2)

印度图书馆界消息　1957(2)

丹麦拍摄"开放的书架"文献影片　1957(2)

河南省图书馆迁郑　许鑫祥 1957(3)

突击整理积存图书消息　1957(3)

广东图书馆界向科学进军消息　金敏甫 1957(4,5)

广东省中山图书馆与广州市图书馆工作者联谊会联合举办图书馆业务讲座　敏甫 1957(4,5)

广东省举办工会图书馆训练班　敏甫 1957(4,5)

锦州市地区图书馆工作人员正在大力向科学文化进军　刃唐 1957(4,5)

北京图书馆等单位举办庆祝十月革命四十周年纪念书刊展览　仲篪 1957(4,5)

湖北省图书馆召开科学研究工作者座谈会　1957(4,5)

抚顺煤炭科学研究院图书室为科学研究服务简讯　1957(4,5)

重庆市图书馆与有关单位联系配合工作总结　重庆市图书馆 1957(4,5)

外国科学技术书刊展览会简讯 1957(4,5)

苏联文化部召开全苏图书馆工作领导者会议 世光 1957(4,5)

苏联图书馆学和目录学科学研究所成立 1957(4,5)

陕西地区图书馆干部业余进修学校成立 金泯 1957(6)

国外图书馆介绍和动态 1957(6)

以纪念郭沫若同志为基础的亚细亚文化图书馆在日本落成
陈霖生 1958(1)

日本东京将办举国际图书展览 孔洞 1958(1)

北京图书馆显微阅览室正式开放 李博达 1958(1)

克鲁普斯卡娅图书馆学院开办文化教育工作系 世光 1958(1)

甘肃省图书馆编制了“兰州各图书馆馆藏西北文献联合书目” 1958(1)

北京图书馆“七一”试办全国集中编目印刷卡片供应各馆 1958(3)

坚决在图书馆学阵地上树起红旗 北大图书馆学系
人人动手大搞科学研究 孟昭晋,纪国祥 1958(4)

上海市报刊图书馆宣传社会主义建设总路线 云路 1958(4)

国内图书馆动态(19 则) 1958(6)

国内图书馆动态(10 则) 1959(1)

国内图书馆动态(7 则) 1959(2)

国内图书馆动态(10 则) 1959(3)

国外图书馆简讯(3 则) 1959(3)

国内图书馆动态(7 则) 1959(4)

记批判刘编“中图法”座谈会 北京图书馆科学方法研究部 1959(5)

湖北省图书馆召开“社会主义图书馆学概论”座谈会 喻子兵 1959(5)

国内图书馆动态(6 则) 1959(5)

国内图书馆动态 1959(6)

国外图书馆简讯 1959(6)

北京图书馆学习与讨论“社会主义图书馆学概论”(初稿) 韩维 1959(7)

南京市各图书馆采购工作经验交流展览会 展览会工作小组 1959(7)

国内图书馆动态 1959(7)

国内图书馆动态(7 则) 1959(8)

国内图书馆动态(10 则) 1959(9)

国外图书馆简讯(14 则) 1959(9)

祝贺全国群英大会的召开 1959(10)

北京图书馆和首都图书馆积极投入北京市专业文化单位的先进集体和先进工作者运动中 本刊编辑部 1959(12)

国内图书馆动态(5 则) 1960(1)

国外图书馆简讯(8 则) 1960(1)

国内图书馆动态(5 则) 1960(2)

国内图书馆动态(7 则) 1960(3)

国外图书馆简讯(8 则) 1960(3)

国内图书馆动态(7 则) 1960(4)

武汉图书馆武汉市新华书店联合举办毛主席著作展览会 经 1960(5)

国内图书馆动态(5 则) 1960(5)

国外图书馆简讯(9 则) 1960(5)

图书馆动态 1961(1)

业务与研究简讯(三则) 1961(2)

国外图书馆简讯(七则) 1961(3)

武汉大学图书馆学系举办“我国目录学家郑樵逝世八百周年章学诚逝世一百六十周年纪念会” 崧 1961(4)

国内外图书馆简讯(11 则) 1961(4)

国内外图书馆简讯 1962(1)

国内外图书馆简讯 1962(2)

国外图书馆简讯 1962(3)

各地公共图书馆为农业服务工作报道(三则) 1962(4)

国内外图书馆简讯 1962(4)

国内外图书馆简讯 1963(1)

北京师范学院图书馆组织干部“短期脱产轮训”学习业务 沈青 1963(2)

读者园地 1963(2)

国内外图书馆简讯 1963(2)

国内外图书馆简讯 1963(3)

进一步增进越中两国文化交流 阮文绰,梁明 1963(4)

国内外图书馆简讯 1963(4)

信息动态　国内外图书馆简讯 1964(1)

信息动态　国内外图书馆简讯 1964(2)

英国不列颠图书馆新馆今年动工兴建 柏兹 1979(1)

安娜·路易斯·斯特朗遗书珍藏北京图书馆 1979(1)

国内外图书馆简讯 1979(1)

美国图书馆界代表团应邀来我国参观访问 鲍振西 1979(2)

中国图书馆学会成立大会第一次全国科学讨论会在太原举行 袁丁 1979(2)

新颖的组合式标准型书架正式投产 周锋 1979(2)

《〈毋忘台湾〉序》将收入郭沫若全集 1979(2)

《中国图书馆图书分类法》成立编辑委员会召开修订稿的审定会 1979(2)

国际图书馆协会联合会第 45 次大会及第 6 次国家图书馆馆长会议在哥本哈根召开 1979(2)

美国图书馆员访问中华人民共和国 乔凌 1980(1)

教育部召开《图书馆学基础》审稿会 汪家熔 1980(1)

中国图书馆学会举行迎春茶会 徐文绪 1980(1)

英国图书馆举办中国地图展览 张桂林 1980(1)

我国成立全国文献工作标准化技术委员会 朱南 1980(1)

国内外图书馆简讯 1980(1)

邓衍林先生逝世 1980(2)

国内外图书馆简讯 1980(2)

丰台区图书馆组织蔬菜专业读者座谈　王震 1980(3)

北京图书馆确定扩建　1980(3)

我国著名图书馆学家刘国钧教授逝世　1980(3)

我国著名版本目录学家赵万里先生逝世　1980(3)

国内外图书馆简讯　1980(3)

学习中央“指示”　发展图书馆事业
　中国图书馆学会在杭州举行年会　楚 1980(4)

东北地方文献联合目录协会在沈阳召开　1980(4)

全国少年儿童图书馆工作座谈会即将召开　燕权 1981(1)

“全国分类法、主题法检索体系标准化会议”在南宁召开
　朱孟杰 1981(1)

湖南益阳地区举办图书情报工作服务效果展览　1981(1)

科技情报调研学术讨论会在杭州召开　1981(1)

学会工作通讯　1981(1)

全国省、市、自治区公共图书馆馆长研究班结业　1981(1)

美国国会图书馆自动化专家阿弗拉姆来华讲学　蓓欣 1981(2)

全国少年儿童图书馆工作座谈会在北京召开宋任穷、
　康克清接见会议代表并作重要讲话　楚 1981(2)

进一步加强与国际图书馆界的联系
　——国际图联主席、秘书长应邀来我国参观访问　鲍振西 1981(3)

西德友好人士周仲铮赠送北京图书馆一批书画　蔡锡明 1981(3)

图书馆界组织纪念“七·一”活动　热烈颂扬党的丰功伟绩
　决心认真学习和宣传六中全会精神　1981(3)

充分认识高等学校图书馆的作用
　——祝教育部再次召开全国高等学校图书馆工作会议　1981(3)

湖南省成立高等学校中心图书馆委员会　1981(3)

纪念鲁迅诞生一百周年“鲁迅著作版本展览”在京举行　1981(3)

天津市《周叔弢、张叔诚同志捐献文物、图书》展览在京展出　畴 1981(4)

全国高等学校图书馆工作会议在京召开　楚 1981(4)

新的起点
——祝全国高等学校图书馆工作会议胜利结束 1981(4)

出席国际图联第47届大会报道 1981(4)

北京大学图书馆纪念建馆八十周年 新 1982(2)

天津图书馆举行建馆七十五周年纪念大会 王芝兰 1982(3)

文化部图书馆事业管理局召开图书馆事业发展规划座谈会 南 1982(4)

北京图书馆举行开馆七十周年庆祝大会
——邓力群,朱穆之到会祝贺 1982(4)

中国图书馆学会第三次全国科学讨论会在昆明召开 1982(4)

北京图书馆开办图书馆职工业余大学开学 1982(4)

文化部图书馆事业管理局举办藏书建设研讨班 白国庆 1983(1)

全国少年儿童图书馆(室)先进集体、先进工作者表彰会议在京召开王震、邓力群、朱穆之出席闭幕发奖仪式并讲话
汗水浇得朵朵花儿红 程福臣 1983(1)

全国高校图书馆工作委员会第二次会议在京召开周林、邓力群、何东昌、黄辛白出席并讲话　社会主义现代化建设必须图书、资料、情报工作的现代化 高啸 1983(1)

中央党校和中国图书进出口公司联合举办
“国外马克思主义学说和社会科学研究图书展览” 孟凡 1983(1)

缩微技术学习班开学 北图复制组 1983(2)

东北医药卫生图书情报网络常委会第二次会议在哈尔滨召开 李矢 1983(2)

“马克思生平事业展览”,“马克思、恩格斯著作在中国”展览在京展出 李玉珍 1983(2)

全国图书馆缩微技术座谈会在京召开 生 1983(2)

全国图书馆学情报学教育工作座谈会在武汉召开 张玉川 1983(2)

泽及三湘　嘉惠士林
——湖南省图书馆举办徐特立同志藏书展览 邹华享 1983(2)

中国少数民族地区图书馆工作座谈会在京举行 金瑢,江庭梅 1983(3)

全国公共图书馆读者工作研讨班在杭州举办 白国庆 1983(3)

胡乔木同志接见上海职工读书活动报告团 胡乔木 1983(3)

南京大学图书馆施廷镛先生逝世 1983(3)

中国图书馆学会第二次会员代表大会在厦门召开
把图书馆办成宣传两个文明建设的阵地 汀 1983(4)

北京图书馆新馆工程奠基兴建 沅汀 1983(4)

国内外图书馆简讯 1983(4)

国家标准局批复《文献著录总则》国家标准函 1983(4)

中国图书馆学会第二次会员代表大会:关于表彰
奖励学会优秀工作干部的决定 1984(1)

中国图书馆学会学术工作委员会在京召开 邵威 1984(2)

原子能研究所图书馆计算机书目检索系统投入运行 陈斯 1984(4)

文化部图书馆局举办缩微复制技术人员培训班 张长生 1984(4)

沔阳县举办科技书刊资料展览 1984(4)

图书情报知识竞赛启事 1984(4)

图书馆改革座谈会在芜湖召开 1985(1)

原北京图书馆副馆长张全新病逝 1985(1)

原北京图书馆副研究员顾子刚病逝 1985(1)

辽宁省图书馆界成立信息资源开发中心 策 1985(2)

傅雷家书墨迹展览·报告会在京举行 津 1985(2)

中央国家机关团委举办:“现代生活巡礼”活动之一
“如何利用图书馆”咨询服务(北图) 1985(2)

天津举办“书刊进口工作”专题讲座 江汉琪,韩梅 1985(3)

秦皇岛市医学情报单位开始网络内同步改革试点 张荃 1985(3)

文化部图书馆事业管理局召开图书保护问题座谈会 周小璞 1985(3)

沈阳钢制书架厂简介 1985(3)

北京大学地球物理系资料室召开《南极文献数据库》鉴定会
韩庆源 1985(4)

中国图书馆代表团访问意、土、葡三国 书晖 1985(4)

少数民族地区图书馆干部专修科开学等(二则) 吴棠 1985(4)

河北省要求全省高校图书馆开展
“做‘四有’图书馆工作者”的讨论 杨华 1985(4)
共青团北图团委第二次代表大会召开 姚家华 1985(4)
全国图书馆将逐步实行随书配片制 1985(4)
李志钟博士偕夫人在京作学术报告 乐 1986(1)
北京图书馆举办科组长研讨班 1986(1)
新风貌 1986(1)
中国研制出新型汉字处理机 1986(1)
《中国图书馆图书分类法》《中国图书资料分类法》及其
简本获国家科学技术进步奖(一等奖) 1986(1)
图书馆学情报学理论研讨会在武汉召开 乐 1986(2)
C—S(垂直—水平)图书自动传送系统通过鉴定 文宣 1986(2)
全国高校图书馆工作委员会秘书长会议在北京召开 朱强 1986(2)
梁思庄同志逝世 1986(2)
陈鸿舜同志逝世 1986(2)
徐文绪同志病逝 1986(2)
“全国文化科技成果展览和技术交易会”图书馆展厅介绍 柯寒 1986(3)
济南建成大型儿童图书馆 李凤鸣 1986(3)
张申府同志逝世 1986(3)
文化部图书馆局召开全国公共图书馆工作座谈会 岐 1986(4)
“图书馆学情报学教育与研究”国际学术研讨会在北京举行 1986(4)
要闻短讯 1986(4)
书讯 1986(4)
万里副总理视察北京图书馆新馆工地 1987(1)
要闻短讯 1987(1)
汉语科技文献自动标引系统(SAICSTL)通过鉴定 郭友仁 1987(2)
文化部举办第四次文化科技成果评奖会
图书馆科技成果累累 曾维祺 1987(2)

湖北省文化厅关于优惠购书的通知 1987(2)

加强职能　注重效益
——祝贺全国高校图书馆工作会议胜利召开 1987(3)

《中华人民共和国现行文化行政法规汇编》
(1949~1985)征订启事 1987(4)

反映中国书史的第一部电视教学片《中国古代书籍史》制成 葛民 1988(1)

著名图书馆学家杜定友先生诞生九十周年纪念暨
学术思想研讨会在广州举行 林庆云 1988(1)

南京时代信息资料公司三年多来的实践 1988(1)

著名图书馆学家汪长炳教授逝世 1988(1)

部际图书情报工作协调委员会文献资源专业组正式成立 1988(2)

湖北省文化厅召开全省县以上公共图书馆业务研讨会 1988(2)

中美在京联合举办学术讨论会
纪念《西行漫记》发表五十周年 鼎文 1988(3)

北京图书馆新馆工程接受国家级初验 徐苇 1988(3)

图书馆新技术应用国际学术讨论会在西安召开 徐亭起,苏黎 1988(4)

一个新型的进出口机构
——中国教育图书进出口公司 杨振清 1988(4)

求实　求新　求发展
——1988年全国中青年图书馆学情报学
学术讨论会在京举行 予文 1988(4)

宓浩同志逝世 1988(4)

北图新馆工程通过国家验收　平均每天接待读者5000人次 1988(4)

台湾“立法委员”胡秋原先生参观北京图书馆 1988(4)

全国文献资源调查工作将全面铺开 李晓明 1989(1)

国家教委召开全国中小学图书馆工作会议 奇方 1989(1)

美国即将召开第2届图书情报工作白宫会议 丘东江 1989(1)

“集成图书馆自动化系统”总体方案论证会在京召开 文讯 1989(1)

IFLA第55届年会将在巴黎举行 1989(2)

国内图书情报工作简讯 1989(2)
文化部召开全国创建文明图书馆活动经验交流会 刘 1989(3)
中国图书馆学会第三届在京常务理事召开第3次会议 1989(3)
建国40周年征文及优秀科研成果评委会在京成立 1989(3)
国内外图书情报工作动态 1989(3)
东北地区召开图书馆学科学讨论会 1989(3)
吉林省召开成人教育图书馆专题学术研讨会 1989(3)
蒙古图书馆代表团访华 白国庆 1989(4)
中国民族图书馆代表团访问印度 九奇 1989(4)
文化部关于表彰文明图书馆、图书馆工作先进集体和图书馆先进工作者的通知 1989(4)
杜克率团参加第55届IFLA年会 1989(4)
第四届亚大地区国家图书馆馆长会议在北京举行 黄润华 1990(1)
乔石、李瑞环先后视察广州图书馆 1990(1)
图书馆服务宣传周活动在全国展开 高华 1990(3)
七所民族院校图书馆负责人举行座谈会 古同熙 1990(3)
国际知识组织学会将召开第一次国际会议 曾蕾 1990(3)
图书情报工作简讯 1990(3)
李瑞环视察陕西省图书馆 1990(3)
中国图书馆学会举办徐效钢事迹报告会 滇苇 1990(4)
第五次全国缩微工作会议在苏州召开(图片) 1990(4)
吉林省成人教育图书馆研究中心召开第三次学术研讨会 丰 1991(1)
杜克率团参加IFLA第56届大会 秋天 1991(1)
台湾地区图书馆访问团应邀来访 秋天 1991(1)
黑龙江省学会在牡丹江召开读者工作学术讨论会 羽佳 1991(1)
吉林省图书馆学会召开第四次会员代表大会暨专题学术讨论会 张国治 1991(1)
华东六省一市图书馆学会举行第四次协作会 1991(1)

图新公司举办新产品展示会 1991(1)

台湾地区图书馆访问团活动剪影 1991(1)

《中国科学院文献情报工作发展战略研究》课题
成果鉴定会在北京举行 白国应 1991(2)

《呼伦贝尔盟书展》在京开幕 滇苇 1991(2)

全国民族高校图书馆协作中心在西南民院成立 黄思正 1991(2)

“中国机读目录软件服务中心”正式成立 1991(2)

务实　创新　发展　中国图书情报事业从现实走向21世纪
——第六届全国中青年图书馆学情报学年会筹备就绪 1991(2)

韶山将修建毛泽东图书馆 彭世雄 1991(3)

四川省图书馆学会召开第四次会员代表大会 1991(3)

李瑞环视察大理图书馆 1991(3)

江泽民 李瑞环接见出席全国文化系统表彰大会的全体代表 白国庆 1992(1)

吉林省成人教育图书馆研究中心召开第四次学术研讨会 瑞丰 1992(1)

日本国立国会图书馆访华团参观陕西省图书馆 杨昌俊 1992(1)

国际图书情报界将隆重纪念阮冈纳赞诞辰一百周年 叶千军 1992(1)

全国民族高校图情委在广西民院成立 黄思正 1992(2)

张家口市图书馆学会举办首届业务知识竞赛 徐嘉 1992(2)

全国公共图书馆岗位培训工作座谈会在桂林召开 华运 1992(3)

弘扬民族文化　突出藏书特色　江西省图书馆
开展作者签名特藏图书征集工作 徐迅 1992(3)

第一所残疾人图书馆在大连市建成 张军 1992(3)

中国图书馆学会第四次会员代表大会在南京召开 1992(3)

现代图书馆藏书建设与资源共享国际研讨会在西安召开 王世伟 1992(4)

北京图书馆隆重纪念建馆80周年 1992(4)

武汉国际图书情报学理论与实践发展学术
讨论会将于1993年举行 1992(4)

胡耀辉同志逝世 1992(4)

海峡两岸图书馆学者举行笔谈 康军 1993(1)
佛山市苏李秀英图书馆落成 羽佳 1993(1)
电视讲座信息 1993(1)
中国图书馆学会在北大召开四届一次在京常务理事会议 1993(1)
第七届全国图书馆学情报学中青年学术研讨会在武汉召开 夏南强 1993(2)
1993 年度全国图书资料系列高级职称统一评审工作将在 9 月进行 张铁中 1993(2)
《中国图书馆学情报学论文选》10 集将全部出齐 1993(2)
全国图书馆学术研究工作会议在沪举行 高伟 1993(3)
全国文献工作人员岗位培训班停办启事 1993(3)
国家教委主持召开深圳大学图书馆计算机集成管理系统 II 鉴定会 卢山 1993(4)
中国图书馆学会编译出版委员会在京开会 徐苇 1993(4)
信息·动态·资料 1994(1)
信息·动态·资料 1994(2)
石景宜先生向大陆公共图书馆赠书仪式在北京图书馆隆重举行 安宁,马红健 1994(5)
20 个省市区成立中小学图书馆管理机构 郝雅梅 1994(5)
'96 北京国际图联大会中国组委会在京成立 予文 1994(6)
全国图书馆系统书画摄影展在京举行 1994(6)
信息技术与信息服务国际研讨会在上海举行 白国应 1995(1)
全国税务院校图书情报工作委员会在长春税务学院成立 谷玉萍 1995(1)
全国党校文献情报学会暨图书馆长会在九江召开 田国良 1995(1)
湖南图书馆举行张舜徽先生和陶慰炳先生赠书交接仪式 刘雪荣 1995(2)
文化部在京召开全国公共图书馆评估定级总结表彰大会 卢山 1995(2)
学会在京召开第 62 届国际图联大会征文评选会议 丘峰 1995(2)
《毛泽东著作版本述录与考订》问世 思为 1995(4)

枣庄市举行“征订枣庄地方文献新闻发布会” 孙勇 1995(4)

全国师范院校图书馆“世行贷款教育项目”
研讨会在长春召开 徐彦玲 1995(5)

《中国文献编目规则》定稿会在海口召开 山亚石 1996(1)

信息·动态·资料 1996(1)

中国科学院第4次文献情报工作会议在桂林召开 1996(2)

澳门召开中央图书馆成立100周年庆典暨澳门第一届
国际图书馆专业人员交流会 1996(2)

中国图书馆学会和澳门图书馆暨资讯管理协会
合作协议在澳门签字 1996(2)

韶山毛泽东图书馆主体工程竣工 吴新民,高菊村 1996(4)

第62届国际图联大会会前会“现代信息技术在图书馆的应用
学术研讨会”在深圳市和广州市召开 罗声 1996(4)

书目数据只读光盘研制项目通过文化部科技成果鉴定 张季华 1996(4)

中国图书馆学会民族图书馆委员会在拉萨成立 才旦卓葛 1996(5)

书讯两则 1996(5)

信息·动态·资料 1996(6)

信息两则 1997(2)

丹诚公司在京举办“DATATRANS-1000”
图书馆集成系统展示会 金培华 1997(4)

军队院校图书馆信息网络系统通过鉴定 刘家坤 1997(4)

高占祥视察深圳南山图书馆 田力 1997(4)

计算机文献标引对照系统在京通过鉴定 郭育新 1997(6)

北京图书馆大型机中西文书刊检索系统通过鉴定 刘刚 1997(6)

总结成绩 开拓进取
——中国图书馆学会第五次会员代表大会胜利召开 王致翔 1997(6)

北京图书馆成立中国图书馆联合编目中心 1998(1)

第63届国际图联大会在哥本哈根召开 1998(1)

江西图书馆学会召开第三次会员代表大会 1998(1)

信息·动态 1998(3)

中国图书馆学会第五届学术研究委员会成立暨工作会议在上海召开 赵薇 1998(4)

信息·动态 1998(5)

顾廷龙同志逝世 1998(6)

促进学会生存与发展专题研讨暨中图学会秘书长工作会议在京召开 李桂兰 1999(2)

罗斯·西蒙被任命为国际图联新任秘书长 袁大明 1999(3)

“现代图书情报技术”信息技术市场正式启动 1999(3)

“改革开放20年中国图书馆事业高层论坛”召开 里边 1999(4)

重庆市图书馆学会召开成立大会 王宁远 1999(4)

中国图书馆学会在大连市举办首届学术年会暨成立20周年纪念活动 李桂兰,王旭东 1999(5)

国家图书馆采编部召开西文图书编目工作研讨会 蒋敏 1999(5)

中国当代图书馆文献信息服务的拓展学术研讨会召开 苏爱荣 1999(5)

首届“国际图书馆设备器材和技术展”将在京举办 1999(5)

国务院发展研究中心信息网 WWW. drcnet. com. cn 特别推荐 1999(5)

信息·动态 1999(6)

上海图书馆新添一个“德语资料区” 徽河渠 2000(1)

第六届全国省、自治区、直辖市、较大城市图书馆馆长联席会议召开 2000(1)

北京大学召开“刘国钧先生百年诞辰学术研讨会” 2000(1)

中国数字图书馆工程联席会议举行首次会议 中国数字图书馆工程正式启动 2000(3)

全国“图书馆管理与改革”研讨会在厦门召开 2000(4)

中国图书馆学会2000年学术年会召开 2000(5)

“世纪之初的图书馆”学术研讨会召开 2000(6)

中国科协2000年学术年会隆重举行 2000(6)

李尔重赠书仪式在国家图书馆举行 2000(6)

本刊迁址 2001(1)

南京大学成立“国家信息资源管理南京研究基地” 2001(1)

浙江图书馆百年馆庆暨21世纪公共图书馆馆长论坛在杭州举行 程小澜 2001(2)

文化部召开“中国数字图书馆工程资源建设工作会议” 刘刚 2001(2)

《图书情报学书目数据库》正式开通 姚荣 2001(3)

本刊迁址 2001(4)

“国家图书馆庆祝建党80周年馆藏珍贵革命文献展览”隆重推出 2001(4)

中国少年儿童信息大世界
——网上图书馆馆际合作会议在大连召开 九联 2001(5)

程焕文教授当选OCLC成员委员会代表 日月谭 2001(6)

“全国公共图书馆计算机应用知识大赛”圆满结束 张小平,白雪华 2002(2)

中国科学院文献情报中心将举办“知识管理:图书馆的机遇与挑战”学术研讨会 初景利,谭昌利 2002(2)

中国图书馆学会第6届编译出版委员会成立暨工作会议召开 里边 2002(2)

《永乐大典》编纂600周年国际研讨会暨仿真影印出版首发式举行 2002(3)

中国图书馆学会第6届学术研究委员会成立暨工作会议召开 2002(3)

信息存储与检索软件Winisis在武汉大学信息资源研究中心汉化成功 冬文 2002(4)

深圳图书馆诚聘高级专业人员 2002(4)

中国图书馆学会2002年学术年会举行 2002(5)

深圳图书馆诚聘高级专业人员 2002(5)

深圳图书馆诚聘高级专业人员 2002(6)

首届eBook产业年会在京举行 2003(3)

中国科协2003年学术年会即将召开 2003(3)

“中美图书馆员高级培训班”招生 2003(3)

陈誉先生病逝 2003(5)

欢迎订阅《中国图书馆学报》 2003(5)

欢迎订阅《中国图书馆学报》 2003(6)

欢迎订阅 2004 年度《大学图书馆学报》 2003(6)

信息·动态 2004(2)

选择高可用的数字图书馆　北京师范大学图书馆
关于数字图书馆的建设与应用 2004(3)

第二届 eBook 产业年会召开　eBook 第一时间网启动 2004(4)

选择高可用的数字图书馆　北京师范大学图书馆
关于数字图书馆的建设与应用 2004(4)

万方数据开辟网上捷径 司静辉 2005(2)

欢迎订阅《中国图书馆学报》 2005(2)

第四届中国社区乡镇图书馆发展战略研讨会召开 余胜 2005(3)

书生数字图书馆系统通过国家科技部创新基金项目验收 2005(6)

内江师范学院图书馆 2005(6)

欢迎订阅《中国图书馆学报》 2005(6)

中国图书馆学会第七届学术研究委员会成立大会隆重召开 2006(1)

欢迎订阅《中国图书馆学报》 2006(1)

深圳市公共图书馆图书"通借通还"全面开通 余胜 2006(2)

中国图书馆学会 2006 年新年峰会在海口召开 2006(2)

欢迎订阅和零购《中国图书馆学报》 2006(3)

国家图书馆关于公开选拔 2006 年度"创新人才"的启事 2006(4)

国家图书馆立项开展图书馆 RFID 应用标准化研究工作 2006(6)

欢迎订阅《中国图书馆学报》 2006(6)

国家图书馆重大科研项目招标的公告 2007(2)

北京大学信息管理系将举办 60 周年系庆 2007(5)

启事 本刊编辑部 2008(3)

"国家珍贵古籍特展"在国家图书馆古籍馆举行 2008(4)

国家图书馆二期暨国家数字图书馆 2008 年 9 月 9 日开馆 2008(5)

东莞图书馆获美国图书馆协会主席颁发的国际创新奖 2008(6)

中科院国家科学图书馆招聘高级人才 2008(6)

2008 信息服务创新国际学术研讨会在中国人民大学召开 周晓英 2009(1)

全国图书馆标准化技术委员会成立暨工作会议在京召开 2009(1)

“2009 搜索行为与用户认知研究北京研讨会”成功举办 2009(4)

国务院批准颁布第二批《国家珍贵古籍名录》和
“全国古籍重点保护单位” 2009(4)

中国图书馆学会第八次全国会员代表大会隆重召开 2009(4)

2009 年全国参考咨询工作会议召开 2009(4)

国家图书馆博士后科研工作站揭牌 2009(4)

国家图书馆百年华诞系列庆典活动隆重举行 2009(5)

国家科学图书馆与 Springer 数字资源长期
保存协议签约仪式举行 2009(5)

2009 年全国图书馆学博士生学术会议
暨北京大学图书馆学开放论坛在京举办 张久珍 2010(1)

第三届海峡两岸大学图书馆建筑学术研讨会召开 2010(1)

建言献策　共谋发展
——国家图书馆“十二五”规划座谈会在京召开 2010(2)

中国科学院将举办第八届开放获取柏林国际会议 2010(3)

国家图书馆少年儿童图书馆暨少儿数字图书馆开馆 2010(4)

国家图书馆举办立法决策服务系列活动 2010(4)

中国图书馆界代表参加第 76 届国际图联大会 2010(5)

第三届中美数字时代图书馆学情报学教育
国际研讨会在武汉大学召开 2010(6)

中国科学院国家科学图书馆组织建立全院
机构知识库网格服务系统 2010(6)

中山大学资讯管理学院成立 2011(1)

方正阿帕比助力海峡两岸图书馆特色资源建设
——阿帕比亮相第三届海峡两岸大学图书馆合作发展论坛 2011(3)

文化部召开数字图书馆推广工程工作会议全面部署数字图书馆推广工程建设工作 2011(4)

《公共图书馆服务规范》正式发布 2012(2)

2012 年中国图书馆年会将在东莞举办 2012(4)

作者索引

（按英文字母排序）

Abdus Sattar Chaudhry　115
A·J·埃文斯　197
Angela Lew　52
Anna Maria Tammaro　201
Arthur Plotnik　195
Chaomei Chen　188
C. Olivia Frost　189
D. J. 福斯凯特　195
F. W. 兰开斯特　201
G. Brian Burke　201
Harald von Hielmcrone　201
H. D. 艾弗拉姆　195
J·H·谢拉　194
JoelC·Downing　195
John Wilkin　153
J. P. 安格密　199
Julia Pratt　196
Khoo Christopher　115
Lian Ruan　21
P. B. 曼格拉　195
R·H·A·Cheffins　194
R. W. 博斯　195
Stephen Robertson　121
Wei Li　102
Yang Weili　193

（按俄文字母排序）

A. H. 布钦科夫　192
A. A. 赫连科娃　191
B·И·顺科夫　192
B. 别尔盖尔　191
B·也林　190
E·特洛依茨卡娅　190
З·果里茨　192
И. 加尔戈夫　191
Л. А. 格维希阿里·科斯吉娜　196
M. B. 切尔诺夫　192
H. C. 卡尔塔绍夫　197
H·加甫利罗夫　190
O. C. 丘巴梁　192
C. K. 维林斯卡娅　191
T·П·弗诺托夫　195
Ю. B. 果里戈利耶夫　193

（按汉语拼音排序）

A

阿华　84
阿拉坦仓　53
阿明　221
阿瑟·普洛特尼克　194,197
阿瓦尔·威廉姆斯　197
埃德加·斯诺　197

艾丹祥　113
艾青春　48,63,64(2),158
艾新革　178
安德斯·达尔格伦　197
安东市图书馆　73
安鸿书　67,107
安江平　35
安栎　139
安娜·路易斯·斯特朗　168
安宁　243
安新颖　16,187
安银海　82
鞍钢技术图书馆　75,104
鞍山钢铁公司技术图书馆　102
鞍山市图书馆　125(2),211
敖毅　115

B

芭芭拉·B·蒂利特　117
白国安　130
白国庆　38,39,219,224,226,237(2),241,242
白国应　11,37,38,42,44,102,109,226,242,243
白化文　195
白君礼　23,24
白露　232
白清礼　96
白山　171
白寿彝　1
白献阳　54
白晓煌　82
白学典　73
白雪华　136,246
白远忠　131
白云峰　54(2)
柏森　1
柏兹　235
包和平　13,84,112,159
包平　154
包音　46
保尔·凯格拜因　197
保加契夫　190
保良　210
鲍昌明　73
鲍林涛　145
鲍振西　26,27,29(2),30,32,33,35,37(2),38(2),47,62,64,102,124-126,133,171,192(2),216,223,226,235,236
北京大学图书馆学系 1955 年级资产阶级学术思想批判小组　1
北京大学图书馆学系 1956 年级“什么是图书馆学”批判小组　1
北京大学图书馆学系 1956 年级“中国图书分类法”批判小组　100
北京大学图书馆学系 1956 年级中国图书馆事业史研究小组　28
北京大学图书馆学系 1957 年级“图书馆学辞典”批判小组　211
北京大学图书馆学系函授班　184
北京大学图书馆学系“社会主义,共产主义图书馆学概论”小组　183
北京大学图书馆学系“书目工作”研究小组　101
北京大学图书馆学系通讯组　184
北京大学图书馆学系“图书馆事业史”研究小组　27
北京地质学院图书馆　86
北京钢铁工业学院图书馆资料室　74
北京工业学院图书馆　74
北京航空学院图书馆　74
北京矿业学院图书馆　74
北京煤炭工业学院图书馆　74
北京农业大学图书馆　127
北京农业大学图书馆采编组　87
北京师范大学图书馆　27
北京师范大学图书馆流通保管组　75
北京石油学院图书馆　125
北京铁道学院图书馆　74
北京图书馆　27,101
北京图书馆采访部　72

北京图书馆参考部　214
北京图书馆参考书目组　161(2)
北京图书馆皮藏组　155
北京图书馆科学方法研究部　102,233
北京图书馆书目索引组　212(3),213(3)
北京图书馆下放干部　210
北京图书馆中文采访组　75
北京外国语学院图书馆编目组　101
北京外国语学院图书馆出纳组　125
北图复制组　237
贝弗莉 P·林奇　19
蓓欣　236
本刊编辑部　184,208,215,234,247
本溪市图书馆　80
毕红秋　148,156
毕嘉秀　75
毕九江　40
毕强　9,12,22,66,93,116,117,140
毕于洁　106,164
卞福荃　178
卞丽芳　97
别立谦　145
冰丘　4
并思　4
卜书庆　110,111(2),113,116(2),117
部先永　95

C

才旦卓葛　244
彩　33
蔡冰　70,141
蔡昌许　120
蔡大明　79
蔡放　60,209
蔡公天　105
蔡晖　151
蔡建峰　94
蔡捷　104,133,198
蔡金钟　66,90,134
蔡孟欣　153
蔡箐　56,207
蔡巍　119
蔡武　56
蔡锡明　172,236
蔡元培　169
曹东　119
曹高辉　154
曹汉新　104
曹焕光　118
曹靖华　216,217
曹磊　57
曹梅　122(2)
曹宁　114
曹平　94
曹淑文　108
曹树金　23,47,107,112,147,174
曹学柱　148
曹予庭　215
曹臻　10,82,134,146
曹之　165(3),166(2),174
曹志梅　55,68,137,138,150
策　238
岑桦　197
岑咏华　121
柴纯清　5
昌少骞　173
长春　191
长春地质学院图书馆　155
长春市图书馆　155
长春图书馆干部进修学校　59
常春　116
常林　44,51,176
常书智　66,82
朝乐门　122,153,154
陈　221
陈宝珍　82
陈碧祖　72,126
陈炳旭　123
陈敞　73
陈尺楼　219

陈翀　117
陈楚雯　130
陈传夫　14,16,19,54-57,70,93,96(2),181,187
陈传义　146
陈春英　138
陈琮　150
陈大广　203
陈大辉　5,16,40,41
陈丹平　5
陈得媛　85
陈峰　15
陈钢　90(2)
陈高潮　56
陈冠忠　1
陈光年　124
陈光祚　8,11,61(2),90,103,110,127,148(2)
陈广杰　178
陈广文　109
陈贵梧　181
陈国英　191
陈红涛　91
陈红彦　159
陈红艳　114,115
陈鸿舜　86,87
陈辉光　209
陈会先　81
陈健　40
陈界　156,172
陈金海　132
陈锦钊　158
陈敬全　51
陈敬贤　141
陈静　181
陈军　20
陈俊民　7,130
陈开浩　121
陈开贤　156
陈力　52,93,138(2)
陈丽君　181
陈良金　96
陈琳　70
陈霖生　25,101,102,209,211,233
陈明红　96
陈铭　111(2)
陈模　185
陈能华　17,18,55,68(3),93(2),95(2)
陈朋　120
陈萍秀　53
陈清　213
陈荣森　135
陈锐　12,64,90(3)
陈瑞玲　40,43,64
陈沈珍　134
陈石铭　35
陈识金　43
陈士宗　123,190
陈世民　30
陈书华　95
陈蜀园　49
陈曙　8,43,64,108
陈树年　110(2),111,198
陈斯　238
陈素　5,64,132
陈穗果　171
陈泰安　78
陈天伦　136
陈万寅　95,96
陈维长　87
陈维军　19
陈伟　131
陈文广　121
陈文莉　138
陈文勇　8,10
陈希　19
陈习　74
陈霞　144
陈宪权　185
陈宪章　101

陈翔华　197,199
陈晓华　211
陈晓亮　180
陈兴伟　69
陈杏珍　106
陈秀娥　177
陈学芬　205
陈雪良　158
陈雅　14,15,53,54,138,145
陈耀盛　9,10,187
陈晔　147
陈艺　139
陈益君　16(2)
陈瑛　97
陈颖　91
陈永良　193
陈勇跃　152
陈幼华　114
陈玉顺　52
陈愈美　39
陈誉　2,36,129,203
陈源蒸　19,107,111,113,118,201
陈远　19,68,69,93,111,136,147,148,150,151(2),187
陈兆山　105,131
陈振宇　13,96
陈志宏　82,83
陈仲笆　161
陈仲立　143
陈柱麟　31
陈子彝　77
陈宗华　86
成波　18
成都市图书馆　28
成建权　49,51
成俊颖　55,115
成全　19
成素梅　101
成晓　121(2)
成颖　120,121,187,188
承欢　83
程长源　100
程春焱　82
程德清　60
程福臣　237
程刚　20,178
程桂瑛　105,106
程焕文　6,20,22,55,174(2),186,187,199
程结晶　139
程莉　84
程丽　96
程妮　179
程绍海　129
程万高　159(2)
程小澜　137,147,246
程萱　77
程亚男　35,38,42,44,46,48,52,68,70,136,139,141(2)
程仲琦　99
迟绍庆　193
迟伟凡　68
畴　236
初昌雄　108
初景利　7,11,13,17,21,43,65,70,136,140,141,246
储节旺　189
楚　129,170,215,216,218,236(3)
春生　64
丛敬军　149
丛中　137
崔建英　106,107,162
崔明　144
崔荣兴　88
崔慎之　74,190(2)
崔旭　148,187
崔永林　29,190,192
崔永树　155

D

代成　79

代根兴 11,84
戴荷生 61
戴开明 66
戴淑儿 153
戴廷辉 145
戴维民 20,107-109,118,119,156,197,206
戴艳清 97
戴咏梅 137
戴煜滨 9
党亚茹 177
党跃臣 13,187
党跃武 67,136
德年 168
邓戈明 34
邓均华 147
邓克武 93
邓灵斌 151
邓品山 129,131,132
邓平 145
邓三鸿 17,117
邓胜利 23,95,97,140(2),141(2)
邓顺国 42,47
邓天赋 133
邓卫华 95,141,154
邓小昭 8,135
邓星晟 16
邓衍林 99,101
邓义英 138
邓仲华 151
镝 80
迪莉娅 23
迪亚尼 107
邸向红 222,223
地质部地质图书馆 27
滇苇 156,223,224(2),225(3),241,242
电子计算机组 143
丁朝汉 221
丁大可 15,46,47,107,148,149,156
丁道谦 61
丁典 209,210(2),211(5),212
丁丁 205
丁鼎 123
丁福让 2
丁宏宣 61,77
丁峤 33
丁景唐 160(2),161(2)
丁敬达 180(3)
丁珂 99
丁克刚 77,193(2)
丁宁 57
丁尚瑾 74
丁晟春 121
丁小文 145
丁夷 150
丁瑜 195
丁玉文 155
丁赞 193
丁志刚 25,30(2),31(2),33(2),38,156,170,172,212,215,216
鼎铭 60
鼎文 240
东北工学院图书馆 87
东江 225
冬文 246
董长旭 30
董光荣 6,37,44
董广文 196
董海 57,70(2)
董慧 114(2),120-122,145,149(2),150(2),153
董见新 83
董明刚 62
董绍杰 43,135
董伟 181,182
董曦京 152
董小燕 53
董小英 65,82,177,186

董焱　13,48,88(3),187
董毅之　128
董颖　69
豆洪青　56
窦平安　144
杜　216
杜定友　26,98,102,123,155(2)
杜慧平　115
杜继琨　202
杜佳　54
杜克　30,33(2),216
杜鹏　201
杜然　201
杜伟生　81
杜文华　120
杜文思　102
杜小勇　114,151
杜也力　112
杜云　17
段金绶　129
段明莲　113,186
段荣婷　116
段卫华　120
段怡春　175
段宇锋　11(2),15,136,151,179(2)
段玉思　140
多罗西·安德森　194

E

俄文图书卡片编辑组　75
鄂志文　61
恩·库哈科夫　190

F

樊琪　141
樊松林　44,143,170,185(2)
樊振佳　20
范爱红　83
范并思　3,4(2),6,14,16,20,21(2),24,69,140,170,186,203,207
范昊　12
范灏　125
范家贤　72
范宁　162
范青　134
范生翔　191
范文津　191
范希宏　162
范先翔　191(2),192
范新三　73
范兴坤　57
范亚芳　138
范兆常　60
范哲　97
范真祥　186
范铮　80,132,176
方宝花　206,207
方承　162
方春耕　102
方达　215
方军　11
方平　120,187
方卿　14,148
方清华　53
方曙　146
方文真　134
方行　26
方远　76(2)
方允璋　49
方振球　86,183
方子丽　195
房军　65
斐兆云　79
费巍　140
费毓龙　163,195
丰　241
封学绛　147
峰　62
冯宝琳　102,170
冯秉文　34,99,209

冯佳 58
冯锦生 12,82,204
冯禄增 138
冯路 178
冯璐 16,179
冯守仁 56,57,70(2)
冯文杰 112
冯虚生 98
冯彦章 209
冯英 148
冯英华 142
凤岐 193
佛明采夫,B. 191
弗·奥里谢夫 190
弗·斯·阿布里柯索娃 193
服务员 126
符绍宏 186
符志良 126
福建省图书馆 212
抚顺市图书馆 63
付娇 67,68
付军 137
付郎云 199
付立宏 13,14,49(2),68,69(2)
付先华 67,113
付雅慧 56
付扬 30
复旦大学图书馆 131
傅虹 135
傅朗云 197
傅丽萍 23
傅亮 119
傅敏 151,171
傅荣贤 21,22(2),166
傅蓉 95
傅西平 91,197
傅振伦 161

G

甘春梅 23,154
甘利人 116,121(2)
甘琳 91,146,152
甘肃省图书馆 27,60,77,80,124,125
甘肃省图书馆工作组 213
甘肃省图书馆武威工作组 126
甘亚非 94
甘友庆 56
高斌升 82
高波 21,69,90,91(2),92,140
高潮柱 132
高成鸢 9
高丹 20
高尔柏 72
高尔基 216
高凡 95,151
高光艳 45,82
高红 115
高红阳 21
高华 241
高家望 10,106
高洁 10(2)
高巾 153
高菊村 244
高丽华 131
高敏学 102,127
高荣孚 177
高升 116
高士其 217
高淑莲 136
高树榆 31
高爽 21
高崧 202
高伟 243
高文华 57(2)
高贤 136
高啸 237
高英兰 205
高玉华 84
高毓芬 129
高原 8,117

高跃新 93
高占祥 36-38,197
郜向荣 52
戈宝权 169
戈黎华 140
戈松雪 195
格兰斯基,B. И 191
格列宾妮可娃,J. 191
格努切娃,B. B. 191
葛冠雄 129,130
葛慧莉 139
葛敬民 145
葛民 5,6,131,240
葛敏 81
葛荣霞 70
葛闻 162
葛西平 86
耕云 193
耿济安 194(3)
耿骞 120,121,149
耿庆军 179
耿睿勤 170(3)
耿秀英 203
宫梅玲 137
龚芳 121
龚蛟腾 16,19-21,114
龚天力 157
龚晓林 186
龚雅屏 65
龚怡萱 45
龚永年 49
共青团中央少年部 130
勾学海 19
古·哈那芝蒂 190
古同熙 241
谷斌 54,92,151
谷声 211
谷玉萍 177,243
谷遇春 94
顾犇 10,12,13,97,113,114,116,117,198,230(2)
顾德伟 107
顾家杰 29,59,61,76,102,127,213
顾健 55
顾力文 135
顾立平 141
顾廷龙 30,160,163,165
顾潇华 13,18,136,179
顾小华 187
顾小明 52
顾燕萍 114
顾阳 90,145
顾耀 195
顾烨青 175
关成勋 77
关飞霞 47
关家麟 79
关懿娴 75,184
管计锁 91
管一丁 61,76,87,192
光则 100
广东省中山图书馆 27
广东省中山图书馆参考研究部 74
广东省中山图书馆方法研究部 76
广东省中心图书馆委员会 28
广东图书馆学学会 1
广西僮族自治区第一图书馆 27
广州医学院图书馆 72
桂胜 95
桂治馨 34
郭宝君 118
郭成斌 210
郭春丽 179
郭春侠 189
郭德明 126
郭恩金 43
郭复威 89,226
郭光敖 126
郭海明 151
郭家义 94,137,152

郭连声 42
郭梁 151
郭凌辉 21
郭沫若 164
郭秋萍 153
郭桑 70
郭少友 94
郭世星 94
郭松年 30,62,130
郭太敏 14
郭万里 97
郭维祖 72
郭卫宁 52
郭文霞 43
郭向东 20,41,43,65
郭彦新 45,92
郭依群 139
郭毅 45
郭友仁 239
郭玉麟 100
郭玉强 177
郭玉湘 1
郭育新 244
郭志高 65,145
郭祖超 215
国佳 153
国治 39
过仕明 113

H

哈尔滨市图书馆 128
哈尔滨市图书馆参考辅导组 214
哈尔滨市图书馆辅导部 128
哈斯 143
海浪 26
海峡 227
韩超 97
韩承铎 25,77
韩继章 70,141
韩坤范 105
韩丽风 94,138,139
韩梅 238
韩敏 110
韩南鹏 37
韩宁 147
韩庆源 238
韩荣宇 31,34,105,195
韩圣龙 114,198
韩淑举 51
韩曙光 180
韩松涛 181
韩维 25,192,209,233
韩新民 178
韩秀兰 177(2)
韩毅 122,139,140,180
韩永青 140
韩芸 54,70,112
韩正彪 23
汉 209
郝金星 18(2),19
郝静 16
郝培芬 91
郝倩倩 117
郝群 55,115
郝雅梅 243
郝燕飞 72,86,125
郝瑶甫 25
郝玉峰 51
郝珍明 177
浩刚 62
何岸 68
何大镛 63
何德伦 124
何鼎富 133
何多源 28
何红 8
何华连 84,95,96,204
何欢欢 153
何佳讯 6,15
何家新 124

何嘉荪　113
何建新　107,138,145,203
何江涛　148
何金铎　183
何娟　117
何厥祥　25,99
何军　42
何立民　120(2)
何丽　47,159(2)
何琳　116,117,122
何荣利　4,44,65,203,206
何善祥　43,66,86,102,173,191
何少红　17
何绍华　15,53
何蔚　42
何小清　90
何洋　41,107
何政安　191(4)
何之光　33
何志浩　121
贺德方　23
贺定安　44,109,110,112
贺广明　6
贺敬之　217
贺巷超　7
贺延辉　69,138(2),200
贺永星　64
贺璋　74,76,99,213
贺子岳　16
黑龙江省图书馆研究辅导部　28
弘明　35
洪彩焕　185
洪光宗　153
洪焕椿　123
洪丽　18
洪丕熙　193
洪涛　96
洪漪　119
洪湛侯　162
洪撰达　61
侯汉清　107,111,113,114(2),115(3),116(3),144,148,149,151,153,166
侯婕　179
侯经川　16,114
侯宽其　54
侯有德　108
厚艳芬　198
候用德　197
胡安朋　129
胡昌斗　19
胡昌平　11,19,23,50,53(3),54,69,92,94,95,134,135,140(3),141(2),151
胡春玲　113
胡从玉　146
胡道静　160(2),161(2),193
胡东　147
胡方方　107,203
胡广翔　88
胡国华　90
胡国权　46
胡湖　131
胡吉明　23(2),141(2)
胡继武　6,132,170
胡家柱　29
胡建林　107
胡建平　110
胡洁　58
胡京波　47
胡军　65
胡均平　146
胡俊荣　15,53
胡磊　23
胡立耘　12,200
胡明超　14
胡明玲　178
胡乃志　148
胡佩云　147
胡启宽　195
胡潜　21
胡乔木　237

胡沙 63(2)
胡绍军 200
胡双宝 199
胡田成 171
胡铁树 33,81(2),219
胡小菁 97(2),112,116,117(2),121
胡絮青 217
胡秀青 92
胡雅君 198
胡燕菘 94
胡耀辉 25(2),26(2),28,33,60,76,124(2),127
胡一俊 138
胡应元 143
胡永钦 170(3),171(3),202
胡玉文 66,67,69
胡愈之 197
胡越 88,140
胡竹义 130
湖北省高校图书馆工作委员会秘书处 80
湖北省图书馆 74,155
湖北省图书馆参考辅导部 27
湖北省文献资源调查研究课题组 89
湖南省中山图书馆 29
花彦 224
华罗庚 217
华南工学院图书馆 75,125
华人德 165
华薇娜 93,174,176,177(2)
华勋基 2(3),42,43,185(2)
华运 242
皇甫志军 136
黄碧云 120
黄炳祥 2
黄长著 49
黄郴 14
黄晨 21,150,154
黄纯元 35,36,90
黄冬冬 62
黄恩祝 44,45,103,106,134
黄国彬 23,57
黄海燕 66
黄海鹰 90
黄河燕 113
黄鹤羽 225
黄红华 23
黄焕霖 81
黄惠山 7
黄佳 147
黄建年 115(2),116
黄杰 113
黄洁晶 140
黄景钧 76
黄景行 86,104
黄娟 180
黄俊贵 13,16,21,39,46,47,51,67,69,77,83,105(2),106-108,109(2),136,139,204
黄凯卿 110,111
黄克武 156(2)
黄丽华 40,50
黄丽珺 19
黄丽霞 120
黄连庆 55,137
黄奇 49,93,147(2),148,149,151
黄秋月 69
黄仁浩 42
黄如花 22,48,93,96(2),111,112(2),120,187,188(2)
黄润华 34,45,162,241
黄山 223,224
黄绍杞 7
黄水清 57,70,71,122,139,144,152,180
黄思正 242(2)
黄太送 144
黄体杨 56
黄万新 103
黄先蓉 12,92
黄贤瑞 99
黄贤虞 215

黄宪　118
黄晓斌　18,94,137,146,150,151,178,187
黄晓英　56
黄昕　2,66
黄欣　112
黄新　89
黄彝仲　99,128
黄艺农　198
黄益券　108
黄英常　63(2)
黄颖　16,149
黄玉淑　66
黄钰生　32,78,127,209,217
黄元福　128
黄志荣　40
黄治正　198
黄洲生　123
黄宗忠　1(2),6,29,60,61(2),64,140,174,183,184,199
辉　32
惠元正　2,100
霍丹　132
霍国庆　8,9(2),10(2),47,49
霍红梅　93
霍华德·塞缪尔森　194
霍瑞娟　58,97

J

吉林大学图书馆　75
吉林地区中心图书馆委员会　214
吉林农业大学图书馆　126
吉林省图书馆　126
吉林师范大学图书馆　75
吉林医科大学图书馆　127
吉士云　165,203
计亚男　136
纪国祥　29,61,76(2),233
纪蔚蔚　148
纪昭民　118
季红彬　89
季绿琴　195
季树权　59
济南市图书馆　73
冀红梅　198
冀叔英　170
加斯脱斐尔,M.П.　192
贾宝琦　9
贾东琴　180,181
贾洁　180
贾君枝　15,54,114(3),116,117
贾立菲　95
贾璐　176
贾善刚　130
贾世诚　41
贾同兴　9
贾文贵　125
贾秀丽　49
贾玉书　209
俭辑　79
翦依琴　86
建明　28
健　167
健岐　227
健行　127
江成　89
江汉琪　238
江丽丽　92
江乃武　2,104(2),110,131,173,176(2)
江山青　129
江庭梅　237
江西省图书馆　28
江向东　13,53,150
姜炳炘　30
姜伯炎　218
姜椿芳　212
姜汉卿　46,66
姜继　3-5,8,41,104,130
姜建城　57,70(2)
姜美华　145

姜萍　133
姜仁珍　58
姜世长　130
姜亚沙　38,224(2),225
姜赢　153
姜永常　23,138
姜岳　132,133(2)
姜振儒　39,40,90
蒋大鑫　129
蒋敏　245
蒋完奎　76,103
蒋新元　80
蒋秀英　130
蒋业政　52
蒋一前　101
蒋颖　138
蒋永福　7,11(2),12(2),14,16(2),17(2),18-21,22(2),54,69,70,137,141,166,207
蒋元卿　167
蒋知义　69
交通大学(西安部分)图书馆　74
焦树安　131,171
焦玉英　57,121,135(2),136(2),138(2),145,149,151,152(3),153(2),187
焦允　153
徼河渠　83,245
捷克斯洛伐克大使馆　192
颉艳萍　69
今吾　60
金碧辉　180
金初高　190
金大卫　152
金恩晖　4,62
金恩辉　165(2),173
金高尚　8
金更达　93,113
金国栋　141
金昊喆　29
金竟铭　59,170
金璐　22
金泯　26,60,233
金敏甫　59,98,100,103,232
金明华　95,96
金明生　19,21,22,51,52,92
金培华　244
金沛霖　38,156
金瑢　237
金胜勇　20,23,54,68,95,180,187
金巍　149
金武刚　180
金旭东　186
金雁　74
金燕　14,113,120(2),137
金永贤　150
金志舜　156
金中仁　13,49-51,68,96
津　238
津乐　131
锦州市图书馆　123
靳红　138
靳秀学　61
京祚　216
经　234
井文　193
景红卫　5
景仁　158
景祥祜　153
敬卿　186
靖继鹏　6,10,12,42(2),118,144
靖培栋　91,93,95,115,121,180
静明　100
九联　246
九奇　241
鞠文红　147
鞠英杰　113
鞠占屏　5,29,73,125,209
军事科学院图书馆　28

K

卡尔·尼伦　194

卡特　194
凯德洛夫,B. M.　191
阚德涛　111
阚洁　8
康尔平　41
康健　211
康捷健　65
康军　7,243
康琳　17
康万武　166
康仲芳　82
柯碧云　83,204
柯寒　185,221,239
柯平　8,18,21,71,115,181
柯青　55,149
柯素善　52
柯秀桐　214
科技参考组　170
科培洛夫,C. И.　191
克拉拉·谢凯维奇　191
孔洞　233
孔繁玲　53
孔敬　17
孔令乾　47,88,197
孔青　194
孔庆杰　111
寇钧锋　12,119
匡文波　10,146
况能富　3(2),14,69,194,217

L

拉拜,M.　74
拉爵斯·丁尼耶士　190
拉克辛娜,P. M.　191
拉塞尔·鲍登　194
来新夏　30
赖伯年　173
赖嘉梅　48
赖茂生　14,16,185
赖湘蓉　49
赖院根　154
兰琼　66
兰州市儿童图书馆　128
郎永清　140
老舍　125
乐　80(2),239(2)
乐见　143
雷淑霞　53,84
雷香花　15,50
雷心田　64
雷雪　121
雷瑛　150
雷永立　146
雷云　14
冷伏海　10,16,22,45,48-50,114,122,134,139,178(2),179(2),187
黎建辉　154
黎难秋　184
黎盛荣　100,191
黎文　29
李保山　157
李保忠　42
李冰　197
李炳穆　69
李波　45
李博达　59,233
李彩凤　106
李长春　56
李长路　162,215,216,219
李常庆　36,186
李超　70,121,151
李超平　18,21(2),52,53,56,57(2),58,71,140
李成兆　132
李楚琴　209
李春富　65
李春明　93
李春旺　17,94
李丛　226
李翠绵　215

李大农 149
李丹 56,58,206
李道仁 143
李德宁 87
李东来 38,70,141
李冬梅 15,67
李法运 110,120,151
李芳 85
李芳馥 27,34,103
李风 209
李枫 72,86,160
李枫林 94,135
李锋 15
李凤鸣 239
李奉弼 29
李富玲 188
李刚 14,21,23,32,44,175(2)
李纲 19,48,51,68(2),91,136,151
李高远 133
李冠强 138
李光达 103
李广德 5,46,51,67,80,81,216
李广建 17(2),85,148,152
李贵勇 5
李桂华 67,70,136
李桂兰 245(2)
李国成 108
李国秋 18,20,58
李国新 22,49,50,54,55(3),56,57(2),58
李海 138
李海涛 117
李涵勤 62,81
李贺 153
李宏轩 13
李洪 97
李洪建 13,136,177
李洪喜 8,11
李后卿 15,40
李化吉 156
李惠斌 170
李惠珍 9
李慧玲 18,95
李笄 72
李家乔 216
李家清 92(2),137
李建全 172
李健 83,139
李健刚 174
李健生 133
李江 179
李金荣 205
李景 112
李景峰 11,132,137,138
李景仁 158(6),159
李景正 12,48,186
李竞 158
李敬一 49
李久琦 38,47,81,88,199,227
李开明 87
李开胜 42
李恺 116
李侃 217
李克西 30
李昆 89
李兰芹 44
李莉 14,69
李黎明 91
李亮先 84
李林 31
李林华 21
李麟 17,23,56
李满花 21
李美 8,195
李美爱 174
李敏 119,120,151
李明华 11,41,44,157,173
李明杰 14,22
李默 86,183
李娜 49,64
李彭元 175

李鹏　45,122
李丕仕　85
李凭　173
李其圣　65
李强　138
李箐　14
李全林　65,134
李日禾　7
李瑞勤　120
李尚德　210
李矢　237
李守常　215
李曙东　89(2)
李树国　120
李树菁　163(2)
李树青　15,149
李树权　60(2),74
李松妹　69
李松子　44
李廷翰　71
李婷　173
李万健　173,176,199,205,206
李伟　149
李蔚清　88
李蔚蔚　57
李文如　158
李武　94,141,181
李希孔　176
李希泌　161,162,169(2),190
李希明　46
李锡初　5
李熙　132
李晓菲　41
李晓红　14,67,110
李晓辉　117
李晓娟　187
李晓明　89,240
李晓鹏　12
李晓翔　95
李新生　91
李兴辉　62,98,105
李性忠　165
李修宇　88(2),89
李秀云　112
李雪叶　23
李雅　65
李亚东　177
李严　105,107,109
李衍翎　9
李耀彬　. 105,196
李一氓　163,171
李以敏　92
李易　127,214
李荫文　130
李颖　186
李咏梅　96
李勇　122,179
李勇慧　83
李勇先　6
李玉安　146
李玉梅　68
李玉珍　237
李月琳　11
李赞梅　181
李泽彪　141
李哲民　30,38,197,226
李振纲　17
李镇铭　35,87,163,172
李志顺　73
李志燕　152
李致忠　65(2),111,165,172,175,198,205,207,224
李钟履　25(2),74,100,101,123,232
李仲光　7,82
李卓卓　96
李宗春　38
里边　198,205,245,246
理查德·德勒纳罗　195
厉鼎煃　190
厉宁　135

利奥·福赫德　198(2)
梁春阳　147,178
梁奋东　70,139
梁国权　155(2)
梁凯利　48
梁可　37
梁邻德　198
梁明　235
梁平　65
梁思庄　193
梁溪清　37
梁欣　56
梁彦兴　84
梁泽成　65
梁鳣如　37
梁战平　17
梁知　33
辽宁地区图书馆工作经验交流会全体代表　212
辽宁地区中心图书馆委员会外文期刊联合目录编辑小组　102
辽宁省红专大学图书馆分校　184
辽宁省宽甸县图书馆　76
辽宁省图书馆　27,100,125(2)
辽宁省图书馆文献资源调查组　89
廖璠　20
廖沫沙　31
廖茹　159
廖廷唐　99
廖延唐　101(2)
廖毅锋　84
林春实　144
林德海　105,190
林德胜　129
林凤五　213
林海青　6,10,110,111,117
林汉城　13,16,46,51
林虹　72
林佳　94
林嘉　51
林嘉桢　100
林津　3
林君秀　144
林钧跃　36,38,185
林丽莹　198
林列　128,162
林敏　29,87
林名均　124
林明　106,159
林默涵　217
林平忠　9,84,94,107,137
林庆云　40,240
林全旺　124
林瑟芬　31
林申清　87,88
林述　167
林素仁　38
林曦　10,12,136,137,205
林翔　136
林小露　188
林一　125
林颖　152(2)
林增铨　134
林之　35
林梓宗　42
霖生　232
岑桦　197
凌建平　4
令承　192,193
刘　241
刘柏嵩　112,149,152
刘邦义　130,185
刘伯谦　25,59
刘灿姣　93
刘昌年　222
刘长青　81
刘超球　138
刘超英　35
刘晨　55
刘楚材　45

刘春茂 12,13(2),84
刘春年 68
刘翠兰 41
刘丹 121
刘德城 8
刘德有 38,39,41,43(2)
刘德元 25,123,127,209
刘冬青 14,70
刘二灿 84
刘凤琴 6,118
刘刚 51,92,108,109,145,244,246
刘光玮 105
刘光熹 129
刘广普 8,67
刘国钧 2,29,61,76,98,99,101,102(2),103,104,168,194,215
刘国明 199
刘海萍 69
刘洪波 5
刘厚嘉 145
刘华 49,165
刘华梅 115,116
刘槐 53
刘辉 17(2),95
刘惠平 11,36
刘慧娟 22,44
刘吉庆 133
刘纪菲 188
刘季平 35
刘家坤 244
刘家真 51,54,84,91,146,147(2),150,151,159(5)
刘嘉 67,82,91,111
刘建华 139
刘建淮 139
刘杰 122
刘杰民 70
刘锦宏 85
刘经宇 5,44
刘景镰 61,74
刘景会 89
刘竞 114,116
刘静一 119
刘久昌 61
刘军 5,65
刘俊 111
刘俊英 213
刘可静 50,51,97
刘昆 140
刘昆雄 18,51,68(2),95(2)
刘磊 47,51,94,134,141,142,204
刘丽斌 116(2)
刘玲芝 39
刘凌波 148
刘鲁川 142
刘满凡 118
刘茂生 11,12,50
刘明晶 67
刘培之 131
刘佩琳 107
刘岐云 33,217
刘其新 47
刘启柏 99,123
刘钦智 30
刘勤久 45(2)
刘青 55
刘青芬 146
刘青华 180
刘清水 134
刘全根 48
刘荣 49,146,149
刘荣祈 203
刘汝霖 160(2)
刘瑞林 139
刘尚恒 164
刘省泉 10,146
刘世义 217
刘司斌 173
刘苏雅 110,185
刘铁铮 160

刘廷元　145
刘维娜　79
刘维义　177
刘卫武　164
刘伟　120
刘伟成　121,151,152
刘玮　150,152
刘炜　21,37,70,117(2),148,153(2),154,203
刘文斌　124
刘文云　179
刘希娴　79
刘喜申　38,40,45,47,67,79
刘细文　140
刘贤木　81
刘湘蓉　105
刘湘生　83,109,110
刘晓兵　117
刘晓迪　105,143
刘晓清　137,146
刘晓英　114,117
刘新华　2
刘秀媛　79
刘璇　56,71
刘学丰　40,43,64,65
刘学和　195
刘学芝　41
刘雪荣　243
刘讯　107
刘迅　6
刘亚　22,24
刘延章　61,112
刘艳磊　53
刘雁　20,68
刘一平　83
刘怡　90
刘英麟　88,89
刘瑛　151
刘颖　153
刘永涛　181
刘永泽　128
刘友华　151
刘渝　70
刘渝生　32
刘宇　22,208
刘玉山　15
刘玉照　20,119,139
刘毓富　128
刘渊　137
刘云　173
刘哲　93
刘振邦　192
刘峥　117
刘志敏　43,149
刘中　75
刘忠厚　91
刘兹恒　12,15,16,19-21,48,52,57,58,70,90,91,94,138,187,207
刘宗儒　60
刘宗绪　220
柳成子　74
柳定生　128
柳励和　45
柳眉　31
柳晓春　15,187
龙奋　169
龙立群　91
龙顺宜　77,80,193(2)
娄策群　8,10,12,68,91,119,178
楼天阳　15
楼雯　122
楼向英　117
卢达溶　66
卢殿岳　100
卢调文　29
卢共平　135,148
卢国邦　52
卢海燕　51,54(2)
卢鸿筠　40
卢景云　101

卢宁　179
卢山　222(2),223(2),224(3),225(3),243(2)
卢绍君　132(2)
卢淑敏　83,132
卢泰宏　6
卢贤中　165
卢小宾　50,149,150
卢晓宾　66,144
卢云　150
卢则文　124
卢中岳　168(2)
卢子博　50,77,133,174
鲁夫　165
鲁海　78
鲁文　118,209
陆宝益　54,113,188
陆飏　133
陆长旭　109
陆浩东　95
陆惠鸿　184
陆近春　110
陆世光　232
陆泰安　209
陆伟　120,121(4),122,180
陆娴武　40
陆晓红　71
陆行素　51
陆学善　79
陆炀　117
陆贻春　42
陆勇　153
陆钟其　216
陆宗城　110,119
路林　107
吕斌　9,18,20,58
吕超英　224
吕桂林　225
吕慧芳　79
吕济民　127
吕建辉　46
吕娟　119
吕俊生　91
吕绍虞　98
吕身洁　87
吕叔湘　35,170,195,196,218
吕亚平　92
吕耀怀　18
吕玉芝　15,67
吕元智　112(2),114
吕越　156
吕振瀛　156
旅大市图书馆　26,74,100,125
罗爱静　94
罗彩冬　138
罗春荣　92,147,174
罗德胤　148
罗德运　130,199,200(2)
罗干　44
罗歌　169
罗焕文　86,98
罗坚元　73
罗健雄　44,109
罗杰斯　62
罗军　45,70,109,145
罗琳　93,107,150
罗曼　53,66,138
罗鹏程　117
罗润东　140
罗声　244
罗式胜　177,186
罗素蓉　45
罗贤春　69(2),70,117
罗欣　18
罗新璋　171
罗兴辉　108
罗也平　37,38,42,46
罗益群　42
罗映红　67
罗友松　184

罗宇华　88
罗云川　70
罗志勇　12,13,46,133,173
罗紫初　85,92
洛利·A·戈希　196
骆德苏　212
骆瑞鹤　163
骆兆平　72,161,162,169,172

M

马炳厚　88
马翠嫦　23
马大川　93
马迪娜　55
马丁·P·考特诺斯　196
马费成　12,18(2),19,54,55,90(3),93(2),121,205
马海群　7-9,13(3),17,19,48,52,54,58,122,138,150,152
马寒　135
马恒通　5,17(2),20,200(2),201,203
马红健　243
马建华　178
马金墀　7
马金川　90
马景娣　94,206
马俊岭　180
马骏　158
马莱克,P.　191
马刘凤　52,166
马龙璧　77,103,190,215
马荣骧　80
马瑞　153
马瑞敏　179(2),181(2)
马天驹　29
马同俨　160,223
马文峰　112,114,150,151
马祥林　149
马晓声　201
马亚敏　95
马亚南　64
马艳霞　54
马云超　68
马张华　114,115,119(2),120,121
麦群忠　44,45
毛春翔　158
毛赣鸣　19
毛洪智　41,134
毛进　154
毛坤　72,98,99
毛平　121
毛瑞　188
毛世万　143
毛一波　49
毛云路　99
毛昨非　199
毛作渭　77
茅盾　219
茅振芳　9,43,89,108
茆意宏　57,70,88,142
梅国华　81
梅可华　173
梅里哈罗娃　192
孟凡　237
孟广均　38,47,199,205
孟广儒　101
孟魁荣　82
孟莉　137
孟连生　36,94,136
孟罗生　133
孟遂珍　148
孟雪梅　50,149
孟友群　126
孟彰　103
孟昭晋　174,233
梦非　142
米佳　116(2)
宓浩　3,4
苗惠生　106
苗绍武　195

闵晓思　161
敏　185
敏甫　232(2)
明德　196
明世焕　27
缪建兰　178
缪其浩　14,66
缪启愉　161
缪咏禾　193
缪园　10
莫梅琦　84
莫少强　87,108,144,145
牟洪兰　144
牟晟斓　180
牟实库　78
牟肖光　58
木早　223
慕岳　186
穆丽娜　141
穆路哨　126

N

那春光　6,64,65
南　237
南京大学图书馆　25,59
南京图书馆　28,60,61,101(2),123,214
南京图书馆参考阅览部　77
南京邮电学院图书馆　128
内蒙古图书馆　27
倪波　8,13,14,132,135,145,175,187
倪超群　181(2)
倪春发　65
倪剑萍　203
倪晓建　166,186
倪学寨　36
倪亚琴　82
倪延年　15
倪友春　172
聂道融　129
聂荣华　84
聂卫东　53
宁国誉　61
宁苹　186
宁夏回族自治区图书馆筹备处　27
牛红亮　67
牛继舜　14
牛昱昕　182
农伟雄　173

O

欧建强　81
欧石燕　117,154
欧阳建强　65
欧阳剑　116
欧阳霞　179

P

潘伯明　82
潘德利　84
潘德明　133
潘桂芬　101,102
潘皓平　127,128
潘铉　2
潘会林　81
潘洁毅　149
潘梅　19
潘淑春　95
潘树广　104
潘天祯　162(2),163(2),168,202,214
潘旭伟　141
潘燕桃　111,145,188(2),189
潘寅生　64
潘有能　148,181
庞弘燊　122
裴成发　22,93,94,177
裴红艳　49
裴雷　55,93
裴毅　139
佩华　29
彭备芳　95

彭道襄　190(2)
彭飞　67,175
彭斐章　7,8,101,102,105,114,115,127,139,140,184,187,190,194,195,204(2),207,213
彭俊玲　9,47
彭林　159
彭敏惠　175
彭裴章　124
彭珮云　36
彭庆怀　78
彭仁贤　84
彭世雄　242
彭顺德　65
彭文凤　70
彭晓东　180
彭修义　2(2),3(2),4
彭一中　19
彭哲　19
彭珍　69
彭竹　214
皮高品　98,100
频萍　224
平保兴　47
濮德敏　116(2)
朴昌憲　190
樸斋　98

Q

戚明君　219
戚志芬　26,77,130,167,168,170,218
漆身起　82,91
齐力典　1(2)
齐向华　96,150,186
齐玉霞　38
齐真锋　34
齐正　193(2)
祁长松　48
岐　205,225,239
奇方　240
启宇　75
钱存训　35,37,163,174
钱刚　9,66
钱国富　117,151,153,180
钱红　109
钱佳平　21,138
钱健　171
钱俊瑞　26(2),28
钱培生　126
钱平　112
钱学森　2(2)
钱亚新　99,105,163,168(2)
钱智勇　188
强韶华　18,114
强自力　84
乔冬梅　206
乔好勤　2,45,85,105,107,146,187,194,195(2)
乔立春　13
乔凌　34,235
乔新秋　32
桥梁　102
秦广宏　134
秦嘉杭　117
秦健　64,176
秦健民　84,174
秦珂　54
秦莲霞　148
秦淑贞　51,109
秦铁辉　186
秦喜艳　122
秦宜敏　107
青岛市图书馆　73
卿家康　4(2),6
清华大学图书馆阅览科　74
庆　106
琼訳　194
丘东江　64,107,194(4),240
丘耳　1
丘峰　5,82,83,118,144,177(2),203,

204(4),226,243
邱碧君　66,174
邱昶　2
邱冠华　56,57(2),58
邱国渭　62,87
邱金利　135
邱瑾　122
邱均平　9(2),11(2),13,15,16,17(2),23,49(2),51,113,122,136,151,176(2),177,178,179(10),180(3),181(3)
邱克勤　63
邱林绮　81
邱明辉　23,94,150
邱威　180
邱维民　70
邱五芳　11,14,20(2),139,141
邱晓刚　159
邱璇　121
邱子恒　141,189
秋思　215
秋天　241(2)
裘江南　122
裘名震　213
仇壮丽　180
曲红　39,83
曲静涛　109(2)
曲晓玮　68
屈宝强　53(2)
屈庆瑾　65
屈义华　57(2),92
渠芳　137
瞿光熙　103,160,161
权正环　156
全　203
全国地质图书馆书目情报部　75
全国图书馆文献缩微复制中心　158
全国图书联合目录编辑组　75,103
全国学会秘书处　39

R

冉从敬　16,56
饶立新　40
饶艳　70
刃唐　232
任继愈　6,36,109,172
任妮　71
任全娥　68
任瑞娟　116(2),152
任树怀　21
任旭利　90
任以慧　209
仍然　145
日月谭　246
荣怀政　210
荣文璜　104
荣毅虹　11,17
茹海涛　136
阮冈纳赞　196
阮建海　148
阮伟红　133
阮文绰　235
阮延生　53,148
锐　99,100
瑞丰　242

S

沙益辉　44
沙印亭　148
沙勇忠　7,17,19,179,189
沙振宇　29
山东省图书馆　126,214
山东师范学院图书馆　75
山西阳高县文化馆　128
山亚石　244
陕西省社会科学院科研处　220(2)
陕西省图书馆　155
陕西省图书馆方法研究部　184
单敬兰　39
单启成　135
单小青　84
商晓帆　51

上海交通大学图书馆考察、实习组　34
上海市报刊图书馆第一资料组　98
上海图书馆　27,28,76
上海图书馆办公室　34
尚本汇　91
尚克聪　108,198
尚林　164
尚文兰　130
邵波　93
邵晨曦　141
邵国德　195
邵建中　118
邵金丽　204
邵康庆　148
邵铭　99
邵翘祥　39(2)
邵威　238
邵文杰　35,43,87
邵小鸥　111
邵艳丽　149
申畅　164
申凤巧　7
申晓娟　58,97
申晓亭　199
沈兵　65
沈波　178
沈春梅　83
沈迪飞　143,147
沈恩泽　99
沈固朝　115,133,152,189,201
沈红芳　145,146
沈怀湘　176
沈己尧　143
沈健　51
沈洁洁　57
沈丽容　49,187
沈鹏年　167
沈启文　155
沈青　235
沈飒　67
沈旺　153
沈祥兴　93,180,187
沈小玲　13
沈艳　94
沈雁冰　28
沈一得　77
沈仪琳　39
沈已尧　81(2)
沈友益　198
沈玉兰　95
沈媛芬　82,134
沈芸芸　111
沈志宏　154
沈庄　156
生　237
盛小平　14,16,23,69,147
盛兴军　21
盛钊　57
师庆辉　153
师月玲　171
师曾志　136
施国洪　141(2)
施强　19,69
施廷镛　29,161
石宝芳　38,41,63
石宝军　5,7,165
石丛珍　197
石焕发　138
石惠侠　91
石建　51
石丽珍　137
石梅　168
石铭　29
石生　73
石维彩　8
石亚民　43
时景明　80
时雪峰　53
史树民　35
史学智　38

史永元　61,76,98,101(2),183
世光　123,190,232,233(2)
世敏　210
适度　221
首都图书馆　60,78
首都图书馆辅导部　211
首图　230
书晖　238
舒光炳　129
舒明全　179
束漫　22
帅兵　44
水新元　76
司步林　5
司静辉　247
司莉　91,114,188
思　80
思为　243
四川省供销合作社　86
四川省图书馆　1
四川省图书馆通讯组　214
四十七省、市、自治区图书馆　26
崧　234
宋安莉　111,200
宋安利　8,108
宋彩萍　9
宋德生　88
宋恩梅　20(3),153
宋歌　180,181
宋桂娟　58
宋金耀　8
宋克强　103
宋丽萍　182
宋琳　195
宋琳琳　22,117
宋玲丽　121
宋明华　133
宋明亮　144
宋培彦　116
宋爽　179
宋文　115,153
宋雯斐　121
宋小冬　150
宋学忠　225
宋艳辉　181(2)
宋正凯　139
苏爱荣　132,165,218,245
苏大悔　101,190(2),191
苏芳荔　181
苏国明　65
苏金燕　179
苏君华　84
苏开颜　178
苏黎　240
苏联真理报　191
苏·尼·马奴察里扬　193
苏品红　4,83,112
苏瑞竹　51,119
苏沙文　131
苏新宁　16-18,95,111,114,115(2),116,117,178(2),180-182
苏瑛辉　78
苏州市图书馆　156
粟慧　35,49,139,184
隋佳　121
隋鑫　182
孙蓓欣　50,199
孙冰　57
孙步峰　62,78
孙东升　63
孙丰满　115
孙高岭　140
孙革令　50
孙豪展　106
孙怀瑾　156
孙吉红　121,152
孙继林　181
孙家正　47
孙建军　21,23,55,120,121,181,187,188
孙健　212,214

孙杰 68,150
孙瑾 20
孙晶 139
孙静 53
孙凯 142
孙克力 124
孙立立 24
孙利平 51,54(2)
孙萌萌 51
孙平 188
孙启彦 44
孙清兰 177
孙瑞英 19
孙绍荣 79
孙士云 98
孙式礼 63
孙书瑜 168
孙素娟 12
孙坦 115,117,153(2)
孙卫 153
孙炜 205
孙文杰 166
孙学范 8
孙亚丽 81
孙一钢 152,153
孙勇 119,133,244
孙云畴 72,78
孙振田 201
孙正东 137
索传军 94,96(3),110,135,136(2),139,140,146,150,152
索慧 9

T

谈春梅 115,120,147,149
谈金凯 172
谈金铠 36,218
谭必勇 114
谭昌利 246
谭华军 46,200
谭惠康 66,146
谭家琛 100-103
谭旻 182
谭伟 67
谭祥金 9,18,30,33-36,41,47(2),78,104,135,143,148,157
谭兆民 134,135
汤立峰 66
汤曼 95
汤旭岩 45,70
汤艳莉 120,149
汤兆魁 34,133,144,198
唐承秀 69
唐耕耦 164
唐见林 170,171
唐健辉 181
唐侣 218
唐茂松 78
唐敏 122
唐纳德·瑞格斯 198
唐绍明 40,41
唐世琨 41
唐世渭 147
唐伟玲 132
唐毅 17
唐永堂 133
唐宗豪 156
陶俊 117
陶炼 204
陶孟和 73
陶善耕 92
陶颖 138
陶钰 106
陶宗宝 48
特鲁德涅娃,И. В. 191
滕代弟 42
滕广青 22,116,117
滕义勇 37,197
滕毅 5
天津市河北区图书馆 126

天津市人民图书馆　27,126(2)
田北海　95
田方斌　10
田国良　43,55,243
田怀烈　144
田力　244
田鹏　23
田启涛　89
田特平　63,219
田辛　124
田亚波　134
田永兴　106
田质兵　149
铁丁　73,127,210,213
铁弦　167
汀　185,238
婷　158
佟富　5,222
佟贵功　99,100,103
佟曾功　35,83
图兵　60
《图书馆》记者　77
《图书馆》评论员　29,61(2),77,126
图书馆事业管理局　222
图书馆未来及其建筑研讨会全体与会代表　156
涂湘波　21,150

W

瓦・亚・莫杰斯托夫　197
宛玲　93-95,150
琬　194
万国鼎　161,193
万里　198
万里鹏　19,22,53,139
万良春　5,144
万培悌　190
万齐鸣　45
万群华　70
万维雅　120
万燕　90
万跃华　120(2)
汪冰　7,40,146,201
汪长炳　26(2),76,103,127
汪传绍　128
汪东波　110,112,174
汪华明　204(2),205
汪会玲　95
汪继南　177,205
汪家熔　99,100(2),102,132,158,169-171,196,235
汪健波　171
汪菊平　131
汪珏　171
汪励　175
汪令全　147
汪平　131
汪全莉　114
汪少敏　89
汪天异　28
汪语宇　152
王爱娟　39
王柏寿　87
王邦华　131
王宝贵　190,191
王宝宏　41
王保生　46
王碧滢　15
王忭　210
王冰　14,50,53,146
王冰之　86
王秉荣　118
王波　134,137,153
王才　222
王才挥　125
王崇德　5(2),8,10,46,105,176
王纯　147(2)
王翠波　96(2),113,150
王翠萍　93,141
王大可　144

王带弟 122
王东波 14
王东方 65,152
王恩光 72
王芳 16
王菲 12,91,142,153
王芬林 52,70
王拱璧 161
王关锁 18
王贵彬 199
王桂平 148
王桂艳 133
王国强 164
王国庄 70
王海泉 15,67
王邗华 9,42,132
王昊 115-117,154
王浩 137
王红蕾 166
王红霞 95
王宏钧 25
王宏鑫 20,151
王宏义 16,21
王鸿 158
王怀毅 106
王欢喜 84
王浒 59,124
王惠君 42,97
王惠翔 176(2),177(3)
王慧娟 130
王积和 90(2)
王济夫 36
王冀 36
王家雄 136
王嘉陵 185
王建冬 22
王建芳 179,182
王建杭 136
王建雄 19
王剑宏 23
王鉴辉 68,148
王金玲 136
王锦贵 18,46,67,112,174
王进杰 68
王晋卿 164
王京山 18,67,112
王晶 15
王景发 6,68
王景明 186
王景韫 73
王竞武 202
王敬民 86
王菊 181
王觉 156
王军 112,114,117,147
王筠 120
王凯 137,150
王科正 42,45
王可权 60
王兰成 18,112,115,120,121,151,153
王磊 151
王蕾 205
王莉 90
王丽 23
王丽娟 129
王丽伟 113
王林 54,122,149,153
王琳 24
王玲 49,205
王栾井 151
王梅 137
王梅堂 194
王蒙 36
王名超 190
王娜 138,152(2)
王宁远 245
王培章 34,37,194(3),197
王平 18
王启宇 7,73,82,125
王庆 68

王庆毅　106
王琼　136,188
王荣国　68,135
王润华　195
王润良　68
王尚文　129
王绍平　87,105,110,114,131,195
王盛茂　43
王石生　134
王世伟　4,24,44,46,49,52,55,70,141,165,242
王世学　165
王淑娟　4,63
王淑群　84
王淑英　156
王树伟　25,160,163
王硕　118
王松林　22,113(2),114,115,117,150
王素芳　57,141
王素华　81
王天星　156
王巍　48
王巍巍　85
王维　106
王卫　93,95
王卫国　197
王伟军　23,49(2),113,137,139,154
王玮　14
王锡荣　169
王霞　15
王宪章　31
王小会　20
王晓红　114
王晓苏　89
王筱雯　68
王孝龙　38
王效良　139,148
王心裁　13,110,112(2),114
王昕　164
王欣　150
王新　146
王兴　201(2)
王星　117
王秀玲　119
王旭东　245
王勗　211
王续希　81
王煦华　86,103,161
王萱　56
王学东　115,141
王学芬　83
王学勤　95
王学熙　8,43,50
王学艳　112
王雪莲　70
王雅戈　166
王雅玲　40
王岩　108
王彦祥　205
王艳　138
王洋　121
王一煦　126
王以群　145
王益明　85
王毅彦　151
王应解　12,67
王英　52
王颖　44
王映柳　87
王永厚　158,183(2),191,198,211
王永桦　66,132
王永胜　7
王勇　148
王友富　13,188
王西梅　173(2)
王余光　139,140
王宇　68
王玉芬　65
王玉良　164,165
王玉林　17(2),70,137,139,152

王毓 130
王毓瑚 161
王元忠 50
王愿坚 129
王曰芬 113,179
王云 54
王云娣 57,92,95,96(2),120,137,138,181,187
王运堂 83
王韫华 13
王占林 184
王张 216
王振东 131,133
王震 236
王正兴 97,178
王芝兰 129,237
王知津 11,20,23,40,108(2),110,112,113,119(2),139,140,179,181,187
王志红 151
王志民 52
王志平 107
王治敏 141
王致翔 244
王忠红 115
王忠义 153
王重 210
王重民 161,162(4)
王株梅 18
王姿砚 5
王子舟 12,13,15(2),16,19,52,54(2),55,57(2),164,189
王宗义 17,19,21,44,91,94,106
望俊成 121
威理 98
韦佳 60
韦美珠 51
韦莫 100
唯学 191,192(7)
维克 217
卫秉镛 156
苇 221
魏建华 133
魏建良 116
魏俊奇 130
魏兰新 219
魏泉 19
魏铁进 67
温芳芳 181
温福安 101
温国强 138
温平 12
文兵 103
文化学院图书馆研究班 28,183(2)
文佳 37,171
文葭 110
文津 127
文津乐 185,196(5)
文乐 196
文南生 6
文榕生 83,89,109-111,114,119
文斯 222
文庭孝 16,17,95,114,117
文新秋 32,194(2),195,219
文宣 220,239
文讯 240
文燕 37
文燕平 111,120(2)
文宜 193
文毅 77
文哲 203
闻立法 129
闻仁 203
翁丹丹 153
翁勇荣 92,118
乌特·克劳思－莱西特 200
邬锦雯 6
无为 226
毋江波 138
芜枝 99
吴昌合 83,111,113

吴传朴　128
吴丹　122(2),141
吴恩裕　161
吴尔中　80,87,184,190
吴翻　135
吴芳思　172
吴钢　55,70,114
吴观国　73,79
吴光福　33
吴贵芳　161
吴晗　167
吴汉华　55,57
吴瀚　172,221
吴宏亮　10
吴洪珺　57,70(2)
吴建华　46
吴建中　50,52,56,70,140
吴金红　96(2)
吴金艳　92
吴瑾　183
吴开华　109,145,148
吴克文　121,142
吴黎平　197
吴林　50
吴龙涛　87,105
吴鹏　16-18,114,116
吴奇才　51
吴乔生　9,87
吴秋鸾　45
吴人珊　104
吴善勤　35,143,144
吴声亮　107
吴世昌　162
吴式超　104
吴棠　33,217,238
吴稌年　175(2)
吴万钧　39
吴维民　157
吴伟民　203
吴慰慈　5,6(2),11-14,17,22,34,46,51,56,69,91,96,133,146,186-188,207
吴雯娜　116,117
吴晞　57,58,70,88(2),152,153,173,226
吴现杰　18
吴向东　90
吴小红　186
吴新民　244
吴勋泽　87
吴英姿　51
吴永臻　15,45
吴悦　56
吴云标　139
吴则田　143
吴振新　94,96,152
吴争　62
吴织　172
吴志红　139
吴志荣　18,145
吴仲强　6
吴仲夏　136
吴子钧　34
伍鸣　202
伍新生　41
武大图书馆学系通讯小组　183
武德运　199
武汉大学图书馆流通组　78
武汉大学图书馆系三年级“中国十进分类法”批判小组　101
武汉大学图书馆学系　183,184
武汉大学图书馆学系二年级科学研究小组　60
武汉大学图书馆学系函授工作组　184
武汉地区中心图书馆委员会　214
武汉地区中心图书馆委员会通讯组　214
武汉汽车配件厂等工会图书馆　128
武经　73
武立新　94
武利红　207
武宁生　1,34,73,100(2),101,191(3),192

武三林　69
武威县图书馆工作组　213
武晓峰　165
武振江　203

X

西安军医大学图书馆　74
西安图书馆学业余大学教研组　184
西安冶金学院图书馆　74
西北大学图书馆　27
西北工业大学图书馆　27
西北民族学院图书馆　27
西北农学院图书馆　103
西早　204
希文　196
希雅里·拉马尼塔·阮冈纳赞　196(5)
郗沭平　135
席涛　55
夏翠娟　117(3),154
夏淡人　162
夏国栋　40,157
夏国峥　2
夏红　134
夏洪　88,144
夏洪川　40
夏侯炳　9,134,201
夏立新　121(2),137(2),140,148,153,181
夏明顺　84,205
夏南强　243
夏萍　149
夏旭　40
夏旭初　203
夏衍　3,25
夏义堃　16,21,55
夏勇　108,109,144
夏有根　56
夏震雷　210
夏镇　104
厦门市图书馆　74
相丽玲　43,53(3),84,94
翔　3
湘潭市图书馆　129
向菲　140
向桂林　92
向菁　96
向明　34
向英明　94
项冬　193
项弋平　46,61,129,132(2)
萧德洪　89,113
萧桂兰　210
萧文　78
萧振棠　158
小宇　219
筱鲁　123,124
肖柏　224
肖东发　185,205
肖冬梅　54
肖亨葆　210
肖红　136
肖洪远　66
肖沪卫　149
肖静华　47,66
肖珑　94
肖明　187
肖秋惠　14
肖容梅　70
肖维平　57,70(2)
肖希明　10,21,23,55,90,91(2),92,95,96(2),97(4),108,149,188(2),207
肖燕　6,54,135,197
肖阳　152
肖永钐　70
肖玉明　82
肖自力　35,88(2),89
谢春枝　52,69,94
谢大桥　220
谢道渊　32,34,63
谢国桢　195

谢汉斌　107
谢金水　78
谢俊贵　22
谢康　47,66
谢丽娟　141
谢丽娜　181
谢林　91
谢琳惠　55
谢曼云　125
谢琴芳　114
谢群宗　217
谢汝　186
谢慎初　194
谢水顺　49
谢天吉　130
谢新洲　42,49,108,152
谢阳群　9,69(2),95,186
谢有宁　80
谢媛　132
谢灼华　29,39,165,167,168,172
谢宗昭　196
辛希孟　30(2),81(2),83,92,147
辛雨时　155(2),212
新　79,237
新疆维吾尔自治区图书馆　29
新乐　203
新文　202
信真　73
邢赍思　41
邢春晓　122,148
邢晶晶　51
邢美园　178
邢鹏　150
邢淑贤　196
邢尤斌　65,133
邢志义　83
熊道光　34
熊和　99
熊回香　121(2),137
熊剑锐　70,141
熊健　152
熊明经　103
熊奇永　87
熊瑞　140
熊霞　148
熊焰　92
熊尊妍　179
朽予　102,103
徐宝祥　118
徐斌　199
徐伯昕　202
徐彩琴　122
徐达　52
徐芳　140
徐费林　123,125
徐凤仪　176
徐恭时　100,101,168
徐光　12
徐光复　145
徐贵军　17
徐国虎　114(2),121
徐昊　154
徐红　17
徐红燕　175
徐继富　124(2)
徐佳　177
徐家麟　61(2),211
徐嘉　242
徐建华　67,68,70,186
徐建平　137
徐剑　69
徐进鸿　135
徐璟　137
徐军华　52
徐克谦　52
徐丽　90
徐丽芳　92
徐丽晓　114
徐曼　150
徐梦仙　125

徐乾 218
徐强 70,96
徐庆宁 139
徐人英 3(2),4,80,105,130
徐锐 148
徐珊 55,56
徐少同 58
徐世信 84
徐仕敏 14,15
徐蜀 165
徐澍地 38
徐坦 153
徐亭起 240
徐苇 177,203,204(2),205,206(5),207,223,240,243
徐文伯 45-47,48(2)
徐文贤 122
徐文绪 62,78,104,192(2),216,235
徐锡琤 144
徐侠 15,149
徐向东 135
徐欣禄 141,176
徐迅 242
徐亚男 135
徐彦玲 46,112,134,244
徐雁 174,200
徐雁平 165
徐一新 84
徐引篪 10,16(2),69,95,149,150,207
徐英明 46
徐跃权 22,23,111
徐兆英 111
徐自强 195
许春漫 140
许芳 114(2)
许广平 167
许桂菊 146
许国庆 88
许欢 55,207
许继新 141
许建业 81,97,147
许晶华 12,45
许磊 54
许丽敏 181
许美琪 93
许绵 184
许培基 38,104,129,216
许培玲 4(2)
许平 11
许钦文 167
许儒敬 48,81
许世华 29
许琬 78
许婉玉 38
许晓霞 56,141
许鑫祥 232
许秀臣 173
许遗锁 146
许异兴 145
许兆恺 136
许振东 210
许铮 186
薛昌芬 144
薛春香 113,116,149
薛殿玺 103
薛美华 198
薛旻 15
薛小棉 67
荀昌荣 187

Y

雅·派尔措娃 191
鄢德海 38
延边大学图书馆通讯小组 29
闫慧 23,24
闫现洋 182
严彬 111(2)
严峰 119
严格 79
严立初 134

严玲　83
严明　116
严婷　141
严雅英　91
严亚兰　15,48,50,135,149
严一桥　107
严越君　58
严仲仪　172
岩　128
阎辉　149
阎莉　105
阎立中　3,102(2),104(2),105,216,221
阎素兰　117
颜端武　113,121(2)
颜金莲　136
颜丽君　112
颜世伟　153
颜祥林　13
颜小云　10
颜泽湛　130
晏创业　95,120(2),149
晏浩　19
晏凌　12,67,135
雁南　39
燕今伟　53
燕金武　93
燕权　236
扬天福　213
阳海清　130
阳艳　55
杨炳延　51,52,92
杨昌俊　242
杨长进　134
杨成杰　146
杨成明　11,135
杨达　65,93
杨道良　145,146
杨殿珣　162
杨东　92
杨东梁　150
杨冬梅　141
杨冬青　147
杨帆　10
杨峰　150
杨刚　91
杨海平　147
杨海涛　219
杨红平　93
杨华　202(2),239
杨健　119
杨瑾琤　162
杨君　68
杨开荆　84,151
杨乐　217
杨莉英　119
杨列勋　40
杨林　85
杨岭雪　109,147
杨曼　50
杨敏丽　134
杨明华　8
杨宁　150
杨沛超　43,106,111,132,138
杨沛霆　34
杨丕泰　64
杨仁娟　36,88
杨熔　135
杨世明　129
杨守信　99,124
杨首茹　89
杨拴成　37
杨思洛　18,180(2),181(3)
杨松　219
杨挺　5,7,9,39,64
杨威理　30,31,104(2),169,203
杨文祥　13,15,16,19,186
杨向明　150
杨晓华　220
杨晓骏　7,8
杨晓琼　139

杨秀君　4,63
杨学梅　39,42,144
杨晏平　82(2)
杨毅　94
杨颖　133
杨永生　8
杨勇　56,188
杨玉麟　22(2),56,68
杨元生　10
杨振江　146
杨振清　240
杨之光　89
杨之霞　21,96
杨志和　122
杨治安　89
杨宗英　35,145
姚成祥　155
姚家华　220,239
姚健　144
姚军　88
姚荣　246
姚晓霞　94,141
姚行地　33
姚秀芬　89
耀辉　28
叶蓓蓓　198
叶斌　71
叶法先　103
叶宏伟　96
叶继元　22,90(2),110,147,174,175,179,180(3),188(2),189(2),204(2),205(2),207(2),208,228
叶嘉莹　31
叶君健　28
叶凯　132
叶宁华　130
叶千军　118(2),173,242
叶圣陶　163(2)
叶淑穗　167,170
叶树声　88,105
叶新明　84,152(2),178
叶鹰　10,11(2),15,18,20-22,96,180,181,182
叶永烈　220
叶之仪　100
一夫　76
一乎　129
一之　32
伊·查列格拉茨基　190
伊·察列格拉德斯基　190
伊人　222
易丹柯　47
易缚平　38
易明　95,115,141,154
易向军　57,117
易雪梅　109
殷红坚　43
殷立新　149
殷增简　60,75
殷之明　179
尹春生　106
尹达　161
尹地　164
尹华中　72
尹仙香　133
应　220
应长兴　84,157
应永玉　31
莹泉　75
映　210
雍桂良　171
永利　186
咏梅　79
游春山　197
友石　35
友石敬　169
于爱君　135
于安义　3,41,224
于安治　77
于第　181

于光　11,119
于光远　36,41
于湖滨　89
于静　69
于丽凤　91
于良芝　21,22(2),51,55,56,57(2),58,140(2)
于淼　95
于鸣镝　5,6,10,42,64
于声　26(2),27,59,102,211
于晓峰　41
予同　215
予文　132,172,221,223,240,243
邸向红　222,223
余彩霞　69
余传明　146,150
余凡　23
余谷美　211
余胜　58,69,247(2)
余小萍　182
余肖生　114,152(2)
俞传正　21,71,180
俞海蓝　193
俞君立　110,112
俞培果　7(2),10,178
虞朝路　144
虞惠达　113
羽佳　224(4),225(3),227,241,243
玉萍　226
玉权　25
玉玮　186
郁频　224,225
钰坪　225(2)
喻凌云　145
喻子兵　1,233
沅汀　238
袁大明　245
袁丁　36,78,169,218,235
袁方　61
袁福连　157
袁国发　119,149
袁翰青　1(2),29,33,127
袁浩　176
袁红军　69,139
袁慧　229
袁静　57,152,153
袁立军　119,149
袁立强　138
袁琳　91,137,153
袁明　178
袁培国　39,43,90(2),178
袁勤俭　20,93,135,182
袁泉　152
袁润　97
袁顺波　96
袁曦临　22,208
袁相琴　110,119
袁学良　96
袁延恒　170(3)
袁逸　83,174
袁毅　94
袁咏秋　196
袁涌进　101,170
袁昱明　7,8,50,89,139,145,186
原宏盛　18,121
远征　35
苑学文　196
岳剑波　8,10,185
岳江君　141
岳良木　217
岳敏　221
岳修志　20,139
岳亚　11
跃进　210
云路　211,233
云南省图书馆通讯小组　29
员巧云　20

Z

臧国全　138,148,152(2),206
臧克家　217

臧铁柱　91
臧永清　199
臧运平　58
曾程双修　55
曾翠　23
曾德良　114
曾海燕　48
曾建勋　23,97,116
曾杰　153
曾蕾　107,108,112,148,241
曾梦阳　86,99
曾琼　115
曾世荣　118
曾维祺　77,79(2),239
曾锡年　109
曾祥集　216
曾晓牧　188
曾新红　116,117
曾燕　23
曾志堂　79
曾卓　33,62
查启森　174
查先进　12,14,16,47,48,50,52,96,135(2),147,149
翟凤岐　119,177(2),204
翟屯建　164
翟晓娟　120
翟秀云　15
翟宗璠　156
詹德优　134,186,187(2),200
詹福瑞　53(2),54,56(2)
展览会办公室　26
展览会工作小组　233
展览会工作组　87
战春光　44
张安珍　45,46,136
张白影　46,67,168
张蓓　68
张步良　130
张长安　15
张长生　238
张成昱　151
张承华　107
张弛　115
张春波　198
张春景　117(2),154
张春梅　204
张春艳　53
张次第　97
张翠英　21,96
张大尧　144
张德芳　4,40,98,99,174
张德生　75
张东　66
张冬荣　23
张杜荣　26
张帆　119
张芳芳　114,152(2)
张峰　16,65,108
张付志　152
张根彬　16
张光斗　218
张广钦　56,70,140,165,187
张桂凤　110
张桂林　235
张桂云　42
张国海　44
张国华　113
张国治　40,203,241
张海浪　133
张涵　110
张红　113
张红霞　140,230
张洪顺　46,48
张洪珍　8
张厚生　32
张怀安　74
张怀涛　8,146
张辉　121
张季华　40,222,244

张家羌　33
张甲　97,112
张建刚　105
张建国　34
张建松　9
张健　144
张杰　13,43,68
张今吾　75
张金芳　184
张金鸾　49
张金题　105
张进　119,153
张敬斋　128,202
张靖　116,159,200
张静　96
张静庐　167
张久珍　12,13,21,90,94,248
张珏　163,170,171
张觉　164(3),165
张军　66,242
张君炎　184
张峻松　66
张克菊　180
张磊　67,97
张礼　77
张礼清　117
张李义　93,120,149
张力　181
张立公　6
张丽　56,57,114,140,152,175,206
张丽娟　113
张亮　113
张列军　110
张凌　55
张纶　49
张美仙　118
张宓　121
张敏　140
张明华　131
张木早　4,173,224
张苹　142
张琪玉　118,119,171,184
张茜　115
张强　109
张钦恩　7,8,38,66,67,108
张亲亮　128
张秦生　176
张庆国　153
张荃　118,238
张荣　17
张荣凤　90
张蕊　17,117
张沙丽　46,49,198
张少宏　118
张收棉　179
张守智　128
张寿华　116
张淑菁　68
张淑良　73
张曙光　52,68
张树华　9,29,65,125,132(2),135,136,175,184,190
张树良　139
张树声　165
张顺昌　131
张颂南　156
张素芳　186
张天俊　148
张天麟　72
张天骧　73
张铁弦　162
张铁中　243
张廷川　11
张万钧　78,215
张望自　171
张薇薇　141,154
张伟　64
张玮瑛　168
张文彬　193
张文德　68

张希周　131
张锡高　203
张侠　21
张贤俭　109
张小鼎　164,169,194
张小平　246
张晓林　3,14(2),15,23,35,43,56,58(2),63,67,69,70,79,94,112,130,135－137,141,148,150,151,154,185
张晓源　45,52,134,144
张昕　40
张欣毅　16,58,89(2),207
张新芳　142
张新鹤　96,97
张新民　134
张新兴　97
张秀峰　81
张秀梅　56
张秀民　160,161(2),162,163,167,168(3),172
张玄浩　214
张学福　48,55,94(2),96,120,121(2),137,145,146
张学红　136
张学华　88(2)
张雅芳　67
张延平　171
张岩　110,112
张炎烈　6,7,104
张彦博　70
张燕　137
张燕飞　12
张洋　17,97,179(3),180
张一章　67
张银犬　121,148
张英田　210
张颖　138
张颖杰　22
张永华　222
张永仙　88
张勇　92,97,122,135
张有葳　59
张宇宏　108,197
张宇萌　136
张羽　210
张玉川　237
张玉峰　95,96(2),111,113,119,120(6),149,150,151
张玉华　177
张玉霞　50
张玉珍　92
张园园　137
张月萍　178
张玥　23
张悦校　39
张云秋　22,114
张云新　119
张允侯　168(2)
张蕴珊　106,107
张征秉　61
张正　19,54,56
张正强　113(2),115,116
张芝兰　119,177(2),204
张志平　177
张志强　150,165,200,205
张志清　58
张志伟　173
张治江　7,65
张治理　68
张智雄　152(2),153
张中锋　173
张洲英　15
张宗祥　167
张祖圻　35
张遵俭　59,80,99,161,167,169(2),210,214
章成志　115,151,153(2)
章海萍　41
章继华　43
章宁　194

章燕华　22
章宇　194
章云兰　49,50,140
璋　214
兆云　216
赵爱明　104
赵宝珍　125
赵保华　39
赵冰　56
赵成山　8(2),42,65
赵春旻　11,107
赵达雄　46
赵丹群　121
赵冬生　16
赵桂香　42,45
赵厚源　79
赵华英　34,133,175
赵怀生　108
赵慧勤　111
赵基明　179,206(2)
赵继海　136,148,152
赵继民　134
赵继生　127
赵建华　39
赵俊玲　93
赵克明　124
赵丽莘　198
赵莲英　83
赵亮　70,117,153,154
赵梅亭　96
赵美娣　82,92
赵平　77
赵琦　27(2),124,125,192(2),216
赵琴　110,111
赵庆禹　52
赵蓉英　179(3),181(2)
赵世华　90,176,177,204
赵世良　2,3,64,132,174
赵淑君　149
赵水森　137
赵涛　8
赵万里　160,162,163
赵薇　205,245
赵洗尘　22,148
赵小倩　48
赵新力　151
赵兴茂　210
赵星　180(2),182
赵熊　14
赵延峰　108
赵燕群　172
赵燕生　86
赵一丹　119
赵益民　21
赵友　43
赵宇翔　97,141,142(2)
赵媛　134
照相复制组　79
哲民　214
浙江图书馆　155
浙江义乌县图书馆　77
真溱　111,146
振西　118
郑春厚　141
郑德俊　23,180
郑恩德　60
郑贵宇　90
郑红军　179
郑宏　66
郑怀丽　149
郑继丰　165
郑建明　14,15,19,45,53,54,57,111,137,139,153,187
郑锦怀　175(2)
郑磊　201
郑莉莉　127
郑满生　58
郑启垓　3
郑全太　66,134
郑燃　23

郑荣佩　114
郑如斯　103
郑世福　153
郑松辉　57
郑挺　4,36
郑伟章　2,164(2),173,174,198(2)
郑显全　124
郑心清　89
郑彦伟　223
郑一仙　43,48,67
郑永田　175(3)
郑有志　104
郑章飞　18,150
郑振铎　160,162,163
郑挚　128
郑重　65,73
郑州市图书馆　77
郑子侠　46
之钢　193
智勇　148
中共山东省图书馆支部　60
中共武大图书馆学系总支委员会　183
中共武汉大学图书馆学系总支委员会　184
中共中央党校科学社会主义教研室　2
中国科学院石油研究所图书馆　125
中国科学院图书馆　27,28,61,77,102,126,131
中国科学院图书馆业务处　61
中国农业科学院图书馆　27,127
中国人民大学图书馆　28
中国人民大学图书馆参考阅览科　76,125
中国人民大学图书馆方法研究科索引组　191
中国图书馆代表团　39
中国医学科学院图书馆　27
中华人民共和国文化部　223
钟昌式　40,174
钟晨发　4
钟开杰　106
钟守真　9,11,177,186
钟文典　78
钟晓星　68,151
钟瑛　165
仲篪　232
仲吕　72
仲侣　101
仲秋雁　122
仲维捷　102
仲伟行　164,174
仲岩　114
仲宇　211
仲云云　115
众言　76,126
重庆大学图书馆采编组　213
重庆干部学校图书馆　86
重庆市图书馆　126,128,155(3),214,232
舟丁　28
周长林　3
周晨　97
周崇润　159
周春雷　180
周德明　132
周鼎　124,210
周而复　217
周锋　235
周海旭　41
周和平　47,48(2),49(2),50(2),55,57(2),58,147,207
周红　19
周慧　22
周慧文　17
周吉　56,207
周佳贵　23
周敬治　51,66,135,150
周静怡　153
周九常　18,55,96,153
周磊　136
周犁　62
周林　31(2)
周明华　52
周宁　114,120,150,152(3)

周宁丽　83
周培源　30
周丕显　125
周朴雄　147,150
周秦　134
周青云　51
周庆山　9,21,50
周全　137
周群芳　139
周少川　174
周声浩　41,89
周世辟　41
周守忠　81
周叔弢　217
周淑云　68
周天任　210
周未隼　39,82
周文杰　142
周文骏　7,78,200(2),205,207,222
周湘媛　218
周小平　66
周小璞　36,46,238
周晓燕　11
周晓英　68,182,248
周学浩　160
周迅　42
周扬　26
周耀林　159
周怡　140
周旖　175
周毅　18,21,23,53,57,139
周庸　162
周永大　31
周永红　93,95
周涌波　144
周钰坪　225
周钰萍　224
周裕龙　99
周志华　38,39,41
周志远　189
朱成功　226
朱发平　173
朱复成　147
朱红　16
朱慧　112
朱慧竟　104
朱积孝　164,165,195
朱家濂　86,160(2),161,163(7),164(2),214
朱家桢　37
朱建亮　6
朱婕　10
朱莉　55,178
朱立人　191
朱丽　119
朱丽华　68
朱玲妹　107
朱孟杰　236
朱明德　196
朱南　31,62,63,103,109,144,168,235
朱宁　48
朱芊　111
朱强　56,141,153,226,239
朱琴华　140
朱庆华　23,93,97,113,116,121,141,142(2),146,147,178
朱赛虹　91,111
朱士嘉　80,171
朱书梅　114
朱锁玲　154
朱天俊　98,108,160,174,185
朱同同　9,111
朱伟华　46,66
朱雯晶　154
朱希淦　39
朱小梅　182
朱晓东　154
朱晓峰　85(2),95
朱行　127
朱学芳　96,149,150,151

朱荀　57
朱亚菲　82
朱岩　110,143(2),144,146
朱烨　179
朱毅华　148
朱永　189
朱永礼　3(2),32,42
朱育理　81
朱育培　87,186
朱震远　119
朱踵武　72
诸葛文　81
竹庵　168
竺陔南　99
竺海康　66
祝锡永　141
祝忠明　23
庄燎原　131
庄琦　52
庄守经　62
庄淑针　188
庄义逊　171,195,219
庄子逸　184
兹　78,202
兹洛特尼科夫 B. Г.　191
子牛　161
自强　156
宗诚　54
宗乾进　182
总政文化部文体处　130
邹菲　16
邹国荣　187
邹华　149
邹华享　91,237
邹瑾　114
邹凯　68,69
邹世魁　127
邹小筑　95,96
邹荫生　82
邹永利　10,122,201(3)
邹志仁　135,136,145,178(2)
邹忠民　135,150
左才杰　80
左恭　26
左四臧　108

《中国图书馆学报》被引 20 次以上论文一览*

序号	题　名	作　者	年(期)	被引频次
1	走向知识服务:寻找新世纪图书情报工作的生长点	张晓林	2000(5)	822
2	公共图书馆精神的时代辩护	范并思	2004(2)	280
3	数字资源整合研究	马文峰	2002(4)	268
4	论信息素质教育	马海群	1997(2)	257
5	再论图书馆服务	程亚男	2002(4)	245
6	复合图书馆的概念及发展构想	初景利	2001(3)	232
7	论数字图书馆个性化定制服务	赵继海	2001(3)	227
8	图书馆自动化与网络化之现状及展望	吴慰慈;许桂菊	1999(1)	218
9	论知识管理与知识创新	邱均平;段宇锋	1999(3)	217
10	论知识管理与信息管理	邱均平;段宇锋;岳亚	1999(6)	204
11	网络化趋势与图书馆发展观	程亚男	1998(4)	195
12	数字图书馆机制的范式演变及其挑战	张晓林	2001(6)	184
13	面向21世纪的大学生信息素质教育	孙建军;郑建明;成颖	2000(6)	182
14	图书馆与网络信息资源	黄纯元	1997(6)	180
15	一种全新的学术出版模式:开放存取出版模式探析	李武;刘兹恒	2004(6)	176
16	中国图书馆发展中的十个热点问题	吴建中	2002(2)	174
17	网络环境下信息服务的特点及图书馆发展探索	邹忠民	2001(1)	165
18	网络环境下虚拟馆藏的建设	索传军;张怀涛	2000(1)	164
19	我国文献资源共享中存在的问题及对策研究	李家清	2002(1)	161
20	图书馆服务五原则	蒋永福;付军	2003(3)	159

* 数据来源:中国知网: http://epub.cnki.net;查询日期:2012-07-26

续表

序号	题名	作者	年(期)	被引频次
21	以人为本:现代图书馆发展的新理念	王海泉	2002(4)	158
22	我国信息资源共享的战略分析	黄长著;霍国庆	2000(3)	157
23	网络环境下图书馆文献资源建设与文献保障体系	吕俊生	2000(2)	146
24	面向高速信息网络的信息资源管理(一)——从技术角度的分析	马费成;陈锐	1998(1)	145
25	网络环境下我国图书馆的发展方向	董焱;刘兹恒	1999(6)	142
26	数字化参考咨询服务的发展与问题	初景利;孟连生	2003(2)	139
27	论图书馆人力资源开发	谭伟	2000(2)	138
28	数字图书馆:定义、影响和相关问题	汪冰	1998(6)	135
29	网络环境下图书馆的变革研究	刘嘉	2001(1)	132
30	论信息素质与人才培养	郭太敏	2002(3)	132
31	图书馆联盟的构建模式和发展机制研究	燕今伟	2005(4)	131
32	关于内容分析法的研究	邱均平;邹菲	2004(2)	125
33	论未来的图书馆及其信息服务	王崇德	1997(5)	121
34	图书馆与知识组织——从知识组织的角度理解图书馆学	蒋永福	1999(5)	121
35	论图书馆信息资源的深层开发	林平忠	2000(1)	119
36	图书馆服务评价标准初探	谭祥金	2001(1)	116
37	从文献资源建设到信息资源建设	高波;吴慰慈	2000(5)	115
38	数字图书馆的读者服务模式	卢共平;吴翻	2001(3)	115
39	网络环境下我国图书馆信息资源共建共享现状调查报告	高波;刘兹恒;于丽凤	2001(4)	113
40	美国大学图书馆联盟研究	周明华;谢春枝	2003(5)	112
41	数字化图书馆的元数据体系	林海青	2000(4)	111
42	人文图书馆学论纲	蒋永福	2002(4)	110
43	论知识组织方法	蒋永福;李景正	2001(1)	109
44	网站评价指标体系研究	陈雅;郑建明	2002(5)	109
45	论网络环境下的信息服务模式	张安珍	2002(1)	104

续表

序号	题　　名	作　者	年(期)	被引频次
46	论传统图书馆向数字图书馆过渡时期的资源建设	管计锁	2001(2)	100
47	共词分析方法理论进展	冯璐;冷伏海	2006(2)	100
48	面向新世纪的我国网络化知识信息服务的宏观组织	胡昌平	1999(1)	99
49	知识集合初论 ——对图书馆学研究对象的探索	王子舟	2000(4)	98
50	国内知识管理研究综述	盛小平	2002(3)	98
51	网络环境下图书馆联盟建设的思考	林嘉	2003(2)	98
52	网络环境下学术信息的开放存取	李春旺	2005(1)	98
53	知识经济与图书馆产业化	丁大可	1999(1)	96
54	建设中国数字图书馆工程 开创中华文化光辉的未来	徐文伯	1999(5)	96
55	网络环境下的图书馆信息资源建设	司莉;傅西平;袁琳	2000(4)	96
56	面对数字图书馆浪潮的思考	谭祥金	2002(1)	94
57	关于中国图书馆事业未来发展走向的几个问题	卢子博	2002(2)	94
58	论馆藏建设中的几个关系	袁培国;马金川	1998(6)	92
59	数字图书馆的信息组织	林海青	2000(1)	92
60	论知识管理与图书情报学的变革	邱均平;段宇锋	2003(2)	91
61	关于中国图书馆立法的若干问题	李国新	2002(1)	90
62	影响当前中国图书馆事业发展的四个问题	谭祥金	1999(3)	89
63	网络环境下信息服务的发展趋势及对策	周敬治	2000(4)	89
64	关于建设中国数字图书馆工程的问题	周和平	2000(5)	89
65	电子图书馆、数字图书馆研究与实践述评	李玉安	1999(6)	88
66	图书馆的转型与发展散论	黄俊贵	1998(1)	87
67	图书馆人与图书馆精神	程焕文	1992(2)	86

续表

序号	题　　名	作　者	年(期)	被引频次
68	基于因特网的个性化信息服务研究	赵水森	2003(4)	86
69	学科馆员制度范式演变及其挑战	李春旺;李广建	2005(3)	86
70	论图书馆的法治环境	李国新	2000(3)	84
71	知识秩序·知识共享·知识自由 ——关于图书馆精神的制度维度思考	蒋永福	2004(4)	84
72	网络环境下的馆藏评价标准	肖希明	2002(5)	83
73	图书馆员的职业生涯开发与管理	徐建华;付娇	2003(1)	83
74	图书馆与读者的再认识	黄俊贵	2003(2)	83
75	“业务流程重组(BPR)”与图书馆改革	缪其浩	1998(2)	81
76	图书馆学研究对象的认识过程 ——兼论资源说	徐引篪;霍国庆	1998(3)	81
77	图书疗法在中国	王波	1998(2)	80
78	论素质教育与高校图书馆的职能作用	单小青	2001(3)	79
79	开发支持知识服务的现代图书情报机构组织管理机制	党跃武;张晓林;李桂华	2001(1)	77
80	网络环境下高校教师信息素质调查与分析	王琼	2002(5)	77
81	图书馆 VS 机构库 ——图书馆战略发展的再思考	吴建中	2004(5)	76
82	论信息资源共享及其效率	李纲;李新生;陈颖	2001(3)	75
83	论数字图书馆	沈红芳;杨道良	1999(1)	74
84	因特网的信息资源评价	罗春荣;曹树金	2001(3)	74
85	论知识服务的营销战略问题	李桂华;张晓林;党跃武	2001(4)	74
86	叙词表与本体的区别与联系	李景;钱平	2004(1)	74
87	知识组织的研究范围及发展策略	王知津	1998(4)	73
88	论政府信息资源管理及其发展动向	查先进	2002(4)	73
89	论当前我国图书馆自动化的发展路向	沈迪飞	2000(5)	72

续表

序号	题 名	作 者	年(期)	被引频次
90	大学生心理问题阅读疗法研究	宫梅玲;丛中	2004(2)	72
91	传统模式的转化与图书馆的发展	李希明;李广德;郑子侠	1997(5)	71
92	美国图书馆网对信息资源的建设与组织给我们的启示	何小清	1998(6)	71
93	数字图书馆信息服务模式研究	郭海明;邓灵斌	2005(2)	71
94	21世纪图书馆需要复合型人才	张东;肖洪远	1997(3)	70
95	地方文献工作刍论	黄俊贵	1999(1)	70
96	论“图书情报学虚拟图书馆”的建设	陈光祚	2000(1)	70
97	图书馆服务宣言		2008(6)	70
98	适应市场经济的新形势深化图书馆事业的改革——在全国“市场经济与图书馆建设”馆长研讨班开幕式上的讲话	刘德有	1994(2)	69
99	论个人数字图书馆	陈光祚;阮建海;臧国全	2002(3)	69
100	面向21世纪图书馆学研究的新趋向	吴慰慈;罗志勇	2000(6)	68
101	走进普遍均等服务时代:近年来我国公共图书馆服务体系构建研究	于良芝;邱冠华;许晓霞	2008(3)	68
102	信息组织论纲	宋彩萍;霍国庆	1997(1)	67
103	中国图书馆事业发展战略研究	吴慰慈;罗志勇	1997(5)	67
104	高涨的事业与低落的教育——关于图书馆学教育逆向发展的思考	程焕文	2001(1)	67
105	图书馆与市场经济	谭祥金	1994(1)	66
106	我国图书馆学情报学教育的转型及其问题	董小英	1996(1)	65
107	关于地方文献若干问题的思考	邹华享	1999(1)	65
108	国内合作参考咨询服务发展研究	焦玉英;王娜	2005(1)	65
109	机构知识库:数字图书馆发展的新领域	赵继海	2006(2)	65
110	谈世纪之交的馆员素质	王永桦;汤立峰	1998(4)	64

续表

序号	题　名	作　者	年(期)	被引频次
111	网络环境下我国图书馆文献信息资源建设与共享	刘省泉;曹臻	1999(6)	64
112	图书馆原理论略——从阮冈纳赞五定律及戈曼新五定律说起	黄俊贵	2001(2)	64
113	数字图书馆元数据研究	吴开华;邢春晓;罗德胤	2002(3)	64
114	图书馆知识管理管见	刘茂生	2000(4)	63
115	网络信息资源的社会化组织与开发构想	胡昌平;谷斌	2002(4)	63
116	图书馆职业伦理研究	沙勇忠	2004(4)	63
117	图书馆在构建和谐社会中的作用	王锦贵;王京山	2006(2)	63
118	我国图书馆事业发展现状与今后工作的思路——在中国图书馆学会第五次会员代表大会上的报告	周小璞	1997(6)	62
119	图书情报人员继续教育论	姜汉卿	1999(3)	62
120	网络环境下的学术资源	刘嘉	1999(6)	62
121	从数字图书馆到 E-Knowledge 机制	张晓林	2005(4)	62
122	公共服务中的图书馆服务	陈力	2006(1)	62
123	公共图书馆与政府信息公开	李国新;于良芝;徐珊	2008(3)	62
124	图书馆业态的变化与发展趋势	陈传夫;吴钢	2007(3)	61
125	现代高校图书馆文献信息资源开发利用剖析	严玲	1998(1)	60
126	论新环境下中国图书馆员的继续教育	胡玉文	1999(4)	60
127	新世纪文献信息服务的发展趋势	谭兆民	2000(3)	60
128	数字图书馆建设中的版权问题	党跃臣;王韫华	2001(3)	60
129	数字图书馆知识产权问题研究	阮延生	2002(1)	60
130	文献信息资源共建共享模式新论	高波	2002(6)	60
131	国外网络数据库:当前特点与发展趋势	罗春荣	2003(3)	60
132	图书馆职业道德论	谭祥金	1997(2)	59
133	我国图书馆实现资源共享的对策	郭彦新	2002(2)	59

续表

序号	题　名	作　者	年(期)	被引频次
134	基于知识的语义网:概念、技术及挑战	刘柏嵩	2003(2)	59
135	我国图书馆电子资源集团采购模式研究	肖珑;姚晓霞	2004(5)	59
136	阅读的时代性与个性	彭斐章;费巍	2008(2)	59
137	图书馆信息资源的开发	邹荫生;陈志宏;沈媛芬	1996(2)	58
138	图书馆学基础理论的抽象建构	叶鹰	1998(3)	58
139	维护数字信息长期存取的管理策略	刘家真	1999(5)	57
140	中国图书馆读者服务工作百年回眸	张树华	1999(6)	57
141	论21世纪的公共图书馆读者服务	高贤	2001(4)	57
142	网络环境下信息资源建设的新理念及其实践和发展前景	鞠文红;辛希孟	2001(4)	57
143	论社区图书馆的功能、模式及管理机制	刘兹恒;薛旻	2002(5)	57
144	21世纪理论图书馆学的理论起点、历史任务和研究思路	杨文祥	2003(2)	57
145	论数字馆藏的质量评价	索传军	2004(4)	57
146	知识权利与图书馆制度 ——制度图书馆学研究	蒋永福	2005(1)	57
147	高校信息素质教育发展的基本架构	曾晓牧;孙平	2006(2)	57
148	新世纪我国图书馆学研究的展望	林海青	1998(1)	56
149	回顾过去 展望未来 开拓前进 ——建设面向21世纪的图书馆学学科体系	吴慰慈	1998(5)	56
150	网络化对图书情报学理论与方法的影响	王崇德	1998(6)	56
151	元数据:理念与应用	刘嘉	2001(5)	56
152	产业化:21世纪中国图书馆事业的发展点	林汉城	1998(4)	55
153	21世纪图书馆事业与图书馆学研究的几个问题	杨文祥	2001(1)	55
154	信息服务与知识导航	张宇萌;张树华	2003(1)	55
155	中国高校信息资源共建共享现状分析	周永红;陈能华	2004(1)	55

续表

序号	题　　名	作　者	年(期)	被引频次
156	高校图书馆知识服务模式的比较研究	靳红；罗彩冬；袁立强；冯禄增；陈春英	2004(6)	55
157	美国电子信息时代的版权法、知识产权和图书馆	张沙丽	1998(4)	54
158	网络化图书馆发展之我见 ——兼论深圳图书馆信息服务模式	王冰	1999(2)	54
159	西方图书馆评价理论评介	初景利	1999(3)	54
160	国际版权争论与国际图联立场	刘可静	2002(2)	54
161	公共知识中心与公共知识管理 ——再论图书馆的本质和定义	龚蛟腾；侯经川；文庭孝	2003(6)	54
162	未来图书馆事业发展的两条主线：信息增值服务与人本服务	徐达	2004(3)	54
163	图书馆提高读者忠诚度的策略	温国强	2004(6)	54
164	中国女图书馆员的数量、结构及心理状态分析	张树华；董小英	1995(5)	53
165	论网络化虚拟图书馆的资源共享	黄晓斌	1999(3)	53
166	图书馆软管理发微	张钦恩	2000(1)	53
167	创新教育与高校图书馆	张磊	2000(6)	53
168	知识的基本组分 ——文献单元和知识单元	王子舟；王碧滢	2003(1)	53
169	高校图书馆商业数据库评价指标体系研究	张李义	2004(1)	53
170	虚拟参考咨询的理性思考	臧国全	2005(3)	53
171	我国图书馆应重视藏书发展政策研究	肖希明	1998(3)	52
172	电子期刊收集策略探微	叶继元	1998(5)	52
173	“信息资源管理”含义探析	钟守真；李月琳	2000(1)	52
174	面向用户的资源整合与服务平台建设战略 ——国家可持续发展中的图书情报事业战略分析(2)	胡昌平	2005(2)	52
175	机构库建设的若干问题研究	郭少友	2006(1)	52
176	图书馆核心价值及其实现	黄俊贵	2008(5)	52

续表

序号	题　　名	作　者	年(期)	被引频次
177	谈复合式图书馆参考咨询馆员的博与专	张曙光	2003(1)	51
178	美国高校中信息素质教育项目的实施及经验分析	李晓娟	2003(2)	51
179	图书馆构建新型管理模式研究	曹志梅;孙杰	2003(6)	51
180	传统参考咨询与网络参考咨询的比较研究	林曦;张燕	2003(6)	51
181	对深化图书馆信息服务的思考	沈媛芬	1997(3)	50
182	论图书馆资源共建	刘兹恒;张久珍	1998(4)	50
183	21世纪图书馆的展望、预测与现实	张沙丽	2000(4)	50
184	让阅读成为我们生活的一部分	王余光	2006(5)	50
185	图书馆职业的发展前景	王子舟;吴汉华	2008(2)	50
186	未来图书馆学发展的理性走向	王子舟	2003(5)	49
187	论现代图书馆管理与服务的人本化	张治理	2005(1)	49
188	岭南模式:崛起的广东公共图书馆事业	程焕文	2007(3)	49
189	图书馆组织文化论	贺子岳	2004(1)	48
190	我国文献资源共建共享体系的比较研究	谢春枝	2004(4)	48
191	对公共借阅权制度的理性思考	江向东	2001(3)	47
192	著作权适度保护与数字图书馆行为的适度扩张	庄琦;马海群	2003(5)	47
193	国外数字资源长期保存的最新发展及对我国的启示	宛玲	2004(2)	47
194	个性化信息环境研究	郭家义;张晓林	2004(3)	47
195	论信息服务十大走向	王知津;徐芳	2009(1)	47
196	谈图书馆人员的继续教育问题	倪春发	1995(3)	46
197	信息资源管理的三个层次	霍国庆	1996(5)	46
198	客观知识与图书馆 ——从客观知识角度理解的图书馆学	蒋永福	2000(5)	46
199	“入世”对我国图书馆可持续发展的影响及对策分析	章云兰;金中仁	2001(3)	46
200	社会信息化过程中若干利益冲突研究	陈传夫	2002(2)	46
201	基于信息营销的图书馆业务流程重组研究	刘昆雄	2004(5)	46

续表

序号	题　名	作　者	年(期)	被引频次
202	数字资源长期保存过程中的知识产权问题分析	宛玲;张晓林	2005(3)	46
203	论图书馆制度 ——制度图书馆学若干概念辨析	蒋永福;王株梅	2005(6)	46
204	基于知识资源论的图书馆学基础理论体系研究	柯平;王平	2006(2)	46
205	信息资源公共获取的社会价值与国际研究动向	陈传夫	2006(4)	46
206	关于图书馆绩效评估的研究与实践	余胜	2006(4)	46
207	当代中国语境下的图书馆核心价值	王知津;樊振佳	2007(5)	46
208	信息共享空间理论模型建构与动力机制研究	任树怀;盛兴军	2008(4)	46
209	我国文献资源共享网络的现状、障碍及对策分析	别立谦	1998(3)	45
210	关于图书馆学几个问题的再认识	于鸣镝	1999(1)	45
211	国内外虚拟图书馆研究综述	刘兹恒;张久珍	2000(3)	45
212	美国《1998数字千年版权法》有关版权保护的新规定	刘华	2001(2)	45
213	面向21世纪高校图书馆管理及其发展研究	付先华	2001(4)	45
214	国内外数字图书馆发展的比较研究	盛小平	2001(6)	45
215	我国图书馆、档案馆与博物馆资源整合初探	刘家真	2003(3)	45
216	图书馆与人文精神	何少红	2005(4)	45
217	政府与公共图书馆 ——关于图书馆制度的一种规范分析	蒋永福	2006(4)	45
218	当代全球图书馆事业面临的难题与挑战	王世伟	2008(1)	45
219	《中国图书馆学报》1989~1992年发文作者及引文的统计分析	李亚东	1994(3)	44
220	我国图书馆学情报学期刊引文进展分析	翟凤岐;张芝兰	1996(2)	44
221	面向高速信息网络的信息资源管理(二) ——从经济角度的分析	马费成;陈锐	1998(2)	44
222	论信息资源开发	霍国庆	1998(2)	44
223	图书馆的机制重组 ——在自动化环境下的第二次变革	刘荣	2000(2)	44
224	21世纪中文文献信息资源共建共享的思考	周和平	2000(4)	44

续表

序号	题　　名	作　者	年(期)	被引频次
225	现代信息技术环境中的信息安全问题及其对策	娄策群;范昊;王菲	2000(6)	44
226	信息资源开发研究	代根兴	2000(6)	44
227	理论图书馆学视野中的数字图书馆研究	范并思	2002(1)	44
228	智能检索中的网络数据挖掘技术探索	晏创业;张玉峰	2002(3)	44
229	数字图书馆建设的标准与规范	张晓林;曾蕾;李广建;冯英;刘炜	2002(6)	44
230	论知识检索与信息检索	张玉峰;李敏;晏创业	2003(5)	44
231	组织文化与文化塑造 ——图书馆管理的视角转换	程亚男	2004(3)	44
232	图书馆学研究中的泛化	赵春旻	1999(2)	43
233	信息资源共享的经济效率 ——以书刊为例的分析	马费成	2003(4)	43
234	网络信息组织的发展趋势	黄如花	2003(4)	43
235	信息资源的集成整合研究	马大川;杨红平	2004(3)	43
236	谈公共图书馆的公益性	杜云	2005(1)	43
237	论知识管理学的构建	邱均平;文庭孝;张蕊;张洋	2005(3)	43
238	国外数字图书馆发展概况	曹学柱;秦莲霞;孟遂珍	2002(1)	42
239	知识挖掘与数字图书馆个性化服务	罗琳;陈远	2004(3)	42
240	“公共图书馆精神”的科学解读	王宗义	2004(5)	42
241	美国图书馆政策体系及其带来的思考	罗曼	2005(1)	42
242	信息资源建设:概念、内容与体系	肖希明	2006(5)	42
243	何以成为真正的图书馆员	李炳穆;蒋永福	2006(6)	42
244	建立回溯书目数据库方案的分析和探讨	钱红;夏勇	1997(1)	41
245	我国图书馆自动化建设中的问题及原因	吴志荣	1998(1)	41
246	网络环境与图书馆的教育功能	袁昱明	2001(4)	41

续表

序号	题　　名	作　者	年(期)	被引频次
247	在竞争中共同发展 ——论电子文献与纸质文献的关系	张玉珍	2003(1)	41
248	利用开放存取资源提升馆藏质量	黄如花	2008(5)	41
249	跨世纪时期中国图书馆界面临的五大竞争	王世伟	1997(6)	40
250	计算机识别汉语同义词的两种算法比较和测评	朱毅华;侯汉清;沙印亭	2002(4)	40
251	网络环境下的知识组织研究	李秀云	2002(5)	40
252	网络用户信息检索行为研究	李法运	2003(2)	40
253	论社区图书馆	霍国庆;金高尚	1995(4)	39
254	电子图书馆的现实模型	杨宗英	1996(2)	39
255	面向高速信息网络的信息资源管理(三) ——从人文角度的分析	马费成;陈锐	1998(3)	39
256	因特网上有害信息防范的国际动向	朱庆华	1999(6)	39
257	办馆效益探微	黄俊贵	2000(1)	39
258	新技术革命对图书馆学情报学教育体系变革的影响	吴慰慈;董焱	2000(2)	39
259	中国数字图书馆建设、数字信息资源开发及网络建设的现状	王纯	2000(4)	39
260	对西部开发中图书馆支持的思考	陈蜀园	2001(2)	39
261	图书馆学的基本概念与核心概念	王子舟	2001(3)	39
262	国外关于网络信息资源保存的研究	赵俊玲	2004(3)	39
263	图书馆服务的人文分析与评判 ——三论图书馆服务	程亚男	2006(3)	39
264	公共图书馆的服务原则及其实践	黄俊贵	2006(6)	39
265	区域图书馆联合体及其构建	曹志梅	2007(3)	39
266	论信息共享空间	戴维民;孙瑾	2007(6)	39
267	高校图书馆2.0服务模式研究	刘磊;穆丽娜	2009(2)	39
268	参考咨询功能论	夏侯炳	1997(1)	38
269	论中国图书馆事业发展的艰难性、缘由及对策	张洪顺	1998(2)	38

续表

序号	题　　名	作　者	年(期)	被引频次
270	国内外信息组织研究述评	黄如花	2002(1)	38
271	公共图书馆转型与定位的探索	黄俊贵;林汉城	2002(5)	38
272	新时期高校图书馆的期刊工作	雷淑霞	2002(5)	38
273	WWW 网页的链接分析及其意义	邱均平;黄晓斌	2002(6)	38
274	论图书馆信息服务的个性化问题	林平忠	2003(6)	38
275	如何加强高校学生的信息素养教育	刘纪菲	2006(4)	38
276	图书馆联盟共建共享机制研究	张学福	2008(1)	38
277	《中国图书馆学报》被引调查与分析	王惠翔	1995(3)	37
278	中国图书在版编目的现状与展望	文榕生	1997(2)	37
279	迈向21世纪的我国图书馆学情报学研究生教育	彭斐章	2000(1)	37
280	论国家网络信息政策	付立宏	2001(2)	37
281	培育和弘扬图书馆精神 ——21世纪我国图书馆事业发展的思想基础	林汉城	2001(4)	37
282	纸本期刊与电子期刊:国家图书馆与公共图书馆的两难选择	陈力	2003(6)	37
283	论信息构建的三个基本问题	荣毅虹;梁战平	2004(6)	37
284	图书馆学基础理论研究述评(1995~2004年)	吴慰慈	2005(2)	37
285	走向辉煌而不是消亡 ——对图书馆未来的探讨	李明华	1996(1)	36
286	信息资源对社会发展的影响和作用	邱均平	1997(2)	36
287	国外图书馆全面质量管理的实施与进展	罗曼	1998(6)	36
288	全盘自动化 ——21世纪初中国图书馆自动化的发展目标	刘荣	1999(3)	36
289	图书馆改革发展态势分析	程亚男	1999(5)	36
290	关于现代图书馆参考咨询服务的评价问题	皇甫志军	2001(3)	36
291	论我国21世纪图书馆"两极"发展	刘昆雄	2002(3)	36
292	网络环境下高校图书馆的信息资源建设与服务	沈艳	2004(5)	36
293	基于CSSCI的《中国图书馆学报》h指数及核心作者测定	赵基明;舒明全	2008(2)	36

续表

序号	题名	作者	年(期)	被引频次
294	走向深入走向辉煌 ——近年来文献检索课教学研究综述	敬卿;龚晓林;范真祥	1997(1)	35
295	大众图书馆哲学初探	李明华	1999(2)	35
296	图书馆外文核心期刊购买模型探讨	靖培栋;刘忠厚	1999(4)	35
297	全球信息化对我国信息服务业的影响探析	张金鸾	2001(1)	35
298	数字图书馆:馆藏、管理及服务	朱复成;韩宁;胡佩云	2001(2)	35
299	现代图书馆与继续教育	吴仲夏;邹志仁	2002(1)	35
300	论知识管理与数字图书馆信息资源建设的优化	张天俊;丁大可;张银犬;刘凌波	2002(3)	35
301	美国图书馆协会信息素质研究进展报告简介	黄郴;金燕;徐仕敏;况能富	2002(3)	35
302	开放数字信息服务体系:概念、结构与技术	张晓林	2002(3)	35
303	开放元数据机制:理念与原则	张晓林	2003(3)	35
304	客观知识·图书馆·人 ——兼论图书馆学的研究对象	蒋永福	2003(5)	35
305	论图书馆伦理建设	付立宏	2004(5)	35
306	论新一代OPAC的理念与实践	胡小菁	2006(5)	35
307	信息资源共享及其社会协调机制研究	文庭孝;陈能华	2007(3)	35
308	信息资源开发与利用的十个热点问题	吴慰慈	2008(3)	35
309	图书馆法的三个主要问题	李衍翎	1997(1)	34
310	"图书馆信息化"理论探讨	钱刚;毕强	1997(4)	34
311	狭义图书馆教育职能论	袁昱明	1998(3)	34
312	大力弘扬图书馆的社科信息价值 ——论新环境下图书馆事业的发展策略	李景正;马海群	1999(6)	34
313	OCLC网络化发展道路的启示	雷永立;杨成杰	2000(2)	34
314	论信息市场失灵与政府干预	查先进	2000(4)	34
315	中文核心期刊研究的现状及其走向	王玲;叶继元	2001(5)	34
316	观察国际图书馆学术前沿及其发展:内容分析	缪其浩	2002(3)	34

续表

序号	题名	作者	年(期)	被引频次
317	公共信息服务的社会选择 ——政府与第三部门公共信息服务的相互关系分析	夏义堃	2004(3)	34
318	我国文献资源共享研究概述	郑贵宇	1997(4)	33
319	集成管理:21世纪图书馆追求卓越管理的新方法	钱刚;毕强	1998(6)	33
320	建立适合我国国情的图书馆管理体系 ——在“改革开放20年中国图书馆事业高层论坛”的发言	周和平	1999(4)	33
321	传统藏书管理及服务模式的反思与探索	张勇	2000(6)	33
322	英国社区图书馆见闻与中国的社区图书馆建设	秦淑贞	2003(3)	33
323	超文本范式 ——关于公共信息资源及其认知机制的哲学思考	张欣毅	2003(3)	33
324	论数字参考服务	王梅	2003(5)	33
325	本科生研究生信息能力教育调查研究	王琼;林小露;毛瑞	2003(6)	33
326	开放内容的类型及其知识产权管理	陈传夫	2004(1)	33
327	图书馆学、情报学与信息科学、信息管理学等学科的关系问题	叶继元	2004(3)	33
328	1999-2008年我国图书馆学研究的实证分析(上)	邱均平;丁敬达;周春雷	2009(5)	33
329	移动的书海:国内移动图书馆现状及发展趋势	宋恩梅;袁琳	2010(5)	33
330	第三世界图书馆员继续教育:2000年展望	王东方;杨达;胡军;梁泽成;房军	1995(6)	32
331	论信息管理学的进化	岳剑波	1998(3)	32
332	经济发达地区文献资源共享网络的构建 ——以珠江三角洲地区为例	肖希明	2000(6)	32
333	知识管理理论的情报学视角分析	刘春茂	2001(2)	32

续表

序号	题 名	作 者	年(期)	被引频次
334	《图书馆使命与文化视野》序	周文骏	2002(2)	32
335	传统图书馆与虚拟图书馆比较研究	张玉霞;王元忠	2002(2)	32
336	我国关于知识组织的研究述评	杜也力	2002(5)	32
337	信息资源有效配置中帕累托最优理论的适用性问题	吴永臻	2002(5)	32
338	21世纪图书馆先进理念探索	李锋	2002(5)	32
339	电子图书对图书馆的影响及对策	肖沪卫;潘洁毅	2003(1)	32
340	数字图书馆建设中的公私合作模式	徐引篪;黄颖	2003(3)	32
341	中外在校学生信息素养教育比较研究	陆宝益	2003(6)	32
342	网络信息组织的模式	黄如花	2004(1)	32
343	论图书馆内部基本制度的建设与创新	李玉梅;王宇;迟伟凡	2005(3)	32
344	企业危机管理过程中的信息活动分析	罗贤春;谢阳群	2005(6)	32
345	概念地图在知识表示和知识评价中的应用(Ⅰ)——概念地图的基本内涵	马费成;郝金星	2006(3)	32
346	公共知识空间与图书馆	王子舟	2006(4)	32
347	立法是我国图书馆事业繁荣的根本保证	李开胜	1994(5)	31
348	特色公共图书馆建设	常林	1995(6)	31
349	《中国图书馆学报》作者研究	徐苇;韩秀兰;张志平;丘峰	1996(5)	31
350	论我国网络化信息服务跨世纪发展的目标选择与定位	胡昌平;杨成明	1999(5)	31
351	论我国信息法学的研究基础与学科建设	马海群;乔立春	2001(1)	31
352	从信息政治经济学视角看公共图书馆发展的社会环境	于良芝;陆行素;郝玉峰	2002(4)	31
353	中国图书馆学专业教育体制改革探讨	张广钦	2003(3)	31
354	影响中国图书馆事业未来发展的三个决定性因素	金明生	2003(4)	31
355	电子政务信息安全风险分析与防范策略	王欢喜	2003(5)	31
356	用户接受:网络信息资源开发与利用的重要因素	邵波	2004(1)	31

续表

序号	题　　名	作　者	年(期)	被引频次
357	图书馆用户权益论	张根彬;陈益君	2004(2)	31
358	数字图书馆评价体系问题研究	王鉴辉	2004(4)	31
359	论数字参考咨询服务的发展趋势	贺延辉;马海群	2005(4)	31
360	知识管理活动创新性研究之协同知识管理	胡昌平;晏浩	2007(3)	31
361	信息共享空间国内外研究进展及相关实践	郝群;朱莉;成俊颖	2008(3)	31
362	现代图书馆理念的艰难重建 ——写在《图书馆服务宣言》发布之际	范并思	2008(6)	31
363	国际图书馆服务质量评价:绩效评估与成效评估两大体系的形成与发展	张红霞	2009(1)	31
364	美国高校图书馆社会服务发展现状及启示	谢丽娟;郑春厚	2009(2)	31
365	引文在评价研究工作上的作用和引文分析中应注意的问题	袁培国	1998(1)	30
366	论中国特色的信息产业发展道路	张安珍	1998(2)	30
367	中美图书馆与情报学教育变革的比较与启示	陈传夫	2000(1)	30
368	扩张与虚化 ——图书馆学理论研究50年反思	邱五芳	2000(2)	30
369	信息资源类型研究	代根兴;周晓燕	2000(2)	30
370	论图书馆的经济学属性 ——公共物品	沈小玲	2001(1)	30
371	中美网络信息资源的知识产权保护比较研究	邱均平;马海群	2001(6)	30
372	关于建设浙江省高校图书馆信息资源共建共享体系的思考	赵美娣	2002(4)	30
373	论图书馆的市场经营	周晓英	2003(1)	30
374	论知识仓库的架构	严亚兰	2003(3)	30
375	网络信息资源组织方式研究	韩芸	2003(6)	30
376	论公共图书馆事业与城市文化战略的互动关系	李超平;刘兹恒	2004(1)	30
377	面向知识创新的信息服务	黄连庆	2004(3)	30
378	学术文献开放访问和图书馆的应对策略	马景娣	2005(4)	30

续表

序号	题　　名	作　者	年(期)	被引频次
379	图书馆人力资源激励机制的设计及实施	李松姝	2006(5)	30
380	开放存取期刊的分布及获取策略研究	陈传夫;王云娣	2007(6)	30
381	我国图书馆学情报学期刊引文调查与分析	丘峰;翟凤岐;张芝兰	1992(1)	29
382	信息产业和图书馆	周志华;毛洪智	1994(3)	29
383	改革开放时期的中国图书馆事业	田国良	1995(2)	29
384	中外图书馆经费来源比较	周小平	1996(2)	29
385	核心期刊研究纵横	叶继元	1997(1)	29
386	略谈我国大型书目数据中心的建设	刘刚	1997(1)	29
387	我国数据库信息资源建设研究	张学福;邓平	1997(2)	29
388	应警惕有偿服务和经营活动对图书馆的误导	何善祥	1997(6)	29
389	对美国图书馆的考察与思考	罗也平	1998(2)	29
390	全文数据库和电子文献传递系统研究	刘晓清	1999(6)	29
391	图书馆的社会援助	张白影	2000(1)	29
392	网络信息资源管理研究论纲	靖继鹏	2000(3)	29
393	从文献检索到信息检索——网络环境下检索课教学内容与方法的调整	焦玉英	2000(4)	29
394	现代信息技术环境中的信息资源配置、开发与利用——专家咨询意见的调查与分析	娄策群;王菲	2001(2)	29
395	基于CSSCI对《中国图书馆学报》的载文被引情况分析及专家评价	邹志仁;程刚	2001(5)	29
396	网络环境下的信息安全	智勇;黄奇	2002(2)	29
397	网络电子期刊出版模式研究	臧国全	2003(1)	29
398	图书情报学理论基础中的知识论研究	李后卿;柳晓春	2003(1)	29
399	浅论信息服务中的人文精神体现	吕玉芝;李冬梅	2003(1)	29
400	数字图书馆给编目工作带来的变化	张岩	2003(2)	29
401	人文视野中的数字图书馆	肖希明	2003(6)	29
402	论数字信息资源的网络安全	杨向明	2004(2)	29

续表

序号	题　　名	作　者	年(期)	被引频次
403	信息资源共享的市场规制	马费成;裴雷	2004(3)	29
404	国内图书馆知识管理研究述评	盛小平;徐引篪;张峰	2004(4)	29
405	图书馆核心能力之构建:基于管理学观点的整合	徐贵军	2005(1)	29
406	建立面向变化和可持续创新的发展管理机制	张晓林	2006(1)	29
407	推动图书馆核心价值研究的《中国图书馆学报》	范并思;周吉	2007(5)	29
408	论灰色文献及其作用	姜振儒;张荣凤;胡国华	1997(1)	28
409	大学信息管理专业培养目标的思考	倪晓建	1998(3)	28
410	我国公共图书馆面临的挑战与对策	赵达雄	1998(4)	28
411	面向网络环境的图书馆模式构想	真溱;胡从玉;胡均平;王新	1998(6)	28
412	我国图书馆藏书发展政策的制定	肖希明	1999(3)	28
413	关于高校图书馆向社会开放的思考	陈荣淼	1999(5)	28
414	关于专业图书馆文献资源共建共享问题的探讨	李黎明	2001(1)	28
415	网络信息服务的监督	胡昌平;李枫林;杨成明	2001(2)	28
416	E-book 研究	杨海平	2001(4)	28
417	图书馆学的理性回归之路 ——关于21世纪图书馆学发展的思考	李明杰;肖秋惠	2001(6)	28
418	以“三个代表”重要思想为指导,大力推进我国图书馆现代化建设 ——在中国图书馆学会第六次全国会员代表大会暨2001年学术年会上的讲话	周和平	2002(1)	28
419	20世纪中国图书馆学的现代性与学科建制	李刚;倪波	2002(4)	28
420	图书馆服务质量模型及其应用	罗曼	2005(2)	28
421	共引分析理论与实践进展	王建芳;冷伏海	2006(1)	28
422	图书馆个性化信息服务模式研究	曹志梅	2006(2)	28
423	知识自由与图书馆社会教育职责	邱五芳	2006(4)	28
424	试论图书馆学研究中的方法论问题	乔好勤	1983(1)	27

续表

序号	题　名	作　者	年(期)	被引频次
425	特色图书馆简论	汤旭岩;李波	1997(2)	27
426	因特网特点与网上图书馆服务功能初探	张晓源	1998(5)	27
427	中国图书馆学期刊的发展现状及未来取向	李万健	1999(1)	27
428	面向高速信息网络的国家信息政策	查先进	1999(2)	27
429	公共图书馆人才现状、需求及对策研究	黄海燕	1999(5)	27
430	新型文献载体对图书馆的冲击与影响	朱宁	2000(1)	27
431	高新技术影响下的图书馆信息资源建设与开发利用	杨炳延	2002(6)	27
432	浅论办馆观念的创新	周敬治	2003(1)	27
433	采访质量控制数学模型研究	向桂林;吴金艳;辛希孟	2003(1)	27
434	论图书馆国际化	胡俊荣	2003(3)	27
435	图书馆项目管理应用探析	曲晓玮	2003(5)	27
436	信息系统中的数据质量问题研究	陈远;罗琳;沈祥兴	2004(1)	27
437	图书馆治理:概念及其涵义	黄颖;徐引篪	2004(1)	27
438	基于分类法和主题词表的数字图书馆知识组织	王军	2004(3)	27
439	论数字图书馆的多元化资源建设	陈力	2004(5)	27
440	知识管理的重要维度:人性化模式	徐红	2005(1)	27
441	我国省级以上公共图书馆网站的链接分析	王宏鑫	2005(3)	27
442	学科信息门户:概念、结构与关键技术	孔敬;李广建	2005(5)	27
443	版权的争取、让渡与公众信息权利保障	肖冬梅	2006(4)	27
444	内容重于传递:图书馆不应回避的社会责任	邱五芳	2007(4)	27
445	图书馆的人文传统与情报科学的技术传统	卢泰宏	1992(3)	26
446	新信息产业中的图书馆	姜继;伍新生	1994(1)	26
447	自然语言与人工语言对应转换 ——情报检索语言走向自动化之路	张琪玉	1996(1)	26
448	对 1994 年《公共图书馆宣言》的认识和理解	张树华	1997(3)	26
449	论情报检索语言的自然语言化发展趋势	寇钧锋	1999(3)	26

续表

序号	题　名	作　者	年(期)	被引频次
450	《中国图书馆分类法》第4版述要	陈树年;卜书庆;汪东波;张涵;刘湘生	1999(4)	26
451	我国网上科技期刊的现状及发展之思考	丁丁	2000(2)	26
452	面向21世纪图书情报学继续教育的发展趋势	詹德优;党跃臣	2000(3)	26
453	馆藏文献数字化的原则与方法(上)	刘家真	2001(5)	26
454	数字图书馆的研究内容和方向	王军;杨冬青;唐世渭	2001(6)	26
455	图书馆评估中的AHP方法研究	魏铁进	2002(4)	26
456	地(市)县公共图书馆地方文献资源建设和利用研究	熊焰	2002(6)	26
457	抽象图书馆学的分析化	叶鹰	2002(6)	26
458	市场环境中网络信息资源配置的影响因素	贾君枝	2003(2)	26
459	“馆员第一”的辩识与实现	黄俊贵;林汉城	2004(1)	26
460	关于我国大学图书馆的电子资源利用教育	王云娣	2004(1)	26
461	网络环境中合作数字参考咨询的收益成本及其补偿机制探讨	焦玉英;胡一俊	2004(6)	26
462	对中国图书馆建筑文化的思考	李明华	2005(3)	26
463	Web环境下个性化信息的获取和个性化服务的实现	张树良;冷伏海	2007(4)	26
464	中国图书馆学应进一步弘扬实证研究	邱五芳	2008(1)	26
465	文献学新论	周文骏;杨晓骏	1994(1)	25
466	适应与变革:社会主义市场经济条件下的图书馆	周世辟	1994(2)	25
467	关于信息管理学学科建设和专业教育的若干思考	杨文祥;王景明	1999(3)	25
468	信息服务产业化与信息资源共享	张燕飞;李晓鹏	2000(6)	25
469	Metadata与网络信息资源的书目控制	沈芸芸	2000(6)	25
470	少数民族古籍的科学管理和开发利用	包和平	2001(1)	25
471	矛盾重重的元数据世界	真溱	2001(6)	25

续表

序号	题　名	作　者	年(期)	被引频次
472	我国政府网站建设中存在的问题与对策	相丽玲;苏君华	2002(2)	25
473	面向语义网的本体表示	刘柏嵩	2004(2)	25
474	面向用户的网络信息资源整合策略	李枫林;胡昌平	2004(5)	25
475	图书情报事业的社会化发展战略——国家可持续发展中的图书情报事业战略分析(1)	胡昌平	2005(1)	25
476	关于校地共建共享图书馆的探索与思考——以聊城大学与聊城市共建共享图书馆为例	王云;许磊	2006(5)	25
477	国内用户对开放获取的认同度研究——以高校调查分析为例	刘建华;黄水清	2007(2)	25
478	基于主题地图的电子政务信息资源组织研究	吕元智;王心裁;谭必勇	2007(4)	25
479	基于知识供应链的知识服务模型研究	夏立新;韩永青;邓胜利	2008(2)	25
480	关于改变图书馆学研究立场的思考——从"用户永远都是正确的"说起	程焕文	2008(3)	25
481	关于开展"知识学"的研究的建议	彭修义	1981(3)	24
482	广义图书馆教育职能论	张钦恩	1995(3)	24
483	90年代我国图书馆参考咨询服务研究述评	詹德优;赵媛	1997(1)	24
484	浅谈采访工作	郝培芬	1999(1)	24
485	论图书馆的开拓信息市场发展战略	曹树金	1999(2)	24
486	在全国文献信息资源共建共享协作会议上的讲话	孙家正	1999(3)	24
487	面向21世纪的信息管理专业课程设置探讨	李颖;钟守真	1999(4)	24
488	论网上隐私权的法律保护问题	谢新洲;李娜	2000(4)	24
489	近5年我国图书馆学期刊被引情况调查及分析	缪建兰;沈波	2000(4)	24
490	关于地方文献信息服务工作的若干思考	傅虹	2000(6)	24

续表

序号	题　　名	作　者	年(期)	被引频次
491	网络条件下图书馆资源共享的成本核算及补偿原则	晏凌;王应解	2001(2)	24
492	公共图书馆服务思想、方式及人事制度变革初探	王海泉;胡玉文	2001(3)	24
493	知识组织的三种视角	李宏轩;马海群	2001(5)	24
494	20世纪90年代中国图书馆建筑概览	夏国栋	2001(5)	24
495	社会环境与我国图书馆立法	韩淑举	2003(1)	24
496	当前数字图书馆信息组织中存在的问题	王心裁;吕元智	2003(2)	24
497	我国图书馆哲学研究述评	翟秀云	2003(3)	24
498	公共图书馆服务职能在传播先进文化中的新拓展	程小澜	2004(3)	24
499	图书馆服务质量评价研究回顾与展望	施国洪;王治敏	2009(5)	24
500	我国图书馆文献资源建设利用开发现状	刘景会;王晓苏;季红彬	1994(5)	23
501	中国信息服务产业的发展态势	吴慰慈;罗志勇	1995(4)	23
502	文献资源共享和机读目录数据库建设	吴开华	1995(4)	23
503	论我国信息资源现状与发展策略	徐丽	1996(1)	23
504	中、美、日信息产业比较研究	张安珍	1997(3)	23
505	再谈特色服务和特色图书馆	黄恩祝	1997(3)	23
506	高校图书馆"主页"探微	范爱红;承欢	1998(5)	23
507	古籍文献资源共享的障碍及前期准备	朱赛虹	1999(1)	23
508	电子图书馆的读者工作研究	索传军	2000(5)	23
509	西部大开发中图书馆的使命与机遇	张纶	2000(5)	23
510	网络时代信息服务的变革与发展——兼论《复印报刊资料》印刷版与电子版的融合与互补	邱金利;徐亚男	2001(2)	23
511	论图书馆的公众性	邱五芳	2001(6)	23
512	树立良好形象,吸引民众利用图书馆——访美国公共图书馆印象	肖红;许兆恺	2001(6)	23
513	图书馆编目工作原理	朱同同	2001(6)	23

续表

序号	题　　名	作　者	年(期)	被引频次
514	合理使用原则的系统思考	牛继舜;吴慰慈	2002(1)	23
515	跨越时空的图书馆精神 ——“三位一体”与“三维一体”的韦棣华女士、沈祖荣先生和裘开明先生	程焕文	2002(5)	23
516	中文搜索引擎分类体系兼容互换工具的设计	侯汉清;薛春香	2003(1)	23
517	新世纪图书馆建筑设计理念	龚天力	2003(4)	23
518	关于网络信息分类组织研究中的几个问题	刘延章	2003(5)	23
519	城市图书馆通借通还项目管理与体制创新研究	张晓源	2003(6)	23
520	论图书馆的科学管理原则	杨玉麟	2004(2)	23
521	动摇根基的变革:准市场、竞争与图书馆	郑建明;万里鹏;陈雅	2005(2)	23
522	图书馆联盟的社会网络资源配置	高凡;徐引篪	2006(3)	23
523	基于共建共享的文献信息资源建设理论构建	金胜勇;于淼	2006(4)	23
524	面向知识的图书馆学发展新趋势	王子舟	2007(1)	23
525	图书馆的功能、价值与构建和谐社会的关系	陈希;彭一中	2007(1)	23
526	坚守与拓展:中美图书馆学情报学教育科学定位的思考	叶继元;[美]Chaomei Chen	2007(2)	23
527	以需求为导向的数字信息资源开发	肖希明;黄连庆	2007(6)	23
528	基于用户体验的交互式信息服务模型构建	邓胜利;张敏	2009(1)	23
529	图书馆变革的出路在于形成知识信息产业	贺定安	1995(5)	22
530	特色的公共图书馆与公共图书馆的特色服务	黄恩祝	1996(5)	22
531	论高校图书馆的信息服务	夏红	1997(6)	22
532	情报检索研究的理性主义传统与认知观点	邹永利	1998(3)	22
533	机读目录的检索原理与功能	文榕生	1999(2)	22
534	二论网络环境下的书目信息整合问题	黄凯卿;赵琴	2001(1)	22
535	高校图书馆外文文献资源开发利用新构想	顾力文	2001(2)	22
536	网上主动信息服务系统的模型及其实现技术	焦玉英;晏凌	2001(3)	22
537	我国图书情报单位电子出版物收集的现状、问题与对策	黄先蓉	2002(1)	22
538	网络计量学研究进展	马建华	2003(1)	22

续表

序号	题　　名	作　者	年(期)	被引频次
539	基于网络的社科信息资源分布及检索策略研究	王云娣	2003(3)	22
540	图书馆评估指标体系的逻辑构建	金胜勇;刘雁	2003(4)	22
541	从我国互联网络宏观状况看数字鸿沟问题 ——对CNNIC最近6次互联网信息资源调查报告的分析	朱莉;朱庆华	2003(5)	22
542	凸现人文:I=S+B+V ——论图书馆形象优化	金明生	2004(4)	22
543	欧美的公共信息管理及对我们的启示	黄如花	2004(4)	22
544	试论数字图书馆的信息参考服务	韩丽风	2005(1)	22
545	基于链接分析的网站评价研究	段宇锋;邱均平	2005(4)	22
546	面向用户需求的信息素质教育实践创新研究	韩丽风;郭依群	2006(6)	22
547	链接分析与引文分析的比较	邱均平;李江	2008(1)	22
548	面向新信息环境的用户研究与服务创新	初景利	2008(3)	22
549	基于文献计量的国内外信息资源管理研究比较分析	邱均平;苏金燕;熊尊妍	2008(5)	22
550	以开放的心态迎接新的信息技术 ——2009年信息技术在图书馆的应用	朱强;孙卫;赵亮;马瑞;洪光宗;孙一钢;钱国富	2010(3)	22
551	图书馆员去职业化问题、原因及对策研究	陈传夫;王云娣;盛钊;丁宁	2011(1)	22
552	图书馆的生存挑战与变革	初景利	1995(1)	21
553	进一步深化改革,加快图书馆事业发展	刘德有	1995(2)	21
554	信息服务业与作为开发文献信息关键部门的图书馆	卢子博	1995(3)	21
555	论西部开发中的公共图书馆建设	吴秋鸾	1997(1)	21
556	图书馆要积极开发文献资源	卢淑敏	1998(2)	21
557	发挥图书馆在学校人才素质教育中的作用	王学芬	1998(6)	21
558	论高校图书馆信息业的开发	易丹柯	1999(4)	21
559	论图书馆学专业继续教育体系改革	范并思	1999(5)	21

续表

序号	题　　名	作　者	年(期)	被引频次
560	公共图书馆馆藏文献资源建设新思维	石惠侠;谢林	2000(2)	21
561	竞争情报在我国 ——与倪波教授的对话录	沈丽容	2000(5)	21
562	网络环境下信息资源的获取策略研究	毕强;温平	2000(6)	21
563	图书馆立法刍议 ——以《深圳经济特区公共图书馆条例》为例	王冰	2001(5)	21
564	近五年来我国图书馆管理研究现状分析	徐建华;付娇	2001(6)	21
565	论图书馆用户的网络调查方法	黄晓斌	2003(3)	21
566	论我国竞争情报教育体系的建立	沈丽容;倪波	2003(3)	21
567	论我国国家创新体系的信息资源配置	王翠萍	2004(3)	21
568	当前图书馆建筑的几个问题	谭祥金	2004(6)	21
569	数字信息资源统一共享模式探讨	刘磊;郭世星	2005(2)	21
570	为公共图书馆辩护 ——“21世纪新图书馆运动论坛”之我见	谭祥金	2006(2)	21
571	机构知识库建设相关政策研究	王学勤	2007(3)	21
572	利用SCI进行科研工作者成果评价的新探索	邱均平;马瑞敏;程妮	2007(4)	21
573	信息素质教育与图书馆	刘瑞林	2007(4)	21
574	图书馆信息集群研究	叶宏伟;金中仁;陈振宇	2008(1)	21
575	人文关怀·现代科技·自助图书馆 ——深圳图书馆“城市街区自助图书馆系统”介绍	吴晞;王林	2008(4)	21
576	澳大利亚公共图书馆在政府信息公开制度中的作用	周吉;李丹	2008(4)	21
577	《图书馆服务宣言》专家笔谈	吴建中;胡越;黄宗忠	2008(6)	21
578	Elsevier收录期刊可开放存取情况的调查与分析	黄如花;张静	2009(3)	21

续表

序号	题　　名	作　者	年(期)	被引频次
579	深化改革　抓紧机遇开拓图书信息工作的新格局 ——在全国“市场经济与图书馆建设”馆长研讨班开幕式上的讲话	邢贲思	1994(2)	20
580	我国图书馆学期刊1993年基本状况	丘峰;徐苇	1994(4)	20
581	图书在版编目:中国图书馆、出版、发行界提高经济与社会效益的举措	刘嘉	1995(6)	20
582	从探索到试行 ——我国图书在版编目述评	赵美娣;朱亚菲	1996(1)	20
583	图书馆服务中的知识产权问题	吴永臻	1996(4)	20
584	论图书馆自动化技术人员队伍建设	郑宏	1997(3)	20
585	信息资源管理人才培养模式初探	竺海康;张军	1997(4)	20
586	面向21世纪的专门图书馆事业发展战略构想	彭俊玲	1998(6)	20
587	数据仓库技术与我国市场决策支持信息资源建设	张学福	1999(2)	20
588	咨询用户类型、心理及需求特点研究	郗沭平	1999(5)	20
589	图书馆与人类的记忆 ——从知识记忆角度理解的图书馆学	蒋永福	2000(2)	20
590	近10年来我国图书馆法制建设研究之进展	裴红艳;赖湘蓉	2000(3)	20
591	基于Web的信息服务效果的优化研究	索传军;焦玉英	2001(4)	20
592	正确处理数字图书馆宏观决策中的八个关系	赵继海;王效良	2002(3)	20
593	信息资源管理与知识管理的概念探讨	丁大可;李树青;徐侠;刘玉山	2002(6)	20
594	在图书情报服务中导入CS战略研究	林曦;周磊	2003(1)	20
595	网络环境下的馆际互借模式研究	李家清	2003(6)	20
596	国家科学数字图书馆数字资源采购的技术要求	张晓林;宛玲;徐引篪;宋小冬;王欣	2004(4)	20
597	构建粤港澳图书馆联盟联合体之我见	胡俊荣	2005(2)	20

续表

序号	题　　名	作　者	年(期)	被引频次
598	我国信息资源共建共享研究述评	向英明;罗爱静	2005(5)	20
599	对图书馆工作实行结构性改革 ——知识组织贯穿图书馆工作全过程的设想	黄俊贵	2005(5)	20
600	迈向智能化图书馆 ——无线射频识别技术在图书馆的应用和创新	吴晞;甘琳	2006(6)	20
601	中日图书馆危机管理比较研究	高波	2007(2)	20
602	图书馆2.0环境下信息集成服务研究	焦玉英;刘颖	2008(5)	20
603	基于SNA的图书情报学期刊互引网络结构分析	宋歌;叶继元	2009(3)	20
604	我国公共图书馆服务体系建设:治理模式研究	梁欣	2009(6)	20

编　后

今年，是《中国图书馆学报》创刊55周年。

每逢“五”、“十”这样的周期年份，国人通常喜欢举办大小不同的仪式或活动加以纪念和庆祝。今年，学报又迎来了这样的日子。

《中国图书馆学报》2007年第五期，曾以专栏的形式烘托了学报50周年华诞的隆重氛围；当年学界顶级专家齐聚的庆祝活动，也定格成了空前的历史画面，留在了到场嘉宾的记忆深处。

时间真快！50周年的庆典恍若隔日，一转眼又过去了五年。

我自2008年接手学报后，便一直拳打脚踢地忙碌着，总盼着什么时候让自己的心境平复下来，能够从从容容地策划、组稿、编辑，充分享受自己所喜爱的文字工作，让学报沿着既定的规范化、国际化和数字化方向有条不紊地健步前行。但现实中，总有那么多的事情该做而没做，或做了还没做到位，备感时间如梭的逼仄和变化之快的无奈。我期盼着自己离开目前所在岗位的那天，学报能上升到一个我心目中的理想水准，从而给自己的职业生涯画上一个圆满的句号。这，成了我给自己背上的一个“包袱”，一份要在有限时间里偿还的“债务”。

正因如此，值此学报55周年生日，我不想叨扰任何人，只想与我的同事们静静地做一点事情，用我们辛勤的工作留下一份有益于作者和读者的永远的礼物。这个愿望得到了主编詹福瑞理事长的支持。

起初是想做一本《中国图书馆学报》55年来的优秀论文选集。但总觉得无论怎么选择都会留有遗憾。编辑部几经讨论后，决定还是要用一种能全面展示学报55年历史风貌的方式来做这件事。于是，有了做分类目录的动议。

《〈中国图书馆学报〉分类目录（1957～2012）》收录了55年来发表在《中国图书馆学报》上所有文章的题名。就是说，其中不仅包括论文篇目，也包括各类信息动态甚至讣告，目的是尽可能完整地还原历史全貌，全面、客观地展示我们学科和行业的历史发展轨迹。为方便读者分类查阅，我们将这些信息按不同领

域分成了17个类目,并另外设立了“其他”和“信息动态”两个类目,用以容纳17个类目所不宜收录的信息。这些类目只是根据学报的发文内容,为使其庞大的内容有所区分而设置的,并不意味着什么规范,因此,读者可能会从不同的角度看到不同的欠缺。事实上也正是如此。分类过程中,尽管我们极尽努力,但连我们自己也对分类的结果心存遗憾。一来,我们人手少,水平有限,没有从容的时间;二来,许多篇目涉及多个领域,很难“精准”地划分类目。尽管如此,仍无妨我们从各个领域去考察中国图书情报学的学术研究及中国图书馆事业的发展轨迹。

本书分为两大部分,主体为题名的分类目录,附录是作者索引和本刊发文中累计被引20次以上的论文篇目。被引20次以上的论文无疑是具有相当影响的论文,但这并不是学报优秀论文的唯一标准。被引频次在一篇具有重要学术价值的论文面前,有时会显得苍白无力,统计数字往往不能量化出真正的学术价值之所在。

《中国图书馆学报》从1957年创刊(刊名为《图书馆学通讯》),到1961年与《图书馆工作》合刊为《图书馆》,之后经历了1965－1978年的停刊,再到1979年以《图书馆学通讯》复刊,直至1991年更名为《中国图书馆学报》至今,其间几经风雨。55年的历程,对于一本严肃的社会科学学术期刊来说,既是专业学术发展的记录,也是社会发展的折射,同时还留下了学报新老编辑们学术理想的印记。完整全面地分类梳理《中国图书馆学报》55年的发文情况,让我们有机会回溯这个年轻的学科和这个曲折发展的行业一路留下的历史脚印。不论怎样的蹒跚和幼稚,也不论怎样的跨越和辉煌,都一一记录在案,令人感叹的同时,更发人深思。可以说,《中国图书馆学报》在相当大程度上见证了图书情报学和图书馆行业在中国特定时代背景下的进步与发展。这些见证,凝聚了历代编者们的心血和智慧,我们在梳理历史的同时,谨以本书的编辑出版向前辈们表示敬意。

我们期望,这本《〈中国图书馆学报〉分类目录(1957～2012)》,能成为研究者们一个方便的工具,成为后学者们超越前贤的一个出发地或台阶。

令人欣慰的是,在这本书稿出版之前,学报编辑部获得了一份重大礼物——《中国图书馆学报》被选入国家社科基金资助的第一批学术期刊。在我们看来,这既是对学报历史的肯定,更是对学报未来的期许。在此,我们要感谢那些不知名的选中了学报的国家社科基金的评委们。还要感谢学报的编委,有一个编委在第一时间转告我们国家社科基金发起资助社科学术期刊的信息,使我们得以

有充分的时间准备申报材料。

学报55年一路走来,离不开各届编委的无私奉献,离不开广大作者的探索研究,离不开忠实读者的鼎力支持,离不开学报一茬茬编辑们的辛勤努力。2008年实行双盲同行评审制度后,学报的背后又站立了那么多的"无名英雄"。这些,都为学报的学术研究规范化和国际化,提供了有力的支撑。在此,我们衷心地向所有为学报的成长付出过心血的人们致敬、致谢!

我们在编辑这本书稿的过程中,为了确保内容准确,还与原刊目次甚至有些原文进行了一一核对。由于正值国家图书馆一期馆舍改造,核对部分原刊时遇到些不便,国家图书馆参考部朱兵老师和北京大学信息管理系资料室顾晓光老师为我们提供了无私的帮助,使我们的工作得以如期顺利完成。另外,北京大学的张钰羚同学也参与了本书的部分校对工作。在此,谨向他们表示诚挚的谢意!

当然,如果这本分类目录存在什么不足与欠缺,一方面,我责无旁贷;另一方面,也希望业界同行提出宝贵意见。

今年是个值得纪念的年份。祝愿《中国图书馆学报》健康成长!

蒋弘

2012年夏